EMMA SVANBERG

Das Geheimnis entspannter Eltern

EMMA SVANBERG

Das Geheimnis entspannter Eltern

Wie du dein Kind gut begleitest, ohne dich selbst dabei zu verlieren

Aus dem Englischen von Elisabeth Liebl

Ullstein extra

- Papiere aus nachhaltiger Waldwirtschaft und anderen kontrollierten Quellen
- Druckfarben auf pflanzlicher Basis
- ullstein.de/nachhaltigkeit

FSC
www.fsc.org
MIX
Papier | Fördert gute Waldnutzung
FSC® C083411

Ullstein extra ist ein Verlag der Ullstein Buchverlage
www.ullstein.de

1. Auflage Juni 2024

Die Originalausgabe erschien 2023 unter dem Titel
PARENTING FOR HUMANS bei VERMILION, einem Imprint
von EBURY. EBURY ist Teil von Penguin Random House UK.

Satz: Pinkuin Satz und Datentechnik, Berlin
Gesetzt aus der Minion
Druck und Bindearbeiten: CPI books GmbH, Leck
ISBN 978-3-86493-260-1

Für meine wunderbare Familie.
Ihr seid meine Heimat.

Manche Menschen betrachten Kinder, als wären sie Ton in der Hand eines Töpfers. Dann beginnen sie, die Kinder zu formen, und fühlen sich für das Resultat verantwortlich. Das ist vollkommen falsch.

Donald Winnicott

Inhalt

Einführung: War das wirklich eine gute Idee?

I Die Mythen und Legenden rund ums Elternsein 27

1 Geschichten aufdröseln 29

2 Was ist ein »Elternteil«? 51

II Die Landkarte unserer Geschichten 59

3 Die Landkarte unserer Elternschaft 61

4 Geschichten aus Ihrer Vergangenheit 76

5 Geschichten aus Ihrer Kindheit 86

6 Geschichten aus Ihrer Zeit als Baby 100

7 Geschichten aus Ihrem Erwachsenenleben 123

III Die anderen Menschen in Ihrer Geschichte 147

8 Partner, die die Elternrolle übernehmen 149

9 Die Nebendarsteller 184

10 Geschichten aus der Gesellschaft 201

IV Die Geschichten der Kinder 221

11 Instrumente für die Reise 223

12 Die Landkarten unserer Kinder 250

13 Die Vermessung unserer Gefühle 267

14 Familiengeschichten 296

15 Kinder können Landkarten 304

Ende 313

Einflüsse 317

Danksagung 321

Anmerkungen 323

EINFÜHRUNG:

War das wirklich eine gute Idee?

Wann haben Sie entschieden, Mutter oder Vater zu werden?

War es eine bewusste Entscheidung oder nicht geplant? Wollten Sie schon immer Vater oder Mutter sein? Glauben Sie, dass dies ein unverzichtbarer Teil Ihres Lebens ist? Oder haben Sie mit dieser Rolle gekämpft und tun das vielleicht immer noch?

Und wann sind Sie wirklich Vater oder Mutter geworden? Sobald Sie wussten, dass es nun so weit ist? Oder konnten Sie sich mit dieser Rolle erst Monate oder gar Jahre nach Geburt des Kindes identifizieren?

Haben Sie darüber nachgedacht, was es wirklich bedeutet, ein Elternteil zu sein? Was heißt es, eine lebenslange Beziehung mit einem anderen Menschen einzugehen? Vielleicht hatten Sie Geschichten im Kopf, wie Eltern sind und was sie so tun. Geschichten, die Sie gehört haben, als Sie selbst noch ein Kind waren. Geschichten, die eine gewisse Erwartungshaltung erzeugt haben, wie sich »gute« Eltern verhalten, fühlen und was sie beschäftigt.

Vielleicht hatten Sie nicht viel Gelegenheit, diese Geschichten genauer unter die Lupe zu nehmen. Möglicherweise haben Sie sie auch gar nicht als Geschichten erkannt. Aber sie sind in jedem von uns verankert – als Ideale oder Grundannahmen, die zur Ursache von belastenden Emotionen wie Verlust, Schuld oder Versagen werden können, wenn die Realität nicht mit diesen Geschichten übereinstimmt.

Und was ist mit Ihrem Kind?

Wenn Ihr Kind noch nicht auf der Welt ist, welche Vorstellungen machen Sie sich von ihm? Und worin wurzeln diese Vorstellungen?

Wenn Ihr Kind schon Teil Ihres Lebens ist, wie sehen die Vorstellungen aus, die Sie sich von ihm machen? Haben Sie bewusst darüber nachgedacht, bevor es in Ihr Leben trat? Haben Sie angenommen, Sie würden es auf magische Weise einfach »kennen«, sobald es in Ihren Armen liegt? Vielleicht hatten Sie schon ein Bild von einem Kind im Kopf, möglicherweise von früher, als Sie als Kleinkind ein imaginäres Baby herumgetragen haben, in Form einer Puppe, eines Kuscheltiers oder gar eines Stocks. Oder Sie haben sich gar nicht erst den Kopf zerbrochen, wie Ihr Kind sein würde, denn Ihrem Gefühl nach war es einfach an der Zeit, eine Familie zu gründen, weil, nun ja, das ist es doch, was die Leute so machen, oder?

Wir alle tragen Geschichten in uns.

Geschichten übers Elternsein, Geschichten darüber, wie Babys und Kinder sind. Geschichten über die Beziehung zwischen Eltern und Kindern. Manchmal sind es positive Geschichten aus unserer eigenen Kindheit, die wir gern wiederholen würden. Mitunter beruhen diese Geschichten auf schmerzlichen Erfahrungen, sodass wir sie am liebsten vergessen oder umschreiben würden. Manchmal sind diese Geschichten tief in uns vergraben, dann wieder plätschern sie an der Oberfläche dahin.

Doch wo auch immer sie schlummern, an irgendeinem Punkt unseres Elterndaseins werden wir mit diesen Geschichten konfrontiert – und mit den Grundannahmen, die dahinterstehen. Vielleicht stellen wir sie infrage und denken uns eine neue Geschichte aus. Dann wieder klammern wir uns daran fest, weil wir ja auch nur Menschen sind und Geschichten sich gar nicht so leicht ändern lassen. Und wir fragen uns, was wir anders machen sollen, damit die Geschichte Wirklichkeit wird.

Vielleicht ist es eine dieser Geschichten – oder es sind auch mehrere –, die Sie dazu gebracht haben, dieses Buch zur Hand zu nehmen. Eine Geschichte wie: »Wenn ich nur die richtige Methode finde, um mit dem Verhalten meines Kindes umzugehen, dann wird das Leben viel einfacher werden.« Oder: »Das Familienleben ist wirklich schwierig geworden. Vielleicht liefert mir dieses Buch die nötigen Antworten, um das zu ändern.« Oder vielleicht sogar: »Vielleicht kann dieses Buch mir Aufschluss geben, was ich tun soll, denn ganz ehrlich: Ich bin ratlos und überfordert. Bei allen anderen scheint alles bestens zu laufen. Kann mir BITTE endlich jemand verraten, wie ich das auch schaffe? Ich versinke hier im Chaos.«

Wir greifen zu Elternratgebern, weil sie uns glauben lassen, dass alles viel einfacher wird, wenn wir nur das Richtige tun, sagen oder die jeweiligen Tipps befolgen. Und meist legen wir sie nach den ersten paar Seiten wieder aus der Hand, weil sie dann doch keine simplen Rezepte liefern.

Was aber, wenn es keine einfachen Antworten gibt? Wenn da nicht nur eine Geschichte existiert, sondern viele – die sich mitunter sogar widersprechen? Was, wenn wir diese Geschichten auseinandernehmen müssen, um unsere eigene zu schreiben? Die wir dann weiter und weiter spinnen, um neue Abschnitte und Kapitel ergänzen, während unsere Kinder heranwachsen und unser Leben sich ändert?

Selbst als Erwachsene sehen wir uns als Helden in unseren Geschichten. Manchmal auch in der Rolle der Schurkin oder des Schurken. Manchmal wünschen wir uns sicherlich, dass jemand kommt und uns rettet. (Bei Eltern naht die Rettung seltener in Gestalt eines Ritters in schimmernder Rüstung, sondern eher in Form einer lieben Patentante, die uns fast wie eine Fee erscheint.)

Sobald wir uns selbst besser kennen und einige der Geschichten, die wir mit uns herumtragen, enträtseln, Ideale infrage stellen und über eine neue Geschichte nachdenken, kann Wunderbares geschehen. Wir fangen an, uns so zu sehen, wie wir wirklich sind – unsere guten Anteile, die schlechten, und alles, was dazwischenliegt. Wir sind keine Heldinnen, sondern Menschen. Und wir beginnen auch, unsere Kinder so zu sehen, wie sie wirklich sind – das, was wir an ihnen mögen, das, was wir unausstehlich finden, und alles, was uns bislang entgangen ist. Wir bringen unser ganzheitliches Selbst in diese Beziehung ein, was unsere Kinder ermutigt, sich ebenfalls in Gänze zu zeigen. Das fühlt sich zunächst einmal beängstigend an. Doch das, was in diesem Prozess passieren kann, bereichert nicht nur die Beziehung zu unseren Kindern, sondern unser ganzes Leben.

Dies ist kein Buch über Erziehung – es ist ein Buch über Eltern

Ich weiß, dass Ihnen das Herz in die Hose gerutscht ist, als Sie gerade gelesen haben, dass es keine einfachen Antworten gibt. Ich fürchte, ich kann Ihnen weder Instanttipps noch leicht umsetzbare Lösungen liefern, weil das Familienleben sich über einen langen Zeitraum erstreckt und ständig verändert. Die beste Lösung ist, dass Sie herausfinden, wie *Sie* in *Ihrer* Familie auftreten und sein wollen. Der Rest kommt von allein.

Statt Ihnen Tipps zu geben, werde ich eine Unmenge Fragen stellen, auf die Sie Ihre ganz persönlichen Antworten finden dürfen. So werden Sie sich selbst besser kennenlernen und verstehen, was Sie als Vater oder Mutter (und als Mensch) beeinflusst. Dieser Prozess wird Ihnen Einsichten vermitteln und hoffentlich etwas Druck nehmen. Das braucht Zeit, aber ich hoffe, ich kann einen dauerhaften Wandel anstoßen.

In diesem Buch geht es also nicht um Erziehung, sondern um Eltern. Es geht um Sie.

Wenn wir uns selbst nicht kennen, wird es schwer, all die Erziehungsregeln, die wir in Büchern, Blogs, Artikeln und Podcasts finden, auf unser Leben anzuwenden. Wir bringen unser Baby ganz wunderbar zum Schlafen, schaffen es dann aber nicht, es allein im Zimmer zu lassen, weil wir selbst Angst vorm Verlassenwerden haben. Wir überlegen uns den perfekten Satz für unser vor Wut brüllendes Kleinkind, den wir dann mit zusammengebissenen Zähnen und Tränen in den Augen hervorstoßen. Wir nehmen uns Zeit, um mit unserem Kind etwas zu unternehmen, um dann loszubrüllen, weil das Ganze nicht so läuft, wie wir uns das vorgestellt hatten. Das führt häufig zum Gefühl, völlig hilflos und allein dazustehen, alles falsch gemacht zu haben und nicht mehr weiterzuwissen. Doch vielleicht sind wir gerade in diesen Momenten offen für etwas Neues – für dieses Buch zum Beispiel.

Die besten Elterntipps der Welt, das Verständnis für kindliche Entwicklung und Schlafzyklen, klare Grenzen und emotionale Bestätigung helfen nicht, wenn Sie sich nicht selbst kennen und wissen, wie Sie üblicherweise reagieren. Denn für das Elterndasein gibt es kein Rezept, an das man sich halten kann. Das Elterndasein ist ein Tanz zwischen komplizierten und sich ständig verändernden menschlichen Wesen. Es lässt uns nackt und bloß zurück, schutzlos, während wir gleichzeitig einen neuen Menschen kennenlernen, der anfangs in völliger Abhängigkeit von uns lebt und uns täglich vor neue Herausforderungen stellt. Häufig sind dann die sozialen Medien unsere einzige Unterstützung, wenn wir versuchen, herauszufinden, wer *wir* nun sind, jetzt, wo wir ein Kind haben.

Wenn wir nach Antworten Ausschau halten, die uns das Leben ein wenig einfacher machen, verlieren wir häufig aus den Augen, wer das Kind vor unserer Nase ist. Wir haben die Vorstellung, dass alles gut wird, wenn wir *bloß* die richtige Strategie finden, das richtige Etikett, die richtige Technik, den richtigen Wortlaut oder gar die richtige Diagnose. Dann hätten wir das Rätsel gelöst, egal, worum es geht: schlafen, füttern, fünf Portionen Obst und Gemüse täglich, »gutes« Benehmen, eine gesunde Beziehung. Und so jagen wir der magischen Lösung hinterher, statt innezuhalten und uns anzusehen, was in uns vorgeht, in unseren Kindern und in unserer Familie.

Kennen wir uns selbst – unsere Erfahrungen, Gefühle, Gedanken, Überzeugungen, Werte, Hoffnungen und Träume –, dann fällt es uns leichter, auch andere besser zu verstehen und wirklich kennenzulernen.

Daher wird Ihnen dieses Buch keine simplen Antworten, Erziehungstricks und bombensicheren Lösungen liefern. Aber es wird Ihnen helfen, eine neue Geschichte zu schreiben. Eine Geschichte, die mit Ihnen selbst anfängt.

Ich bin keine Erziehungsexpertin

Eines möchte ich gleich von Beginn an klarstellen: Ich bin keine Erziehungsexpertin. Tatsächlich finde ich, dass die Vorstellung, wir Eltern sollten auf »Experten« hören, den Glauben verstärkt, das Elterndasein sei etwas, das wir richtig machen können, wenn wir es nur auf eine bestimmte Weise anpacken. So werden wir schließlich abhängig von diesen Experten und vernachlässigen den Blick nach innen. In meiner Ausbildung ging es nicht um Elterntipps, sondern um Modelle und Erklärungsansätze, die uns helfen, uns selbst und unsere Beziehung zu unserem Kind besser zu verstehen. Egal, ob dieses Kind vorerst nur in Ihrer Familienplanung eine Rolle spielt oder ob es schon Teil Ihres Lebens ist.

Als klinische Psychologin bin ich auf die »perinatale Zeit« fokussiert, also auf Schwangerschaft, Geburt und die ersten Jahre. Ich arbeite seit zwanzig Jahren mit Eltern und Familien.

Während sich viele Erziehungsratgeber auf das Kind konzentrieren, habe ich in meiner Ausbildung gelernt, mich auf die Erwachsenen zu konzentrieren und auf das, was sie in die Beziehung einbringen. Ich habe mit Eltern Einzel-, Paar- und Gruppentherapien gemacht. Als sich meine Arbeit auch weniger traditionellen therapeutischen Räumen zuwandte, hatte ich das Glück, Tausende von Eltern online erreichen zu können. Was ich aus all diesen Erfahrungen gelernt habe, habe ich in dieses Buch eingebracht.

Wer zu mir in die Therapie kommt, steht meist massiv unter Druck. Diese Menschen sind verzweifelt und suchen nach Antworten. Daher besteht meine Arbeit größtenteils darin, erst mal alles ein wenig zu bremsen. Ich unterstütze sie dabei, ihre üblichen Reaktionsmuster sowie die Herausforderungen, vor denen sie stehen, zu erkennen und zu verstehen. Sobald wir an diesem Punkt sind, genügen meist ein paar allgemeine Informationen über das normale Zusammenspiel von Eltern und Kindern, damit sie ihre eigenen Lösungen finden. Je länger ich diese Arbeit nun mache, desto weniger Ratschläge erteile ich. Denn ein sinnvoller Wandel muss von Ihnen selbst ausgehen, nicht von mir.

Es gibt viele verschiedene Arten von Psychologie und Psychologinnen. Zudem interpretiert jeder Mensch ein psychologisches Modell ein bisschen anders. Ich habe mich von den verschiedensten Denkschulen inspirieren lassen, die ihre Wurzeln sowohl innerhalb als auch außerhalb der Psychologie haben. Und all das ist gefärbt von meiner persönlichen Sichtweise, die von meiner Geschichte und meinen Lebensumständen geprägt ist. So wie Ihre Sicht der Dinge von Ihrem Hintergrund abhängt.

Die Psychologie ist im Grunde wie ein Lego-Baukasten. Ihre Ideen gründen auf Vorstellungen, die teils sehr alt sind. Viele grundlegende Konzepte in diesem Buch gehen auf Sigmund Freud zurück und damit auf die 1920er-Jahre. Ich werde hier also keine brandneuen Modelle vorstellen, keine schicken Abkürzungen verwenden oder Ideen für Sofortlösungen bieten. Ich würde Ihnen damit keinen Gefallen tun, denn das würde bedeuten, dass es einen spezifischen »Weg« oder einen faszinierend neuen Ansatz – erfunden von meiner Wenigkeit – gibt, der Ihre Probleme lösen wird. Und, ganz ehrlich: Das wäre falsch.

Stattdessen werde ich Ihnen einige grundlegende Konzepte vorstellen, die ich in meiner täglichen Arbeit verwende. Konzepte, die ich von anderen Menschen habe – von Psychologinnen, Psychiatern, Psychotherapeutinnen, Erziehern, Aktivistinnen, Forschern und Autorinnen. Und ich werde Ihnen, genau wie ich es mit meinen Klienten tue, Fragen stellen und neben Ihnen sitzen, wenn Sie überlegen, wie sich das auf Ihr eigenes Leben anwenden lässt, auf Ihre Geschichte aus Vergangenheit, Gegenwart und Zukunft.

Ich bin ein Mensch und spreche mit Ihnen von Mensch zu Mensch. Von außen fühlt sich die Psychologie manchmal sehr komplex an, irgendwie schwer zu verstehen. Letztlich aber geht es in meiner Arbeit immer um Beziehungen, um das Verständnis dafür, wie wir zu anderen in Beziehung treten und wie wir diesen Modus an unsere Kinder weitergeben. Ich habe gelernt, wie ich Menschen begleiten kann, während sie ihre Geschichte entdecken. Und genau wie in meiner klinischen Arbeit möchte ich auch hier mit einer leeren Seite anfangen. Und mit der Neugier, was wohl als Nächstes kommt. Wir machen uns gemeinsam auf Entdeckungsreise zu wichtigen Einsichten.

Es ist ein langsamer Prozess

Eines sollte Ihnen bewusst sein: Dieser Prozess ist nicht mit dem Zuklappen des Buches abgeschlossen. Die nächsten Kapitel werden Sie dazu anregen, über viele verschiedene Dinge nachzudenken, die lange nachwirken können. Bei einigen werden Sie Schwierigkeiten haben, andere werden Ihnen dafür leichterfallen. Ich hoffe sehr, dass Sie am Ende eine ganz neue Geschichte übers Elternsein für sich schreiben können, dass Sie Einsichten gewinnen – über sich selbst, Ihre Familie und Ihr Leben. Vielleicht wissen Sie sogar, wo Sie weiter hinschauen müssen, um Ihre Geschichte zu vervollständigen.

Allerdings wird diese Geschichte nie abgeschlossen sein. Auch diese Erkenntnis macht meist einen gewaltigen Unterschied. Wir alle sind ständig im Wandel und können nie alle Faktoren durchschauen. Doch es geht darum, dass wir uns wohlfühlen mit der Idee, dass wir die Möglichkeit haben, manche Passagen unserer Lebensgeschichte zu überarbeiten, neue Informationen zu berücksichtigen, Absätze hinzuzufügen, andere zu verschieben und gelegentlich einen ganz neuen Entwurf zu wagen.

Wir werden dieses Projekt langsam und vorsichtig angehen, denn es ist nicht immer leicht, über diese Dinge nachzudenken. Ich führe solche Gespräche schon lange, im »wirklichen« Leben mit Menschen in Therapie, online in Eltern-Communitys und auch zwischendurch mit Eltern, die ich kenne. Ich weiß, dass in diesen Gesprächen häufig eine gewisse Trauer mitschwingt, die unter der Oberfläche köchelt, wegen all der Wünsche und Sehnsüchte, die – noch – nicht erfüllt wurden. Da sind Gefühle des Versagens, der Enttäuschung und des Ärgers. Da ist die Angst, etwas zu riskieren, weil so viel auf dem Spiel steht.

Es kann frustrierend sein, dass es auf große Fragen keine einfachen Antworten gibt. Meistens müssen wir die Probleme aufdröseln und schauen, welche Lösungen für unsere Familie passen. Ja, wir werden Antworten finden, aber wir müssen Schritt für Schritt und mit Bedacht vorgehen. Daher ist es völlig in Ordnung, das Buch auch mal eine Zeit lang wegzulegen, sogar für einige Wochen. Bis Sie bereit sind für den nächsten

Schritt. Ich wünsche mir, dass Sie sich Notizen machen, wichtige Passagen markieren, sie mit Post-its wiederfinden. Vertrauen Sie Ihre Überlegungen Ihrem Tagebuch an. Reden Sie mit Ihrem Partner oder Ihrer Partnerin darüber, mit dem anderen Elternteil, mit Freundinnen und Freunden, den eigenen Eltern oder Geschwistern. Je weniger Sie Dinge überhasten, desto größer ist die Wahrscheinlichkeit, dass dieses Buch sinnvolle Veränderungen für Sie und Ihre Familie bewirkt. Es ist übrigens nie zu spät, das eigene Elternsein zu ändern – nicht einmal dann, wenn Ihre Kinder schon selbst Eltern sind.

Eines habe ich von den Eltern gelernt, mit denen ich gesprochen habe: Alle kämpfen sich durch und hoffen dabei das Beste. Alle fragen sich zeitweise, wie zum Teufel sie in diese irrwitzigen Situationen geraten sind: ob sie nun mit der Dreijährigen über das Tragen von Unterwäsche verhandeln oder ob sie auf dem Weg zur Polizei sind, weil der fast erwachsene Sohn sich in ernsthafte Schwierigkeiten gebracht hat.

Alle Eltern sehen manchmal ihr Kind an und fragen sich, wer dieser Mensch ist und wie es so weit kommen konnte. Manche Eltern beantworten diese Fragen mit größerer Selbstsicherheit als andere. Nicht, weil sie ein Geheimrezept haben, sondern einfach, weil ihnen bewusst ist, dass es normal ist und dazugehört, sich durchzukämpfen, Fehler zu machen und dazuzulernen. Vielleicht, weil sie selbst Eltern hatten, die dieses Gefühl akzeptiert und ihnen auf diese Weise vermittelt haben, dass beide, Eltern wie Kinder, gut genug sind, so wie sie sind – auch wenn nicht alles perfekt läuft.

Die Landkarte unserer Geschichten

Zum Einstieg untersuchen wir die Geschichten, die Sie in Ihre Rolle als Elternteil einbringen. Im nächsten Schritt werden wir uns Ihre verschiedenen Persönlichkeitsanteile ansehen – frühere und aktuelle. Wir untersuchen, welchen Einfluss andere Menschen auf Sie in Ihrer Elternrolle haben oder hatten. Am Ende beziehen wir Ihr Kind in die Geschichte mit ein.

Bevor wir uns gemeinsam auf diese Reise begeben, möchte ich Ihnen zwei grundlegende Ideen vorstellen. Wenn Sie nur zwei Dinge aus diesem Buch mitnehmen, sollten es die folgenden sein:

1. Wir können das Elternsein nicht genießen, wenn wir uns selbst nicht verstehen. Dazu gehört die Beziehung zu uns selbst und zu anderen Menschen, aber auch die Frage, wie wir zu Liebe und Verbundenheit stehen, zu Macht und Kontrolle.
2. Unsere Aufgabe als Eltern ist es nicht, unsere Kinder zu formen, sondern ihnen Halt zu geben. Sie zu unterstützen, wenn sie auf Entdeckungsreise gehen – zu ihrem magischen Selbst, zu ihrem individuellen Leben. Unsere Aufgabe ist es, ihnen ein solides Fundament zu geben, auf das sie bauen können, egal, ob sie nun fünf Monate oder fünfzig Jahre alt sind.

Wie vor jeder Reise gibt es auch bei mir Sicherheitshinweise: Bitte überspringen Sie Teil I und II nicht, weil es dort »nur« um Sie geht. Ich weiß, die Versuchung ist groß. Außerdem ist es nicht immer angenehm, einen Blick auf sich selbst zu werfen. Aber Teil III und IV funktionieren nicht, wenn Sie nicht vorher die Kapitel über sich selbst gelesen haben. So ist das mit dem Elternsein: Es wird einfacher, wenn Sie sich selbst besser verstehen.

Sie finden im Buch immer wieder Gelegenheit, innezuhalten, nachzudenken und zu prüfen, ob das, was da steht, für Sie passt. Bitte überspringen Sie auch diese Abschnitte nicht. Mir ist klar, dass Sie ein solches Vorgehen vielleicht als Zeitverschwendung empfinden. Wenn wir etwas besser verstehen und ändern wollen, dann denken und handeln wir häufig sehr rational. Aber wenn es um die entscheidenden Beziehungen in Ihrem Leben geht, müssen wir Körper und Seele miteinbeziehen. Denn der Kopf wird Ihnen zwar Einsichten ermöglichen, doch ändern wird sich nur etwas, wenn Ihr Herz dabei ist. Pausen machen genau das möglich.

Ich lasse dabei immer wieder Beispiele und Erkenntnisse aus meiner klinischen Arbeit einfließen. Denn obwohl Väter, Mütter und Familien ganz unterschiedlich sind, tauchen doch immer gemeinsame Themen auf, die mir in meiner Arbeit oft begegnen. Sämtliche Beispiele, die ich hier bringe, beruhen nie auf einzelnen Erfahrungen meiner Klienten, sondern sind der rote Faden, der viele Fälle verbindet.

Bei manchen Dingen, die Sie hier lesen werden, werden Sie instinktiv zusammenzucken, aus welchem Grund auch immer. Vielleicht, weil es ein Ziehen im Herzen auslöst – aufgrund von Schuldgefühlen, Scham, Trauer oder Frustration. Oder weil die Geschichte einen unerwarteten Verlauf nimmt. Das kann mit Ihnen zu tun haben, mit Ihrem Kind, Ihrem Partner, Ihrer Familie, der Gesellschaft, in der wir leben, oder der Situation, in der Sie sich im Moment befinden. Bitte greifen Sie dann zurück auf die Strategien, die in Kapitel 3 vorgestellt werden. Sie sollen Ihnen in solchen Momenten helfen. Wir mögen schwierige Gefühle nicht, aber sie liefern uns wertvolle Informationen. Am besten versuchen Sie, diese Momente als Botschaft zu nehmen, dass es hier etwas zu erkunden gibt. Schauen Sie nicht weg, sondern genau dann erst recht hin.

Was ich selbst schwierig finde, wenn ich Bücher über Elternschaft lese, ist die Vorstellung, dass der Autor oder die Autorin alles im Griff hat. Denn auch ich lerne täglich dazu, und das wird sich nie ändern. Ich habe zwar viele Informationen, doch das macht die Umsetzung auch für mich kein bisschen einfacher. Während ich dieses Buch geschrieben habe, wurde mir bewusst, wie viele Dinge ich gern anders gemacht hätte.

Ich werde mein professionelles Wissen mit Ihnen teilen. Doch glauben Sie mir: Im wirklichen Leben finden es meine eigenen Kinder wahnsinnig komisch, dass ich, gerade ich, ein Buch übers Elternsein schreibe.

Ein paar Worte noch zu der Frage, für wen dieses Buch gedacht ist. Hätte ich es vor zehn Jahren geschrieben, hätte es sich an Mütter gerichtet. Zu Beginn meiner Laufbahn ging ich davon aus, dass Frauen in der Mutterrolle mehr Bestätigung erhalten sollten, damit die Mutterschaft zu einer besseren Erfahrung wird. Das beruhte auf Theorien, die zu einer Zeit entstanden, als Mütter die Kinder erzogen und Väter die Familie ernährten. Heute glaube ich zwar immer noch, dass Mütter – besser gesagt alle Eltern – sich stärker wertgeschätzt fühlen sollten, dass sie wissen sollten, wie wichtig ihre Rolle ist. Trotzdem hat sich in den vergangenen 20 Jahren meine Vorstellung davon, wie das gelingen kann, verändert.

Mittlerweile ist der Druck auf Frauen enorm gestiegen, während Väter und Partner sich ihrer familiären Rolle nicht mehr sicher sind. Den Müttern gibt man immer kompliziertere Erziehungsziele vor, was Belastung und Frustration zunehmen lässt. Väter, Partner und andere Bezugspersonen aber werden aus der Diskussion um Elternschaft und Kinder ausgeschlossen. Sie haben kaum Zugang zu Hilfsangeboten, die sie in ihrer Elternrolle unterstützen könnten. So fallen sie wieder in jene Rollenmuster zurück, die sie eigentlich für sich abgelehnt haben. Viele Eltern entscheiden sich gegen das traditionelle Familienmodell, um dann festzustellen, dass die Gesellschaft es ihnen nur umso stärker oktroyiert, je mehr sie sich dagegen wehren. Wenn wir neue Geschichten über Familien schreiben wollen, muss die ganze Familie anpacken. Daher ist dieses Buch gedacht für *alle* Eltern und Bezugspersonen, auch künftige, und für die Menschen, die mit Eltern und Bezugspersonen befreundet sind. Wir brauchen einen Paradigmenwechsel in der Art, wie wir Familien behandeln und über sie sprechen. Und das fängt bei der Vorstellung darüber an, mit und von wem wir sprechen, wenn wir »Eltern« sagen.

Daher war es mein Ziel, viele verschiedene Formen von Familie einzubeziehen, also auch über den zusätzlichen Druck zu sprechen, der auf Familien aus benachteiligten und unterrepräsentierten Randgruppen lastet. Ich habe bewusst versucht, eine inklusive Sprache zu benutzen, aber sicher ist das nicht immer gelungen. Wenn Sie sich an solchen Punkten stören, dann möchte ich mich schon an dieser Stelle dafür entschuldigen. Manche der psychologischen Modelle, die ich in meiner Ausbildung gelernt habe, schließen Menschen aus und haben eine begrenzte Zielgruppe. Wird dies kritisiert, finde ich das richtig und wichtig. Auch die Psychologie ist in einem ständigen Prozess. Ich hoffe, Sie haben Nachsicht mit mir und den Fehlern, über die mein künftiges Selbst vermutlich den Kopf schütteln wird.

Ich habe mich dafür entschieden, psychologische Konzepte in diesem Buch metaphorisch darzustellen. Solche sprachlichen Bilder bleiben besser im Gedächtnis – wenn Sie in die Bilder eintauchen und darüber reden oder schreiben, schaffen Sie eine ganze Reihe von Assoziationen in Ihrem Gedächtnis, die dazu beitragen, dass Sie sich auch später noch daran erinnern. Solche Sprachbilder holen unsere Erfahrungen, Gefühle und Überzeugungen aus unserem Körper heraus – und damit auch Scham und Tadel – und sorgen dafür, dass wir sie mit mehr Abstand betrachten können.

Ich weiß aber auch, dass sich manche Menschen mit solchen Visualisierungen unwohl fühlen, denn es gibt große Unterschiede darin, wie intensiv Menschen visuelle Eindrücke erfahren. Kümmern Sie sich nach Möglichkeit nicht darum, was Sie sich vorstellen können oder nicht. Wenn sich kein klares Bild ergibt, dann gehen Sie mit dem Gefühl, das die Worte in Ihnen auslösen. Oder Sie schaffen sich ein eigenes Bild und beschreiben es in Ihren Worten. Hier gibt es kein Richtig oder Falsch.

Noch ein letzter Rat: Klammern Sie sich nicht krampfhaft an das, was ich geschrieben habe. Nichts davon ist in Stein gemeißelt. Erst wenn Sie die für Sie richtige Lesart finden, werden Sie das Geschriebene auf Ihr Leben anwenden können. Vielleicht stellen Sie auch fest, dass etwas fehlt. Oder Sie sind mit manchem nicht einverstanden. Vielleicht rede ich zu viel über ein bestimmtes Thema oder schreibe etwas, das Sie mit Ihrer Erfahrung überhaupt nicht in Einklang bringen können und lächerlich finden. Das ist in Ordnung. Es ist nicht nur in Ordnung, sondern großartig. Wir sind komplexe, chaotische, menschliche Wesen und haben unterschiedliche Ansichten und Wünsche. Nicht alles, was ich sage, wird jeder Leserin einleuchten. Trotzdem sollten Sie nicht gleich das Buch pauschal verurteilen, wenn ich etwas schreibe, das auf Sie nicht zutrifft. Nehmen Sie es gelassen. Nehmen Sie sich das, was Sie brauchen können, und lassen Sie den Rest weg. Meine Hoffnung ist es, dass dieses Buch Ihnen dabei hilft, Ihren ganz eigenen Weg zu finden. Also, verehrte Mitforschende: Sind Sie bereit?

I

Die Mythen und Legenden rund ums Elternsein

1

Geschichten aufdröseln

Alles hat seine Moral,
man muss nur ein Auge dafür haben.

Lewis Caroll, *Alice im Wunderland*[1]

Können Sie sich noch daran erinnern, wie es war, als Sie noch an Magie glaubten? Ein Großteil der Kindheit ist davon bestimmt, dass wir nicht nur Geschichten, sondern ganze mythische Welten erfinden. Als wir Babys und Kleinkinder waren, gerieten Realität und Fantasie häufig durcheinander. Später in der Kindheit erschufen wir in der Fantasie einen vollständigen Kosmos mit eigenen Figuren, Geschichten und Ritualen.

Wir glauben, dass wir als Erwachsene immer rationaler und vernünftiger werden. Wir hören auf, an Magie zu glauben. Schluss mit den Fantasiewelten, wir kontrollieren lieber unsere Finanzen. Und statt uns in Tagträumen zu verlieren, scrollen wir in den sozialen Medien durch Katastrophennachrichten. Und doch bleibt uns die Fantasie erhalten, mehr noch, sie bestimmt sogar unseren Alltag. Wir merken es nur nicht.

Mit diesem Buch möchte ich ein wenig Magie in Ihr Leben zurückbringen. Wir werden uns gemeinsam auf eine Reise begeben, auf der wir unterschiedliche Landschaften erkunden und verschiedenen Charakteren begegnen. Wir werden sogar eine Zeitreise in die Vergangenheit unternehmen. Und ich möchte auch direkt mit einer Geschichte beginnen. Denn sie sind ein so wichtiger Teil unserer Kindheit, den wir als Erwachsene häufig aus den Augen verlieren. Doch es sind Geschichten, die uns zeigen, wie wir als Menschen in dieser Welt leben können. Immer und überall.

Das Märchen der Elternschaft

Es war einmal ein Kind, das sich vorstellte, selbst ein Kind zu haben. Und während das Kind größer wurde, wuchs mit ihm seine Vorstellung, wie es selbst als Elternteil sein und welche Art von Kind es einmal haben würde. An dieser Geschichte hielt das Kind fest. Und diese Geschichte wurde immer weiter ausgebaut – auf der Basis eigener Erfahrungen, von Büchern, aus der Werbung und Gesprächen. Und als dieses Kind dann endlich ein eigenes Kind hatte, merkte es, dass diese Geschichte ein Märchen war. Viel zu stark vereinfacht und idealisiert. Mit Charakteren, die das Kind nicht mehr wiedererkannte. Ja, es erschien darin selbst als ein Mensch, der es gar nicht sein wollte.

Wenn Sie nun eine Minute innehalten und darüber nachdenken, welche Art Vater oder Mutter Sie sein möchten oder wie Sie Elternschaft definieren, was fällt Ihnen dazu ein? Bei vielen Menschen fußen diese Vorstellungen auf einem Idealbild, das den Eltern entspricht, die sie selbst gern gehabt hätten. Hier fließen Erfahrungen ein, die man mit den eigenen Eltern oder Bezugspersonen gemacht hat, und vermischen sich mit anderen Bildern. Dieses Ideal ist der Fantasie-Elternteil. Dieser Elternteil weiß genau, was das Kind braucht. Er bringt das Kind ins Bett, haucht ihm einen Kuss auf die Stirn, und das Kind schläft sofort ein. Er verliert nie die Geduld und kocht seinem Kind stets sein Lieblingsgericht. Natürlich steht immer eine Schale mit glänzendem Obst auf der sauberen, aufgeräumten Küchenanrichte. Und die Kinder dieses Elternteils verschwinden wie durch Zauberhand von der Bildfläche, wenn etwas Wichtiges zu erledigen ist – Beruf, Hausarbeit, Duschen oder ein Date.

Ich kann mir meinen Fantasie-Elternteil gut vorstellen. Ich sehe sie vor meinem geistigen Auge, wie sie die Lippen leicht schürzt und dabei ein Lächeln ihre Mundwinkel umspielt, in etwa wie Claire Huxtable aus *Die Bill Cosby Show* (die erst in den vergangenen Jahren in Verruf geraten ist). Sie war in der Serie gütig, warmherzig, witzig, aber ein einziges Heben ihrer Augenbrauen ließ ein Kind sofort mit allem Unfug aufhören. Gerade die richtige Mischung aus mitfühlend und streng. Mutter, Ehefrau und erfolgreiche Anwältin. Sie erzog fünf sehr verschiedene Kinder zu starken, liebevollen Menschen, war die Königin des Haushalts. Und genauso braunhäutig wie ich.

Es gab noch andere mütterliche Ideale, die ich größtenteils einfach internalisierte, ohne es zu merken. Da waren die Frauen in meinem Leben, meine eigene Mutter selbstverständlich, die ihre ureigensten Geschichten über Familie, Beziehungen, Arbeit, Pflichten und Fürsorge mit sich brachte. Aber auch Fernsehserien aus den 1990ern, in denen Frauen Kinder bekamen und dann ihr »richtiges« Leben weiterführten. Alle in heterosexuellen Beziehungen, mit Ehemännern, die nur eine Nebenrolle spielten – weil sie außer Haus arbeiteten, die Kohle ranschafften und hin und wieder ein bisschen im Haushalt mithalfen.

Und die Babys und Kinder? Sie waren einfach nur süß, nicht wahr? Wenn sie weinten, ließen sie sich trösten. Wenn sie müde waren, schliefen sie. Wenn sie frech wurden, schickte man sie auf ihr Zimmer. All das vermengte sich zu facettenreichen Vorstellungen davon, wer ich als Elternteil sein würde, wer mein Partner wäre und wie unsere Kinder geraten würden.

Vielleicht käme dazu noch eine schicke Wohnung in Manhattan, wie in *Sex and the City*.

- Wie sieht es bei Ihnen aus? Wer oder was hat Ihre Geschichten über Eltern und Kinder geprägt?
- Wann haben Sie gemerkt, dass diese schönen Geschichten nicht so ganz der Wirklichkeit entsprechen?

Vielleicht hatten Sie ja immer schon das Gefühl, dass dieses Ideal unerreichbar war – aufgrund Ihrer persönlichen Erfahrungen. Vielleicht ist Ihnen bei dem Gedanken, dass Sie einmal ein Kind haben könnten, ganz mulmig geworden, weil Sie sich nicht mal ansatzweise vorstellen konnten, wie man Kindern ein guter Vater oder eine gute Mutter ist. Eben weil Sie das selbst nie erlebt haben. Und vielleicht hat die Kluft zwischen Ihrem Ideal und Ihrer Wirklichkeit Sie davon abgehalten, eigene Kinder zu bekommen – oder dies zumindest verzögert.

Oder Sie haben gemerkt, dass die Geschichte nicht stimmen kann, als eine Freundin oder Schwester schwanger wurde, sie Ihnen von der Erschöpfung berichtet hat und von der ewigen Verstopfung – nicht gerade die begeisterte Erzählung, die Sie erwartet hatten.

Oder war es kurz nachdem Sie Ihr eigenes Baby bekommen hatten – und das ein bisschen zerknautschter aussah, als Sie gehofft hatten? Sie wurden dann mit ihm allein gelassen, obwohl Sie nicht die leiseste Ahnung hatten, was Sie mit ihm anfangen sollten – war es der Moment?

Oder stellte sich das Schwangerwerden als so viel schwieriger heraus, als man Ihnen immer erzählt hatte? Vielleicht geschah es auch während der Geburt, als alles schiefzulaufen schien und Sie sich auf einen Schlag von gut hundert verschiedenen Fantasien verabschieden mussten, die sich nicht nur um Babys und Eltern drehten, sondern auch um Körper, Sicherheit und Vertrauen? Vielleicht war es in der ersten Nacht zu Hause, als Sie Ihr Kind einfach nicht beruhigen konnten, ganz egal, was Sie anstellten? Oder passierte es später, als Sie zusahen, wie Ihr Partner oder Ihre Partnerin zur Arbeit ging und all Ihre Träume von langen Spaziergängen im Park und dem entspannten Kaffee mit Freunden zerplatzten, angesichts der Panik, nun ganz allein für dieses winzige Leben verantwortlich zu sein?

In all diesen Momenten kann es passieren, dass wir merken, dass die Fantasien in unseren Köpfen nicht real sind. Leider stellen wir aber nicht unsere Fantasie-Geschichten infrage. Sondern wir denken, dass wir alles falsch machen.

Der Mythos vom Elternsein

All diese Elternmärchen, woher sie auch stammen mögen, haben einige grundlegende Vorstellungen gemeinsam. Eine dieser Ideen ist das folgende Modell (ein verbreiteter Mythos):

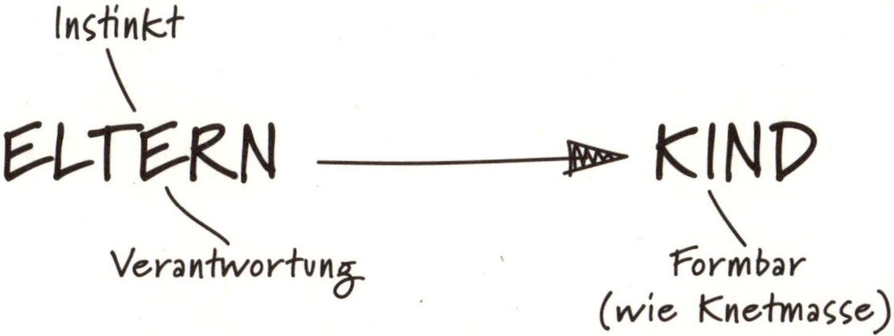

Die Grundidee ist, dass Eltern die Kontrolle haben und Kinder geformt werden müssen. Auch wenn Eltern die Erziehung unterschiedlich anpacken, steht dahinter doch der Mythos, dass Kinder auf ihre Eltern hören sollten und sie das auch tun, weil sie davon ausgehen, dass ihre Eltern es besser wissen. Und wenn alles plangemäß abläuft, dann ist die Kindererziehung ein Kinderspiel, und wir genießen das Happy End.

Wenn wir an diesen Mythos glauben, heißt das für uns, dass wir mit der Elternschaft nur deswegen Probleme haben, weil *wir* versagen. *Wir* verstehen etwas falsch, irgendetwas entgeht uns. Oder mit unserem Kind stimmt etwas nicht, weil es auf unsere genialen Tricks nicht so reagiert, wie es sollte oder wie wir erhofft haben.

Wenn es schwierig wird, dann nur weil *wir* falschliegen und / oder mit unseren Kindern etwas nicht stimmt.

In den vergangenen Jahren ist dieser Teil des Mythos immer mächtiger geworden. Das hat mich nicht wirklich überrascht. Wir sind als Eltern häufig völlig auf uns allein gestellt, und unser Wissen über Kinder beziehen wir aus Büchern, Blogs und den sozialen Medien. Wir packen das Elternsein genauso an wie unser ganzes Leben: nach dem Leistungsprinzip. Man hat uns eingetrichtert, dass Leistung alles ist – ob nun in der Schule, in der Ausbildung, an der Uni oder im Beruf. Selbst in der Freizeit sollen wir uns immer wieder selbst optimieren und sportlicher, gesünder, schöner und gelassener werden. Also nehmen wir diesen Maßstab und wenden ihn auf die Elternschaft an. Wir betrachten sie als Tätigkeit, nicht als Zustand. Die Kluft zwischen unseren Erwartungen und der Wirklichkeit wird immer größer. Und in dieser Kluft wächst die Angst exponentiell an.

Und der Mythos erschöpft sich ja nicht in Erfahrungen und den Märchen, die wir mit uns herumtragen. Er speist sich aus allem, was in diese Märchen einfließt.

Nehmen wir die Geschichte »Junge trifft Mädchen«, die häufig mit einer Eheschließung endet. Sie werden in keinem Märchen davon lesen, dass Prinz und Prinzessin Probleme haben, ein Kind zu bekommen, oder dass sie ein Baby haben, das nicht schlafen will. Es geht auch nie um zwei Prinzen, die eine Prinzessin finden, die für sie ein Kind zur Welt bringt. Oder um ein Kleinkind, das mit einem Naturtalent zum Fluchen geboren wurde.

So betrachtet, zerbröseln die Märchen und Mythen ziemlich schnell, nicht wahr?

Geschichten versus Wirklichkeit

Hätte Ihnen jemand gesagt, dass die Elternschaft ein Epos voller Komik und Tragik zugleich ist, das Ihr ganzes Leben auf den Kopf stellt, hätten Sie sich dann immer noch ein Kind gewünscht?

Hätte Ihnen jemand gesagt, dass Ihr Baby nicht abgesetzt werden möchte und nur schläft, wenn es sich eng an Ihren Körper schmiegen kann, hätten Sie dieses Baby dann immer noch gewollt? (Mir ist bewusst, dass sich nicht alle Babys so verhalten, aber wir erfahren trotzdem nicht viel über die verschiedenen Modi des Babyschlafes, oder?)

Oder hätten Sie ein Kleinkind ersehnt, das bei seinen Wutanfällen kratzt und beißt, Ihre Lieblingssachen kaputt macht und in aller Öffentlichkeit aus Leibeskräften brüllt?

Hätte Ihnen jemand erzählt, dass Ihr Kind nicht nur haarklein schildert, wie sehr es Sie hasst, sondern Ihnen auch noch an den Kopf wirft, dass es lieber Ihre beste Freundin als Mutter hätte – wäre der Wunsch nach Kindern immer noch so groß gewesen?

Hätte Ihnen jemand gesagt, dass Ihr Teenie-Töchterchen die ganze Nacht ausgeht, ohne Ihnen Bescheid zu geben, und dass es, wenn Sie es dann übernächtigt zur Rede stellen, die Tür zuknallt und wieder abhaut – hätten Sie ein solches Mädchen haben wollen?

Vielleicht aber ist Ihre Geschichte eine andere. Möglicherweise haben Sie Ihr Elterndasein nie infrage gestellt, ganz egal, wie hart es war. Dennoch werden alle Eltern an irgendeinem Punkt von den Herausforderungen des Elterndaseins kalt erwischt. Die meisten fühlen sich angesichts der harten Wirklichkeit betrogen. Manche bedauern es, überhaupt Kinder bekommen zu haben. Das ist eben nicht die Art von Wirklichkeit, die sie sich vorgestellt hatten.

Wie fühlt es sich an, über solche Fragen nachzudenken? Es ist mitunter nicht einfach, sich Gefühle von Ambivalenz, Wut, Groll oder sogar Hass auf die eigenen Kinder einzugestehen. Was gewöhnlich mit dem Mythos zu tun hat, dass gute Eltern ihre Kinder immer lieben, ganz egal, was geschieht. Aber wenn wir uns die unangenehmen Gefühle des Elternseins nicht genauer ansehen, dann übernehmen sie andernorts die Kontrolle. Wir laden sie ungebremst auf andere Menschen im Supermarkt ab. Oder wir betäuben sie mit dem einen oder anderen Gläschen Hochprozentigem. Ich weiß, es ist wirklich schwierig, über diese Dinge zu sprechen. Die Elternschaft, beziehungsweise einzelne Aspekte davon beschwerlich oder gar die eigenen Kinder unmöglich zu finden, ist immer noch ein Tabu.

So häufig wir auch darüber witzeln, dass unsere Kinder »kleine Monster« sind, oder wir Bücher lesen mit dem Titel *Verdammte Scheiße, schlaf endlich ein!*, so lächeln wir doch immer, wenn jemand fragt, wie es läuft, und behaupten, dass alles in Ordnung sei, auch wenn wir um fünf Uhr früh unseren Nachwuchs gern vor die Tür setzen würden, nur um einmal ungestört ausschlafen zu können.

Die seismischen Erschütterungen des Elternwerdens

Wenn wir über Kinder und Elternschaft reden, geht es nur selten darum, dass dies unser ganzes Leben erschüttert. Wir lesen, dass wir als Eltern das Gehirn unseres Kindes irreparabel schädigen können oder dass an unseren gesellschaftlichen Problemen unsere mangelnde Begabung zur Erziehung schuld sei. Wir reden davon, was alles auf dem Spiel steht. Und damit verbunden ist die Vorstellung, dass all das auf unseren Schultern lastet (leider immer noch zu großen Teilen auf denen der

Mutter). Aber nie redet jemand darüber, dass das Elternsein unser Innerstes nach außen kehrt und uns nackt und bloß zurücklässt. Und dass wir trotzdem funktionieren müssen, egal, wie wir uns fühlen, weil da dieses extrem verwundbare Menschlein an unserer Seite ist. Und das häufig zu einer Zeit, in der wir finanziell alles andere als gut dastehen, weit weg von unserer Familie sind (obwohl wir ihr vielleicht gar nicht so nahe sein wollten) und mit den krassesten körperlichen, psychischen und sozialen Veränderungen seit der Pubertät zu kämpfen haben.

Es ist ein Erdbeben. Und selbst wenn wir darüber reden, wie erschütternd es ist, überzuckern wir die Fakten oder reden um den heißen Brei herum. Es gibt kaum jemanden, der sagt: »Eltern zu werden, verändert dein ganzes Leben, in jeder Hinsicht. Du stellst infrage, wer du bist, wofür du auf der Welt bist und was der Sinn deines Lebens ist.« Stattdessen reden wir über die begleitenden Umstände: den Schlafentzug, die Geburtserfahrungen, die Verhaltensprobleme. Über Peanuts, nicht über die dicken Brocken. Und wir reden über die kurzfristigen Lösungen, wie wir den »Kleinkram« meistern: das Gläschen Wein am Abend, ein Tag Auszeit im Spa oder »Ich habe mich ins Badezimmer eingesperrt, um stumm loszuschreien«. (Okay, über Letztgenanntes reden wir auch höchst selten.)

Vielleicht schweigen wir auch komplett, weil all das einfach zu überwältigend ist, sodass wir es gar nicht richtig wahrnehmen können. Nach der Geburt eines Kindes ist wirklich alles anders. Aber wenn wir uns nicht klarmachen, womit wir es zu tun haben, wenn wir uns die dicken Brocken nicht anschauen, wie sollen wir dann nützliche Lösungen finden?

Und wenn wir mal wie folgt übers Elternsein nachdenken würden:

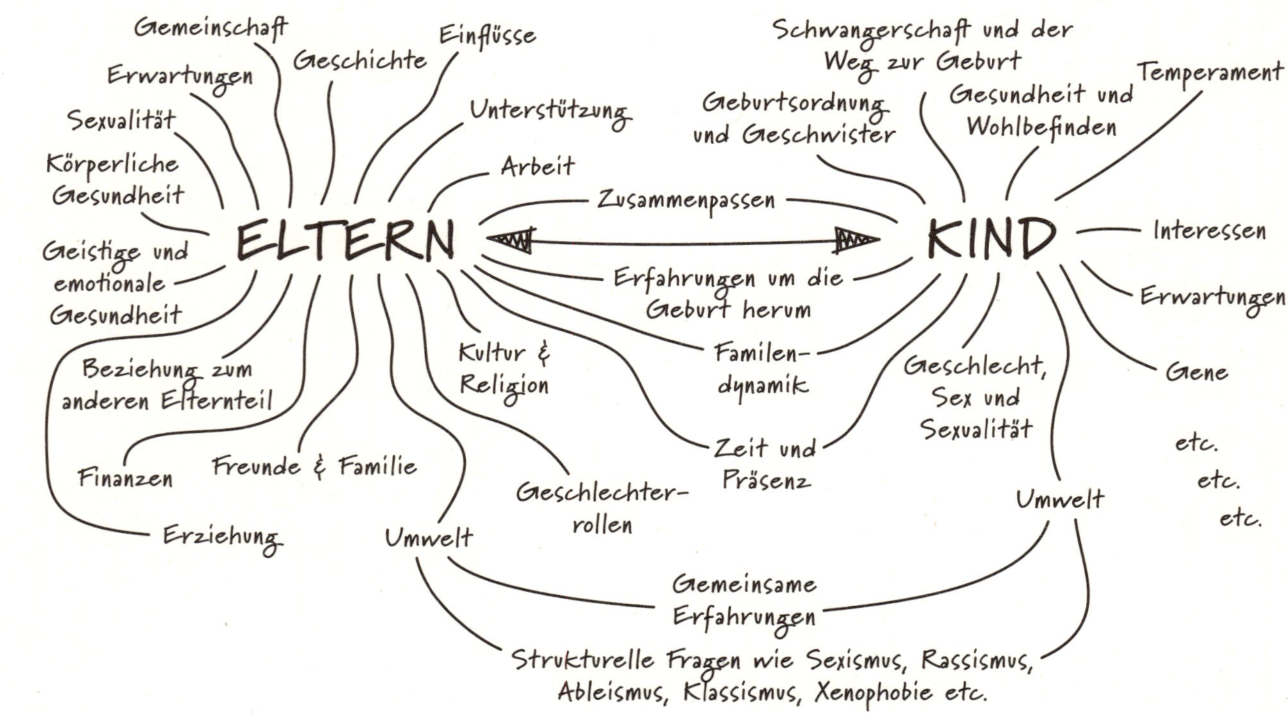
Gemeinschaft
Erwartungen
Sexualität
Körperliche Gesundheit
Geistige und emotionale Gesundheit
Geschichte
Einflüsse
Unterstützung
Arbeit
ELTERN
Zusammenpassen
Erfahrungen um die Geburt herum
KIND
Schwangerschaft und der Weg zur Geburt
Geburtsordnung und Geschwister
Gesundheit und Wohlbefinden
Temperament
Interessen
Erwartungen
Gene
etc.
etc.
etc.
Beziehung zum anderen Elternteil
Finanzen
Freunde & Familie
Erziehung
Umwelt
Kultur & Religion
Geschlechterrollen
Familiendynamik
Zeit und Präsenz
Geschlecht, Sex und Sexualität
Umwelt
Gemeinsame Erfahrungen
Strukturelle Fragen wie Sexismus, Rassismus, Ableismus, Klassismus, Xenophobie etc.

Das ist schon ein bisschen unübersichtlicher, oder? Es gibt keinen klaren Anfang, keine Mitte und kein Ende, sondern es ist eine Geschichte mit vielen Irrungen und Wirrungen – und einem mehr als offenen Ende. Gibt es etwas, was Sie noch hinzufügen möchten?

Auf den folgenden Seiten werden wir diese Geschichten gemeinsam erforschen. Wir werden alle Charaktere kennenlernen – vor allem diejenigen, die hinter den Kulissen aktiv sind, und nicht nur die, die wir der Welt zeigen. Und dann werden wir überlegen, welche Geschichte wir uns stattdessen wünschen. Wir werden das Ganze selbstverständlich mit einer Prise Magie würzen.

Denn wenn wir uns von einigen unserer Fantasien verabschieden, werden wir merken, dass damit auch die Last der Erwartungen von unseren Schultern fällt, der Druck, den diese Geschichten auf uns ausüben, ohne dass wir uns dessen bewusst sind. Doch es kann schwierig sein, diese Ideale gehen zu lassen. Vielleicht halten Sie gerade auch ein bisschen stärker daran fest, jetzt, wo ich Sie gebeten habe, Ihren Griff zu lockern.

Das Wirklichkeitsgefälle

Warum stellen wir das Leben als Eltern so häufig als zutiefst erfüllend dar, wenn es in Wirklichkeit wunderschön und schrecklich zugleich ist, manchmal sogar in ein und demselben Augenblick? Nun ja, in der Geschichte heißt es, dass Kinder zu haben die Erfüllung ist. In Wirklichkeit aber machen Kinder uns – im Normalfall – *nicht* glücklich.[2] All das Schöne hat sein Gegenstück in den damit einhergehenden finanziellen, zeitlichen, psychischen und sozialen Belastungen.

Ein Grund für diese Diskrepanz ist eine andere Geschichte, die man vielen von uns schon in jungen Jahren eingebläut hat: Kinder zu haben gehöre zum Erwachsensein dazu. Und nicht nur das, es sei auch der erfreulichste Teil davon. Daher trifft es uns so unerwartet, wenn das echte Leben ganz anders aussieht. Da wir ein Leben lang an diese Geschichte geglaubt haben, gehen wir davon aus, dass wir für diese Diskrepanz verantwortlich sind, weil wir etwas falsch machen. Dass die Geschichte vielleicht nicht wahr ist – auf die Idee kommen wir gar nicht. Und dieser bekannte Pfad der Geschichte ist ordentlich ausgetreten, daher gehen wir ihn weiter. Aber ausgetretene Pfade haben oft mehr mit Idealvorstellungen zu tun als mit der Wirklichkeit.

Überlegen Sie mal: Was würde sich in Ihrem Denken über sich selbst verändern, wenn Sie wüssten, dass die Geschichte von Anfang an falsch war? Was wäre, wenn es sich nur um ein Märchen handelte?

Den Geschichten nachgehen

Wir werden uns Ihre persönliche Geschichte erst im nächsten Teil ansehen. Nun wollen wir zuerst einige der Storys auseinandernehmen, die vermutlich in Ihre Entscheidung, ein Kind zu haben, eingeflossen sind (egal, ob Sie diese bewusst getroffen haben oder nicht). Einige der bekannteren Mythen haben wir bereits entschlüsselt. Aber was ist mit jenen, die speziell Ihr Leben beeinflusst haben und es immer noch tun? Denn die Umwelt, in der wir groß werden, prägt uns genauso stark wie unsere individuellen Erfahrungen.

In Großbritannien, wo ich lebe, haben wir es mit einer sogenannten pronatalistischen Gesellschaft zu tun. Man erwartet also von den Menschen, dass sie Kinder bekommen, und die Politik unterstützt Familien gemeinhin. In einem Land wie Griechenland, wo jedes Kind vom Staat mit einer Bonuszahlung von 2000 Euro begrüßt wird, ist der Druck, ein Kind zu bekommen, sogar noch größer.[3] Obwohl wir den gesellschaftlichen Aspekt bei der Nachwuchsplanung meist nicht als wichtigen Faktor betrachten, kann die Frage, wie kinderfreundlich eine Gesellschaft ist, unsere Entscheidung durchaus beeinflussen.

Das wird vor allem dann deutlich, wenn wir uns mit Menschen unterhalten, die sich nicht darauf einlassen. Wer sich bewusst gegen Kinder entscheidet, wird häufig kritisiert oder bemitleidet (obwohl die Betreffenden sich mit diesem Aspekt meist intensiv auseinandergesetzt haben, manchmal intensiver, als Eltern das getan haben). Ob uns das klar ist oder nicht: Wir leben in einer Gesellschaft, die von uns Nachwuchs erwartet, und die meisten Menschen handeln dementsprechend. Viele fragen sich nicht einmal, ob die Elternschaft etwas ist, das sie sich wirklich »wünschen«. Und diese Geschichte schreiben wir fort, indem wir den Leuten das erzählen, was ihren Erwartungen entspricht. Dass wir es nicht erwarten können, Eltern zu werden, oder dass wir zwar nervös sind, aber uns auch riesig freuen. Schwierigkeiten mit den körperlichen Veränderungen, Fruchtbarkeitsprobleme, die Angst vor der Veränderung in unserem Leben und eine unterschwellige Wut auf unser Kind, weil es für diese Schwierigkeiten verantwortlich ist – darüber redet kaum jemand. Und damit bleibt die Geschichte, dass ein Kind ein willkommener Teil des Erwachsenenlebens ist, unwidersprochen.

Außerdem sind unsere Geschichten heteronormativ. Prinzen oder Prinzessinnen, die nicht ins binäre Geschlechtermodell passen oder auf Maßnahmen zur medizinischen Fortpflanzung oder zum Fertilitätserhalt zurückgreifen müssen, kommen darin einfach nicht vor. Genauso wenig wie Eltern, die einen Gerichtsbeschluss brauchen, um als rechtmäßiger Elternteil ihres Kindes anerkannt zu werden.

Unsere Geschichten und Ideen rund ums Kinderkriegen gründen auf Monogamie, die sich häufig über religiöse Normen ins soziale Leben geschlichen hat: Ein Kind hat Eltern, die für immer zusammenbleiben. Wer Kinder allein erzieht (nach einer Trennung oder einer bewussten Entscheidung dafür) oder gar eine Patchworkfamilie hat, fühlt sich in den Diskussionen über Erziehungsfragen meist unterrepräsentiert.

Auch unsere Vorstellungen von Fruchtbarkeit beruhen auf bestimmten Grundannahmen. Im Allgemeinen bringt man uns bei, dass man fast schon schwanger werden kann, wenn man nur an Sex denkt. Bei der Sexualerziehung junger Menschen geht es vor allem darum, wie man *nicht* schwanger wird. Informationen über Schwangerschaft, die physiologische Seite der Geburt und die Entwicklung von Kleinkindern fehlen. Daher berichtet die Geschichte kein bisschen darüber, was man tut, wenn der Körper nicht so funktioniert, wie man es erwartet hat. Oder wenn der Traum von der Elternschaft von Trauer und Verlust erstickt wird.

Und was ist mit der Frage nach dem Geld? Die einzigen Geschichten, die wir über Kinderarmut hören, reduzieren sich auf die Aussage: »Dann bekomm halt kein Kind!«

In Großbritannien wachsen drei von zehn Kindern in Armut auf[4], global ist es eines von sechs, und diese Zahl steigt ständig an.[5] Aber in den Medien und in der Politik werden Eltern mit geringem Einkommen geradezu dämonisiert. Man schreibt ihnen selbst die Verantwortung für dieses gesellschaftliche Übel zu.

Auch der wirtschaftliche und politische Kontext wirken sich demnach auf die Kinderfrage aus. Vermutlich werden auch Sie Ihr Kind in einer Misch-Ökonomie großziehen, wie sie in den USA und in Großbritannien vorherrscht: Der Großteil der Produktionsmittel ist im Privatbesitz und soll Gewinne abwerfen, doch der Staat übernimmt einige soziale Aufgaben. Auch das kann einen direkten Einfluss auf die Familien haben. Wir sind so sozialisiert, dass wir ökonomisch produktiv sein sollen. Die Schule erzieht uns zur Arbeitskraft und dazu, dass wir die Wirtschaft durch unseren Konsum am Leben halten.

Das wirkt sich auch auf unser Familienleben aus. Mittlerweile ist es so, dass in den meisten Familien beide Elternteile arbeiten. (Alleinerziehende leben mit höherer Wahrscheinlichkeit in Armut.) Da die Lebenshaltungskosten ständig steigen, ist der Druck, zu arbeiten, größer. Und das wirkt sich wiederum darauf aus, wie wir unsere Kinder begleiten. Ein Kind bis zum Alter von 18 Jahren großzuziehen, kostet in Großbritannien nach einer Schätzung aus dem Jahr 2021 88 582 Euro (für Paare) und 119 900 Euro für Alleinerziehende.[6] (Diese enorme Kostenersparnis für Paare geht darauf zurück, dass ein Paar sich Belastungen wie Auto und Miete teilen kann.) Rechnet man die Kosten für Kinderbetreuung und den Haushalt hinzu, kommen wir auf 186 884 Euro für Paare und 225 389 Euro für Alleinerziehende. Das sind die höchsten Zahlen seit Beginn der Aufzeichnungen im Jahr 2012. In Großbritannien ist die Betreuung von Kindern bis zu drei Jahren meist in privater Hand. Unser Kinderbetreuungssystem ist das teuerste der Welt.[7] Selbst Teilzeit-Kinderbetreuung schlägt meist mehr zu Buche als Miete oder Hypothekentilgung.

Das heißt: Während viele Eltern (und das sind »dank« des Gender Pay Gap meist die Mütter) ihre Arbeit aufgeben, nimmt die Mehrheit finanzielle Einbußen in Kauf, um wenigstens in geringem Umfang weiterarbeiten zu können. Üblicherweise wird die Teilzeit mit schlechteren Karriereaussichten bestraft, was wiederum das Lohngefälle zusätzlich erhöht. Gerade Frauen haben deshalb ein hohes Risiko, in der Altersarmut zu landen.

Auch für die Eltern, die Vollzeit arbeiten, hat dies Auswirkungen auf ihre Rolle innerhalb der Familie. Bis vor Kurzem gehörten die britischen Väter zu denen, die europaweit die meisten Arbeitsstunden leisteten.[8] Sie geben außerdem an, dass ihnen flexible Arbeitszeiten meist verweigert werden – weil der Arbeitgeber annimmt, dass die Männer das Geld verdienen. Momentan ist durch wirtschaftliche und politische

Maßnahmen sichergestellt, dass ein Elternteil (üblicherweise die Mutter) zumindest in den ersten drei Lebensjahren des Kindes zu Hause bleiben kann, ohne den Job zu verlieren, auch wenn die meisten Familien dadurch in finanzielle Schwierigkeiten geraten. In den USA, wo es regelrechte »Kinderbetreuungswüsten« gibt und auf einen Betreuungsplatz drei oder mehr Kinder kommen, sind viele Familien dazu gezwungen, entweder auf nicht ausgebildete Kinderbetreuer zurückzugreifen oder die Arbeitsstelle zu kündigen.[9] All diese Umstände beeinflussen unsere Entscheidung, eine Familie zu gründen.

Eine erschreckende Statistik (erstellt von der Organisation *Pregnant Then Screwed*) aus dem Jahr 2022 zeigt, dass von 1630 Frauen, die in den vergangenen fünf Jahren eine Abtreibung hatten, 60,5 Prozent angaben, dass ihre Entscheidung von den Kosten für die Kinderbetreuung beeinflusst wurde.[10] 17,4 Prozent der Frauen meinten sogar, dies sei der Hauptgrund für ihre Entscheidung für die Abtreibung gewesen.

In einer anderen Studie sagten 10 Prozent der Briten und 17 Prozent der US-Amerikaner, die sich gegen ein Kind entschieden haben, dass die Kosten einer der Hauptgründe dafür waren.[11] Vergleichen Sie das mal mit Schweden, wo großzügig bezahlte Elternzeit und qualitativ hochwertige Kinderbetreuung für wenig Geld zur Verfügung stehen, sodass Eltern Arbeit oder Studium viel besser mit dem Familienleben vereinbaren können.

Diese Zahlen waren nie Teil des romantischen Märchens, oder? Wahrscheinlich war auch Ihnen nicht bewusst, dass die Excel-Tabelle Teil der Familienplanung ist.

Außerdem sind unsere Geschichten kulturell geprägt. Auf unseren Elternbildern sehen wir einen Buggy und ein Kinderbett, kein Tragetuch und Familienbett. Wir schenken frischgebackenen Eltern Spielzeug und Windeln, statt ihnen beim Putzen zu helfen oder die älteren Kinder zu betreuen. Bei uns sind viele Eltern isoliert, gehören keiner Großfamilie oder

Stammesgemeinschaft an. Die Kernfamilie wird zum Mittelpunkt, Mutter und Vater sind allein verantwortlich.

Aber vielleicht sieht Ihre Geschichte ja anders aus? Beim Elternsein machen sich kulturelle Unterschiede massiv bemerkbar. Unsere Wertvorstellungen und Ideen übers Elternsein sind in unserem kulturellen Erbe verwurzelt.

Ich bin mir im Übrigen ziemlich sicher, dass Ihre Elterngeschichte eine Frauengeschichte ist. In der Mama eine überragende Bedeutung hatte, während Papa, der Partner oder Co-Elternteil, nur mithilft. Wenn es um die Aufgaben geht, die Eltern erledigen müssen, schleppen wir ein wahres Potpourri an Geschichten mit uns herum, patriarchal, gewürzt mit einer Prise Heteronormativität, Kapitalismus und Individualismus. Wir glauben immer noch an Darwins Geschichte vom Mutterinstinkt, die im Viktorianischen Zeitalter ersonnen wurde, um die männliche Dominanz sicherzustellen. Wir ignorieren dabei die vielen Beispiele in menschlichen und tierischen Gesellschaften, in denen die Weibchen, beziehungsweise Frauen, das dominante Geschlecht sind oder Männer und Frauen die Kinder gemeinsam in Gruppen aufziehen. Die Geschichte, dass Frauen die Kinder nähren und versorgen und Männer auf die Jagd gehen und die Frauen beschützen, blieb unangetastet.

Mit der Zeit wurde dieses Bild kräftig ausstaffiert: Frauen versuchen heute, Kinder aufzuziehen, die körperlich und geistig gesund sind, sich geliebt und sicher fühlen, emotional ansprechbar sind und in der Schule gute Leistungen erbringen. Und natürlich sind diese Frauen in ihrem Beruf erfolgreich, attraktiv und leben in einem Eigenheim, das einen Designerpreis verdient hätte. Sie sind selbstsicher, aber nicht zu sehr. Und Männer erhalten widersprüchliche Botschaften, denen zufolge sie einerseits die knallharten Versorger sind, die mit einem entschlossenen Tritt jeden Knüppel aus dem Weg katapultieren, den die Welt ihnen zwischen die Füße wirft. Gleichzeitig aber sollen sie sensibel sein, auf ihre und die Gefühle anderer Menschen hören. Sie sollen für ihr Kind da sein, aber auch Karriere machen.

Wir alle kennen diese widersprüchlichen und vielfältigen Herausforderungen und versuchen, es allen recht zu machen. Wir spielen entweder Muster durch, die traditionell geprägt sind (und wundern uns, warum der andere Elternteil ständig die Zähne zusammenbeißt). Oder wir tun unser Bestes, um gemeinsam für das Kind da zu sein, ohne Vorbilder, ohne Hilfestellung.

Schwangerschaft, Geburt und Elternschaft sind eine Geschichte von Liebe und Freude! Unmissverständliche, ungehemmte Zuneigung und Hingabe, die mit den ersten sachten Tritten im Bauch zunehmen und die sich weiter vertiefen, wenn sich Eltern und Baby zum ersten Mal in die Augen schauen. Sie werden immer nur größer und größer, auch wenn Mama und Papa um zwei Uhr morgens aus dem Schlaf gerissen werden, weil sich ein Plastik-Astronaut in ihre Lider bohrt. Es ist eine Geschichte, in der kein Platz ist für Erschöpfung, Angst, Gereiztheit, Depression, Verwirrung, Überforderung oder andere Zustände. Und das trotz der Häufigkeit belastender Gefühle in der Zeit nach der Geburt. Es gibt zum Beispiel die häufige, ebenso belastende wie überraschend zwanghafte Vorstellung, dem eigenen Baby etwas antun zu wollen. 50 Prozent aller frischgebackenen Mütter erleben in den Wochen nach der Geburt eine starke Hypervigilanz mit Angstzuständen und Übererregung. (Und diese Zahl erhöht sich bei Frauen mit posttraumatischen Belastungsstörungen nach der Geburt auf 75 Prozent.)[12] 10 Prozent der frischgebackenen Väter (!) leiden unter einer postnatalen Depression.[13] Warum also diese ewige Geschichte von Glück und Freude, wenn die häufigste Erfahrung junger Eltern gemischte Gefühle sind?

Eine letzte Geschichte möchte ich noch erwähnen: Es geht um die Vorstellung, dass Elternschaft eine Art Erlösung ist. Die Bilder von Eltern und Familien, die man uns präsentiert, zeigen meistens glückliche Menschen, die vernünftige Dinge tun. Also nehmen wir an, dass wir zu diesen glücklichen, vernünftigen Menschen werden, sobald wir Eltern sind. Vielleicht haben Sie ja schon bei anderen Gelegenheiten in Ihrem Leben erwartet, dass sie Ihnen Erlösung bringen werden. Sie hatten die Hoffnung, dass sich etwas ändern wird, wenn Sie nur diese eine Sache schaffen – die Prüfung bestehen, den Job bekommen, heiraten und in das tolle Haus einziehen. Doch dann, wenn es geklappt hat, sind Sie am nächsten Morgen aufgewacht und waren immer noch derselbe Mensch wie vorher.

Wenn wir Eltern werden, bringen wir unsere Persönlichkeit ein, unser ganzes menschliches Selbst. Wir sind immer noch dieselben Menschen wie zuvor, und unsere Kinder sind nicht die Erlösung. Tatsächlich ist häufig eher das Gegenteil der Fall: Sie konfrontieren uns mit unseren dunkelsten Aspekten.

Ich könnte über dieses Thema endlos schreiben, aber ich denke, Sie haben verstanden, worauf ich hinauswill.

Ich denke, wir sind uns einig, dass Ihre Geschichte rund um die Elternschaft unglaublich komplex und vielschichtig ist. Sie wird beeinflusst von Ihrem Hintergrund, Ihrer Kultur und Religion, Ihrer finanziellen Situation, Ihren Beziehungen und Gemeinschaften, der Arbeit, Ihrer Sexualität und Fruchtbarkeit, von Ihrem Geschlecht sowie von Ihrer Erfahrung von Schwangerschaft und Geburt. Und das ist nur ein kleiner Ausschnitt aus der Vielschichtigkeit Ihrer Geschichten.

Diese Geschichten und ihre Einflüsse können Verwirrung, Schmerz und Leid verursachen. Das Festhalten an allzu simplen Geschichten, die wir immer wieder zu hören bekommen haben, kann uns das Gefühl geben, dass wir anders sind, isoliert, irgendwie falsch.

Möchten Sie sich davon verabschieden?

Ach, du liebe Zeit! Jetzt sind wir erst in Kapitel 1 und haben schon die ganze Geschichte der Elternschaft zerlegt. Keine Sorge, wir werden sie bald durch etwas anderes ersetzen.

Ihre Geschichte

Vielleicht möchten Sie an diesem Punkt innehalten und über die bisher angesprochenen Ideen nachdenken. Halten Sie das eine oder andere in Ihrem Tagebuch fest, oder als Notiz auf dem Smartphone. Sie können die folgenden Fragen als Einstieg für Gespräche mit dem Partner, Co-Elternteil, einer Freundin oder einem Familienmitglied nehmen.

- Welche Vorstellungen haben Sie vom Elternsein, und woher kommen diese Vorstellungen?
- Wann haben Sie beschlossen, dass Sie ein Kind haben möchten?
- War dies eine aktive Entscheidung, oder ist es einfach passiert?
- Welche Einflüsse bringen Sie mit in Ihre Rolle als Elternteil? Denken Sie dabei an individuelle, also körperliche und geistige Aspekte, aber auch an Ihre Familie oder Gemeinschaft. Und welche Einflüsse gibt es von der Gesellschaft im Allgemeinen?
- Wie haben diese Aspekte Ihre Entscheidung in puncto Kind und Ihre Gefühle in puncto Elternschaft beeinflusst?

Und wo Sie schon mal angefangen haben, nachzudenken, wollen Sie vielleicht noch tiefer schürfen:

- Warum haben Sie diese Geschichten und Einflüsse verinnerlicht, ohne sie je infrage zu stellen?
- Haben sich diese Geschichten für Sie je zu Hindernissen entwickelt? Haben sie Ihre persönliche Situation, Ihre Entscheidungen oder Gefühle negativ beeinflusst?
- Klingen manche Aspekte Ihrer alten Geschichten für Sie immer noch richtig?

Sie können sich auch noch weitere Fragen stellen. Zum Beispiel:

- Möchten Sie die Vorstellungen, die Ihnen Ihr religiöser oder kultureller Hintergrund vermittelt hat, infrage stellen? (Kurze Anmerkung: Der kulturelle Hintergrund bezieht sich auf die Sitten und Verhaltensweisen der Gruppe, in der Sie groß geworden sind. Dabei ist es egal, wo das stattfand oder wie sehr sich dieser Hintergrund von dem anderer Menschen in Ihrer Umgebung unterschieden hat.)
- Passt Ihre Vorstellung von der Rolle, die Sie in der Familie spielen sollten, noch in Ihr aktuelles Leben?
- Wir haben wenige Geschichten für die Zeit nach der Eheschließung. Gibt es Narrative, denen Sie nachgehen möchten?
- Haben Sie andere Fragen oder Gedanken zu dem, was Sie gerade gelesen haben? Schreiben Sie einfach alles auf.

Und nun weiten wir diesen Fragenkatalog so aus, dass er auch andere Menschen einbezieht:

- Wem würden Sie diese Fragen gern stellen?
- Möchten Sie jemand anderen in Ihre Reise einbeziehen? Wer kann Ihnen weiterhelfen? Geschwister, mit denen Sie über Ihre Kindheitserinnerungen, Eltern und Bezugspersonen reden können? Menschen, die Ihnen Einsichten vermitteln, was Ihr kulturelles Erbe angeht? Freunde, die sich an Ihre früheren Wertvorstellungen erinnern?

Schwirrt Ihnen jetzt der Kopf? Wenn diese Ausführungen über den Mythos des Elternseins Sie im Moment überfordern, nehmen Sie sich eine kurze Auszeit, damit die Informationen sich setzen können. Wir werden bald eine neue Geschichte schreiben. Das Aufdröseln ist der beschwerlichste Teil dieser ganzen Arbeit. Aber nachdem wir uns von einem Teil der alten Geschichten verabschiedet haben, spüren Sie, wie sich ein Raum öffnet, in dem neue Ideen entstehen können. Es fühlt sich vielleicht im Moment unangenehm an, aber das war zu erwarten. Wir Menschen mögen keine Veränderungen. Wir kämpfen häufig heftig dagegen an. Und wir haben unsere Welt gern einfach. Wenn wir einige der Fundamente wegsprengen, auf denen unser Weltbild beruht, dann fühlen wir uns ein bisschen wacklig auf den Beinen. Vielleicht geht es Ihnen auch so – und am liebsten würden Sie das Buch weglegen und nichts mehr damit zu tun haben. Aber ich möchte Sie trotzdem bitten, noch eine Weile bei mir zu bleiben. Es wird besser. Versprochen.

Wenn wir uns von diesen Mythen und Märchen verabschieden, sollten Sie tief durch die Nase Luft holen und sie mit einem Seufzer durch den offenen Mund wieder ausstoßen. Spannen Sie alle Gesichtsmuskeln an und lassen Sie sie gleich wieder los. Bewegen Sie den Unterkiefer ein paar Mal hin und her. Wenn möglich, stellen Sie Ihre Fußsohlen auf einen kalten Kachelboden. Oder Sie schließen für ein paar Minuten die Augen. Lassen Sie Ihren Geist herumschweifen. Und wenn Sie bereit sind, kommen Sie zu mir zurück. Ich bin da und warte auf Sie.

2

Was ist ein »Elternteil«?

Es kommt nicht so sehr darauf an,
was man tut, sondern was man meint.

E. Nesbit, *Die Eisenbahnkinder*

Hi! Wie geht es Ihnen?

Wenn Sie sich als Hauptfigur in dieser Geschichte beschreiben müssten, wo würden Sie anfangen? Was heißt es für Sie, ein »Elternteil« zu sein?

Vielleicht haben Sie sich auf eines der vielen, von den Medien entworfenen Elternbilder eingelassen? Ein sanftmütiger Elternteil, ein nicht-berufstätiger Elternteil, ein ethischer Elternteil? Oder Sie folgen einem bestimmten Ansatz von Expertinnen und sind ein Montessori-Elternteil, ein bindungsorientierter Elternteil, ein antiautoritärer Elternteil? Gerade in den ersten Jahren des Elternseins suchen wir oft nach einer Gruppe, der wir uns zugehörig fühlen und in der wir Orientierung finden, weil wir mit so vielen neuen Erfahrungen konfrontiert sind. Die Vorstellung, dass wir eine Strategie brauchen, ist mittlerweile so fest in unseren Köpfen verankert, dass der National Childbirth Trust (die größte Wohltätigkeitsorganisation für Eltern in Großbritannien) auf seiner Webseite einen Artikel veröffentlicht hat, der Hilfe bei der Wahl der Erziehungsstrategie bietet.[14]

Die wichtigste Frage ist aber: Wer sind Sie? Mal abgesehen von den Einflüssen, die wir im letzten Kapitel besprochen haben: Wer ist dieses komplexe, vielschichtige menschliche Wesen, das im Moment dieses Buch in der Hand hält?

Es gibt viele Aspekte, die ich erfragen könnte, beispielsweise: Üben Sie einen Beruf aus? Wie ist das für Sie? Was machen Sie genau? Und wie machen Sie es? Warum haben Sie sich dafür entschieden, falls Sie Ihre Berufswahl frei entscheiden konnten? Wie wirkt sich Ihr Beruf auf Ihre Rolle als Elternteil aus? Vielleicht gehen Sie im Moment auch keiner bezahlten Tätigkeit nach, und Ihre Hauptaufgabe ist es, Kinder großzuziehen. Wie geht es Ihnen mit dieser Rolle? Wieso haben Sie sich dafür entschieden, falls Sie die Wahl hatten? Was haben Sie gemacht, bevor Sie Kinder hatten? Was haben Sie aus dieser Tätigkeit gelernt?

Ich könnte auch fragen: Welche Musik mögen Sie? Was sagt das über Sie aus? Wie beeinflusst Musik Sie als Elternteil, sofern sie das tut?

Vielleicht sind Sie auch eine begeisterte Mountainbikerin und versuchen jetzt, Ihr Elterndasein und das Mountainbiking unter einen Hut zu bekommen. Vielleicht mussten Sie es aufgeben. Oder Sie haben einen Weg gefunden, wie Sie ein bisschen Zeit dafür erübrigen können, ohne dass das Familienleben zu sehr darunter leidet. Oder Sie streiten mit Ihrem Partner häufig über das Mountainbiken.

Diese an sich geringfügigen Alltagsdinge machen einen Großteil dessen aus, wer oder was wir sind. Die unzähligen winzigen Entscheidungen, die wir Tag für Tag treffen, prägen unser Elternsein.

- Was ist mit der Person passiert, die Sie vor dem Kind waren?
- Wer ist das »alte Ich«, zu dem Sie sich manchmal zurückwünschen?

- Vermissen Sie dieses »alte Ich«? Was hat es ausgemacht? Was war ihm wichtig?
- Was haben Sie von Ihrem Vor-Eltern-Ich in die Persönlichkeit eingebracht, die Sie heute sind?

Das ist der Teil, den ich an meinem Job am allermeisten mag. Gewöhnlich sehen wir uns selbst so, als wäre unsere Persönlichkeit in Stein gemeißelt, nicht wahr? Hier bin ich. Ich. Bin. Emma. Das bin ich. So zeige ich mich der Welt. Aber sobald man anfängt, ein bisschen zu graben, merkt man, dass da viele verschiedene Schichten sind. Auch in der Art und Weise, wie wir der Welt begegnen. Für manche Menschen bin ich Emma, für andere Mum (genauer gesagt: »Muuuuum!«). Für wieder andere bin ich Dr. Svanberg, und für ganz wenige: Spamburger, Emski und Spanners. (Bitte fragen Sie jetzt nicht, warum!) Wenn ich alleine zu Hause bin, verhalte ich mich anders, als wenn ich mit Schulfreunden, meinen Kindern, meinem Partner, meinen Eltern, meinen Geschwistern oder meinen Arbeitskolleginnen zusammen bin.

Wenn Menschen zu mir in Therapie kommen, haben sie meist ein bestimmtes Problem. Aber zu guter Letzt reden wir vielleicht über ihre Schulzeit, ihre politischen Ansichten oder ihre Albträume. Weil wir eben keine simplen Geschöpfe sind und man uns auch nicht als solche behandeln sollte.

Tatsächlich ist die Persönlichkeit keineswegs in Stein gemeißelt. Häufig tragen wir Masken oder Kostüme. Es gibt Versionen von uns, die die Welt zu sehen bekommt, aber wenn sich die Tür zu unserer Wohnung schließt, kommt ein ganz anderes Ich zum Vorschein. Und wenn wir abends schlafen gehen, wieder ein anderes. Manchmal fragen wir uns dann, wer wir eigentlich sind, hinter all diesen Masken. Und wir wünschen uns, dass uns jemand dabei hilft, sie abzulegen.

Hinter der Maske

Es fällt nicht leicht, uns einzugestehen, dass wir Masken tragen. Aber wir tragen sie alle. Und erst wenn wir wissen, was hinter diesen Masken steckt, können wir anfangen zu verstehen, wie wir Elternschaft leben.

Was bringen Sie mit? Wie fühlt sich Ihr Körper gerade an? Welche anderen Informationen über das Elternsein bringen Sie in die Lektüre dieses Buches mit? Was beschäftigt Sie?

Wo schweift Ihr Geist im Augenblick sonst noch herum? Sind Sie ganz bei der Sache, oder denken Sie über den Snack nach, den Sie nebenbei verzehren? Vielleicht sitzt Ihnen auch noch ein Termin im Nacken, oder es sind all die Dinge, die Sie später noch erledigen müssen. Denken Sie darüber nach, wann die Kinder Sie brauchen? Oder fällt es Ihnen schwer, sich zu konzentrieren, weil Sie den großen Gedanken haben, dass sich in Ihrem Leben unbedingt etwas ändern muss?

Und was tut sich in der Schicht darunter? Wie fühlt es sich an, über Ihre Gefühle zu reden? Was passiert mit Ihnen und Ihrem Körper, wenn Sie Ihre Aufmerksamkeit darauf richten? Sind Sie daran gewöhnt, oder fühlen Sie sich unwohl?

Was spüren Sie im Körper, wenn Sie über Ihr Leben als Elternteil nachdenken? Was fällt Ihnen als Erstes ein, wenn ich Sie bitte, sich mit dieser Frage zu befassen? Haben Sie Schuldgefühle, weil Sie Fehler gemacht oder losgebrüllt haben?

Okay. Machen Sie eine kurze Pause.

Wie fühlen Sie sich jetzt?

Eines möchte ich auf keinen Fall: Sie mit einer Wagenladung Informationen zuschütten, ohne Ihnen Gelegenheit zu geben, darüber nachzudenken, was davon für Sie stimmig ist. Jeder kann Erziehungsratschläge befolgen, wenn er oder sie weiter nichts zu tun hat, als Vater oder Mutter zu sein. Es ist leicht, sich auf jemanden einzustellen, wenn Sie nur auf ein Kind achten müssen, nicht zur Arbeit gehen, keinen Haushalt erledigen, nicht waschen, schlafen oder auf die Geschwister aufpassen müssen, keine Freundin zurückrufen oder sich überlegen müssen, wie Sie die Gasrechnung bezahlen sollen. Und wenn ich verschweige, wie kompliziert Elternschaft wirklich sein kann, laufe ich Gefahr, ein neues Märchen zu erschaffen. Ich will keinen Elternratgeber schreiben, nach dessen Lektüre Sie das Gefühl haben, es gäbe da einen Trick, der alles einfacher macht.

Es ist eben nicht einfach. Was aber nicht heißen soll, dass Sie etwas falsch machen. Vielleicht ist das die Geschichte, von der wir uns zuerst verabschieden sollten: die Vorstellung, dass das Leben als Elternteil einfach ist. Beziehungen sind schwierig, und die schwierigste Beziehung überhaupt ist die zu unseren Kindern, eben weil sie uns so viel bedeuten.

Wenn Sie Ihre Masken abgenommen haben, fühlen Sie sich möglicherweise sehr verwundbar. Aber ich versichere Ihnen, dass ich nicht die Absicht habe, Ihnen die Maske vom Gesicht zu reißen und Sie ungeschützt zurückzulassen. Vielleicht sind Sie noch nicht so weit, alle Masken fallen zu lassen. Damit sind Sie nicht allein. Manchmal wollen wir unsere Geschichten nicht loslassen, weil sie sich wie eine wichtige Rüstung anfühlen. Halten wir also beispielsweise an der Geschichte »Gute Eltern geben ihren Kindern immer einen Gutenachtkuss« fest, dann können wir selbst an schlechten Tagen stolz auf uns sein, weil wir zumindest das geschafft haben. Wir können die Momente vergessen, in denen wir uns nicht als gute Eltern fühlten. Und eine der häufigsten Geschichten ist: »Gute Eltern werden mit allem fertig.« Was aber, wenn wir unser Elternsein genauer unter die Lupe nehmen und feststellen, dass es schmerzlich oder schwierig ist, hinzuschauen? Und wenn wir dann nicht mehr das Gefühl haben, mit allem fertigzuwerden? Was passiert, wenn wir auf etwas stoßen, womit wir nicht gerechnet hätten?

Es kann uns Angst machen, die Büchse der Pandora zu öffnen und die Geschichten, die sie enthält, genauer zu untersuchen.

Deshalb möchte ich Ihnen nochmals versichern, dass wir langsam vorgehen. Wir werden immer wieder innehalten und schauen, wie es Ihnen geht. Und Sie werden genug Raum haben, in Ihrem eigenen Tempo vorzugehen. Selbst wenn Sie unerwartete Seiten an sich entdecken, so steckt doch irgendwo in Ihrem Inneren ein Anteil, der immer schon wusste, dass diese Dinge da waren. Dieser Teil von Ihnen wird erleichtert sein, dass Sie sich dessen endlich bewusst werden.

Dann lassen Sie uns mal sehen, was die letzten Seiten mit Ihnen gemacht haben!

- Ist der Teil Ihrer Persönlichkeit, der sich gerade erst gezeigt hat, zufrieden, dass er endlich bemerkt wird?
- Drehen sich jetzt die Rädchen an unerwarteter Stelle, falls Sie einen Einfluss bemerken, auf den Sie nie gekommen wären?

Nach jedem Buchabschnitt möchte ich Ihnen drei Fragen stellen. Denken Sie gern gründlich darüber nach, bevor Sie Ihre Antworten aufschreiben oder mit einer Person Ihres Vertrauens darüber sprechen.

1. Wie fühlen Sie sich? (Wie hoch ist Ihre Herzfrequenz? Wie ist Ihr Energielevel? Wie fühlt sich Ihr Körper an? Wie spüren Sie Ihre Emotionen? Sind Sie ängstlich, angespannt, neugierig oder sonst etwas?)
2. Was haben Sie aus Teil I mitgenommen? (Welche Informationen, Ideen, Erinnerungen oder Gefühle sind hängen geblieben?)
3. Wenn Sie sich aus diesen Kapiteln eine Sache aussuchen dürften: Woran würden Sie sich gern immer wieder erinnern?

Und bevor wir uns jetzt von diesem Teil verabschieden, atmen Sie wieder tief durch die Nase ein und langsam durch die geschürzten Lippen aus, so als würden Sie durch einen Strohhalm ausatmen. Machen Sie das fünf Mal, nach Möglichkeit jedes Mal langsamer.

II

Die Landkarte unserer Geschichten

3

Die Landkarte unserer Elternschaft

Nicht jeder Verirrte verliert sich!

J. R. R. Tolkien, *Die Gefährten*[15]

Wir sollten einige der Mythen und Legenden, die Sie in Ihr Elternsein einbringen, besser kennenlernen, damit Sie Ihr Denken und Handeln durchschauen. Wenn wir Kinder beim Spielen beobachten, entspringen ihre Legenden vollständigen Fantasiewelten. Häufig findet der Held am Anfang der Geschichte eine Landkarte, die ihn zu etwas ganz Besonderem führt. Zu einem Schatz, einer schlafenden Prinzessin oder einem neuen Königreich.

Wir haben bereits festgestellt, dass die Heldin in unserer Legende nicht vollkommen ist. Unsere Landkarte besteht aus psychischen Konzepten, unser Schatz ist ein besseres Verständnis von uns selbst sowie von unseren Kindern, und diese Landkarte wird während unserer Reise immer wieder neu gezeichnet.[16]

Nun werden wir die Landkarte Ihres Elterndaseins genau betrachten und uns fragen, wie Sie diese verändern möchten. Wir werden dieses weiche Pergament ausrollen und das

Abenteuer planen, zu dem wir gemeinsam aufbrechen wollen. Zuerst werden wir uns darauf Bereiche ansehen, die in Ihrer frühen Kindheit gezeichnet worden sind.

Doch zuvor müssen wir uns die Tür ansehen, die Sie mir vielleicht gerade vor der Nase zugeschlagen haben.

Ich weiß nicht, wie Ihre Tür aussieht. Vielleicht werden Sie unkonzentriert oder auch ein wenig zappelig, verwirrt oder ärgerlich. Möglicherweise wollen Sie zu den nächsten Kapiteln vorblättern, weil Sie endlich zum Punkt kommen möchten. Denn Sie wollen sich selbst verstehen, aber trotzdem macht es Ihnen Angst. Daher lassen Sie diese Tür geschlossen, denn Sie haben ohnehin genug zu tun, da müssen Sie sich nicht auch noch um die Leichen im Keller kümmern.

Sie sind keineswegs allein mit diesen Gedanken. Denn genau aus diesem Grund machen viele Leute keine Therapie, selbst wenn sie ihnen helfen würde. (Oder es liegt an dem traurigen Umstand, dass sie keinen Therapieplatz finden.)

Sie unterhalten sich stattdessen über Fernsehserien oder diskutieren in der Kneipe über Fußball. Sie setzen lieber unzählige Masken auf, damit niemand (auch nicht sie selbst) sehen kann, wie sie wirklich sind.

Doch lassen Sie es uns wagen. Reden wir zuerst über die Ängste, die in Ihnen vielleicht schon aufgestiegen sind. Vielleicht fühlt es sich auch gar nicht wie Angst an, sondern eher wie Ablenkung oder Ärger. Aber wenn Sie kurz durchatmen und die Gedanken wahrnehmen, die dabei aufkommen, was nehmen Sie wahr?

Das können Fragen und Sätze wie diese sein:

- Was passiert, wenn ich herausfinde, dass meine Kindheit nicht so schön war, wie ich immer dachte?
- Wird diese innere Arbeit die Beziehung zu meinen Eltern oder Bezugspersonen beeinflussen?
- Was geschieht, wenn rauskommt, dass ich in

Wirklichkeit eine schreckliche Mutter / ein schrecklicher Vater bin?
- Ich habe doch so schon keine Energie mehr. Wie soll ich diesen Weg noch schaffen?
- Was, wenn ich so richtig emotional werde und überhaupt nichts mehr auf die Reihe kriege?
- Das Ganze gibt mir ein unangenehmes Gefühl – und ich will lieber glücklich sein.

Möglicherweise fallen Ihre Reaktionen auch anders aus. Vielleicht haben Sie die ersten Kapitel gelesen und haben das Gefühl, dass nichts davon auf Sie zutrifft. Nun, hier sind all Ihre Gefühle willkommen. Vielleicht werden Sie später anders darüber denken. Also lesen Sie bitte noch eine Weile weiter.

Wir werden uns gleich mit diesen Ängsten beschäftigen, aber zuerst möchte ich Sie noch einmal daran erinnern, warum wir das hier machen. Dann wissen Sie wenigstens, welchen Sinn das Ganze hat.

So, worum geht es hier eigentlich? Nun, wenn Sie sich selbst kennenlernen, dann finden Sie Zugang zu Ihrem Selbst. Und wenn Sie Kontakt zu sich selbst hergestellt haben, werden Sie merken, dass es sehr viel einfacher ist, sich mit Ihrem Kind zu verbinden. Sind Sie in der Lage, die Verbundenheit zu Ihrem Kind aufrechtzuerhalten, egal, wie stressig der Alltag ist – und so wird die Beziehung unkomplizierter. Wenn Ihre Kinder groß werden und selbst Kinder haben, dann werden sie, wenn sie einmal diesen Absatz lesen, überhaupt nichts damit anfangen können, weil sie mit sich selbst und anderen Menschen längst verbunden sind. Und darauf wollen wir hinaus.

Denn in vielerlei Hinsicht ist das, was wir gemeinsam schaffen werden, eine Liebesgeschichte. Obwohl das Elterndasein eine Geschichte mit allerlei Irrungen und Wirrungen ist, steht im Zentrum die größte Liebesgeschichte unseres Lebens – auch wenn wir das oft vergessen. Das ist keine Hollywoodromanze, und wir erleben sie außerhalb unseres gemeinsamen Zuhauses so gut wie nie. Es ist eine ganz andere Liebesgeschichte als die, mit denen wir groß geworden sind.

Also, zu der Frage »Warum machen wir das eigentlich?« lautet die Antwort vermutlich: wegen der/des kleinen Menschen in unserem Leben.

Halten Sie das gern schriftlich fest. Oder – sofern Sie noch keines haben – besorgen Sie sich ein Notizbuch, damit Sie später nachschlagen können. Eine Absicht zu formulieren, ein »Warum«, wird Ihnen helfen, am Ball zu bleiben, wenn Ihnen der ganze Prozess zu viel werden sollte und Sie am liebsten alles hinschmeißen würden.

Warum lesen Sie dieses Buch?
Was erhoffen Sie sich davon?
Für wen lesen Sie es?
Warum ist Ihnen das jetzt wichtig?

Vielleicht stellen Sie sich diese Warum-Fragen öfter. (Das Ganze heißt übrigens die Pfeil-Abwärts-Technik, und sie kann uns dabei helfen, den Kern unserer Überzeugungen und Vorstellungen aufzudecken.)[17] Zum Beispiel so:

Warum erhoffen Sie sich das?
Aus welchem Grund?
Was zeigt Ihnen das?
Und warum?

Stellen Sie sich diese Fragen so lange, bis Sie an einen Punkt kommen, der sich für Sie richtig anfühlt.

Vielleicht: »Weil ich die Zeit mit meinen Kindern wirklich genießen will.« Oder: »Ich verdiene es, mich selbst besser kennenzulernen.« Oder: »Ich möchte sehen und gesehen werden, weil ich das schön finde.« Oder: »Ich will nicht mit diesen

Schuldgefühlen leben.« Oder: »Ich will die Zyklen durchbrechen, die meine eigene Familie geprägt haben.« Oder ganz einfach: »Ich will mehr Liebe in meinem Zuhause.« Vielleicht fällt Ihre Antwort aber auch ganz anders aus. Was immer Sie geschrieben haben, ist für Sie richtig.

Ein Blick auf die Landkarte

Vielleicht haben Sie ja schon eine Eltern-Landkarte, der Sie mit gutem Gefühl folgen, und fragen sich nur, ob es den einen oder anderen Weg gibt, den Sie bisher übersehen haben. Oder Sie haben neue Entdeckungen und Erfahrungen gemacht und wollen nun ganze Ausschnitte der Landkarte neu zeichnen. Möglicherweise stehen Sie auch an einem Punkt, an dem Sie die Landkarte, die man Ihnen mit auf den Weg gegeben hat, in winzige Stücke zerreißen und diese dann verbrennen möchten, damit Sie ganz neu anfangen können. Egal, ob Sie sich auf vertrautem Gelände bewegen oder Neuland betreten: Lassen Sie sich erst einmal von Ihrem Abenteuergeist leiten.

Damit diese Reise sicher verläuft, bekommen Sie von mir noch zwei »Hilfsmittel« mit auf den Weg: Ihre Führungsgestalt und Ihren Ort der Ruhe.

Ihre Führung

Wenn Sie sich auf Erkundungstour begeben, ist es ganz praktisch, jemanden an Ihrer Seite zu haben, der weiß, wo es langgeht.[18] Eine Person, die keine Angst hat, sich zu verirren, Ihnen zurück auf den richtigen Weg helfen kann und Sie auffängt, wenn Sie abzustürzen drohen.

In gewisser Hinsicht nehme ich diese Rolle ein. Ich werde Ihnen zeigen, wohin es geht, wenn Sie Ihre Landkarte erkunden und eine neue erstellen wollen. Ich bin sozusagen Ihre

Co-Kartografin. Aber wir brauchen noch jemanden, der Ihre Hand hält.

In Kapitel 1 ging es um Erziehungsideale. Ich schrieb, dass Ihr Ideal möglicherweise der Elternteil ist, den Sie gern gehabt hätten, aber nicht hatten, oder vielleicht eine Mischung aus Ihren realen Eltern beziehungsweise Bezugspersonen und anderen Menschen, die sich um Sie gekümmert haben – Lehrerinnen, Nachbarn, Familienmitglieder oder Figuren aus Büchern, aus Film und Fernsehen. Wie wäre es, wenn wir diese Idee ein wenig ausarbeiteten?

Es gibt einen Grund dafür, dass ich nicht möchte, dass Sie Ihre wirklichen Eltern oder Bezugspersonen wählen. Ich votiere für eine nicht-reale Person, weil reale Menschen Mängel haben und Fehler machen, sodass wir eventuell wütend auf sie sind. Manchmal haben diese Menschen Sie tief verletzt. Wählen Sie als Helferfigur einen Menschen, den Sie kennen und mit dem Sie gut auskommen, und denken an ihn, weil Sie jetzt Trost brauchen, haben aber gerade ein reichlich schräges Gespräch miteinander geführt, dann bekommen Sie nicht die nötige innere Unterstützung. Wir werden also eine imaginäre Person für Sie entwerfen, eine Gestalt, die nur da ist, um Ihnen auf diesem Weg beizustehen und sich um Sie zu kümmern.

Fällt Ihnen jemand ein? Oder spüren Sie etwas in dieser Richtung? Das muss kein menschliches Wesen sein, auch ein mythisches Geschöpf oder ein Gegenstand ist in Ordnung. Manchmal genügt auch ein Gefühl. Fragen Sie sich: Welche Eigenschaften hat diese Person / dieses Wesen / dieses Ding?

Wenn ich diese Übung mit Klientinnen in der Therapie mache, wählen sie meist eine gütige, sanfte Person, die aber auch klare Grenzen setzen kann. Die ihnen das Gefühl gibt, in sicheren Händen zu sein. Die Art Mensch, die sie anrufen können, wenn sie eine Reifenpanne haben, und die nicht nur weiß, was zu tun ist, sondern auch noch eine Tasse Tee kocht und den Arm um die Schulter legt.

Ist dies die Art Person, für die auch Sie sich entscheiden würden?
Welche Eigenschaften hat sie, die Ihnen wirklich wichtig sind?

Lesen Sie den nächsten Absatz erst durch und schließen dann die Augen, um zu sehen, ob im Geist ein Bild entsteht. Ich weiß, dass Sie das jetzt schnell hinter sich bringen möchten, aber versuchen Sie es trotzdem: Schalten Sie einen Gang runter und stellen Sie sich vor, dass diese Figur an Ihrer Seite ist. Überlegen Sie, wie Sie sich in Ihrer Gegenwart fühlen würden.

Wie würde sie riechen? Wenn die Gestalt Sie umarmt, wie würde sich das anfühlen? Was würde Sie tragen? Wie wäre ihre Stimme? Wie würde es Ihnen gehen, wenn Sie diese Stimme hören?

Wie würde Ihre Gestalt reagieren, wenn Sie wütend sind?
Wie würde sie sich verhalten, wenn Sie traurig sind?
Was würde sie tun, wenn Sie unsicher oder durcheinander sind?
Welche tröstlichen und beruhigenden Worte würde sie für Sie finden?

Halten Sie diese Worte irgendwo schriftlich fest, sodass Sie sie jederzeit wieder hervorholen können.

Manche Menschen finden diese Übung unglaublich beruhigend. Anderen wiederum fällt es schwer, sich eine fürsorgliche und starke Gestalt auszumalen. Vielleicht haben Sie diese Erfahrung nie gemacht und können sich das deshalb nicht so recht vorstellen. Vielleicht haben Sie auch gelernt, sich gegen jeden Trost zu verhärten, weil Sie früher nie getröstet wurden oder man Sie ausgelacht hat, wenn Sie sich verwundbar zeigten. Möglicherweise begegnen Sie solchen Dingen heute mit einer ordentlichen Portion Zynismus. Oder Sie hatten Eltern beziehungsweise Bezugspersonen, die manchmal liebevoll, manchmal aber auch distanziert und kritisch waren oder Ihnen sogar Angst eingeflößt haben.

Wenn wir als Kind dergleichen erlebt haben, fühlen wir uns mit liebevollen, tröstlichen Gesten nicht wohl. Sollte es Ihnen so ergangen sein, dann tut es mir ehrlich leid, dass Sie nie die Erfahrung von Zuwendung gemacht haben und daher auch heute keinen Zugang dazu finden. Wir werden uns mit diesem Thema ein wenig später noch einmal befassen. Vielleicht finden Sie die Übung danach leichter.

Was aber nicht heißt, dass Sie im Moment allein dastehen. Sie haben gelernt, auf sich selbst aufzupassen. Daher können Sie selbst Ihre Führungsgestalt sein.

Wenn Sie möchten, können Sie sich jetzt noch ein Objekt aussuchen, das Sie mit dieser Führungsgestalt assoziieren. Wenn Sie dazu eine Idee haben, könnten Sie schauen, ob Sie nicht auch einen realen Gegenstand entdecken, der für dieses Objekt steht. Stecken Sie ihn in die Tasche, tragen Sie ihn um den Hals oder legen Sie ihn auf den Nachttisch. Es sollte etwas sein, was Sie in die Hand nehmen können, wann immer Sie das Gefühl haben, dass Ihnen jetzt ein wenig Trost und Nähe guttäte.

PRÜFEN SIE IHRE FÜHRUNGSGESTALT

In der Therapie testen wir diese Gestalten oder Objekte an kleineren Problemen oder Ärgernissen aus, um zu sehen, ob wir etwas ändern müssen. So stellen wir sicher, dass wir auch mit der richtigen Gestalt zu tun haben, bevor ein wirklicher Ernstfall eintritt.

Fällt Ihnen etwas ein, über das Sie sich in letzter Zeit geärgert haben? Es sollte eine Kleinigkeit sein: ein Telefonanruf, bei dem sich Ihr Puls beschleunigte; jemand, der Sie im Verkehr geschnitten hat; eine lästige WhatsApp-Nachricht oder Ähnliches.

> Was spüren Sie wo im Körper, wenn Sie an einen solchen Zwischenfall denken?
> Was fällt Ihnen auf: bei Ihrer Herzfrequenz, Ihren Gliedmaßen, im Kopf, in den Fingern und den Zehen?
> Welche Gedanken gehen Ihnen durch den Kopf, wenn Sie sich daran erinnern?

Behalten Sie diesen Zwischenfall im Hinterkopf und rufen Sie Ihre Führungsgestalt herbei. Was würde er oder sie sagen? Genießen Sie für kurze Zeit das Gefühl, sich in ihrer schützenden Obhut zu befinden.

Wie fühlt sich Ihr Körper danach an? Wie geht es Ihren Gedanken und Gefühlen?

Wenn Sie das durchgespielt haben: Gibt es etwas, das Sie an Ihrer Führungsgestalt ändern möchten? Sollte die Stimme tiefer klingen? Oder die Umarmung enger ausfallen? Ist die Person größer als ursprünglich gedacht?

Jetzt haben Sie hoffentlich eine Führungsgestalt, die sich für Sie richtig anfühlt. Sie wird Sie auf dieser Reise begleiten.

Um die Figur in sich zu verewigen, sollten Sie sich vielleicht noch ausführlicher mit ihr beschäftigen, bevor Sie weitermachen. Schreiben Sie auf, was sie ausmacht. Malen oder zeichnen Sie ein Bild von ihr. Was immer Ihnen hilft, die Vorstellung von dieser Figur zu verstärken. Nehmen Sie Ihre Führungsgestalt mit in Ihren Alltag. Stellen Sie sich vor, wie sie an Ihrer Seite ist, wann immer Sie jemanden brauchen.

Ihr Ort der Ruhe

Wenn wir uns auf eine Reise begeben, brauchen wir Orte, an denen wir uns ausruhen können.[19] Orte, die sich sicher, behaglich und ruhig anfühlen. Dies gilt auch für Ihre Reise.

Es kann ein Ort sein, den Sie schon in Ihrer Kindheit gefunden haben, einer, mit dem Sie positive Erinnerungen verbinden, oder ein Ort, den Sie sich ausgemalt haben. Diese Übung beruht auf einer Behandlungsmethode, die in der Verhaltenstherapie bei Traumapatienten angewandt wird: Eye Movement Desensitization Reprogramming oder EMDR. (Wir Psychologen stehen auf ausgefallene Namen.)

Auf jeden Fall sollte es ein Ort sein, der auf Sie nicht bedrohlich wirkt. Vielen Menschen fällt dabei der Ort ein, an dem sie sich als Kinder versteckt und sicher gefühlt haben. Aber wenn Sie beim Gedanken an diesen Ort auch nur ein leises Gefühl der Bedrohung im Körper verspüren, dann sollten Sie das registrieren, denn dann hat dieser Ort nicht die versichernde Ausstrahlung, die wir brauchen. Manchmal sind die ruhigsten Orte jene, die wir in unserer Vorstellung erschaffen, vor allem dann, wenn Sie schwierige Erfahrungen durchlebt haben. Es ist völlig in Ordnung, wenn Ihr Ort der Ruhe eine Wolke ist oder eine Tropeninsel, die Sie noch nie gesehen haben. Ob real oder imaginär, die Hauptsache ist, Sie fühlen sich an diesem Ort sicher und zufrieden.

Haben Sie einen solchen Ort gefunden? Das Bild muss nicht gestochen scharf sein. Es genügt eine ungefähre Vorstellung.

Lesen Sie sich nun den nächsten Abschnitt durch und achten Sie darauf, ob Sie bereit sind, die Augen zu schließen und sich auf diese Reise zu begeben.

Haben Sie von Ihrem Ort der Ruhe ein Foto oder können es aus dem Internet herunterladen, dann tun Sie das. Hängen Sie es bei sich zu Hause auf, oder machen Sie es zum Bildschirmschoner.

Erinnern Sie sich noch an den ärgerlichen Vorfall, mit dem wir uns im letzten Abschnitt beschäftigt haben? Rufen Sie sich das Erlebnis ins Gedächtnis. Wie fühlt es sich an? Nicht eben großartig, oder? Halten Sie diese Empfindung in Ihrem Körper fest und machen Sie sich damit auf den Weg zu Ihrem Ruheort. Schließen Sie die Augen, und los geht's – vergessen Sie nicht, all Ihre Sinne einzusetzen.

Stellen Sie das Gepäck ab, das Sie bei der Ankunft an Ihrem Ruheort dabeihatten. Machen Sie es sich bequem. Wo sind Sie? Was passiert um Sie herum? Begleitet Sie jemand?
Wie fühlt es sich an, an diesem Ort zu sein?
Worauf sitzen Sie? Was spüren Sie in Ihrem Körper? Lassen Sie sich ganz in Ihre Sitzgelegenheit sinken. Worauf ruhen Ihre Füße? Richten Sie Ihre Aufmerksamkeit auf Ihre Fußsohlen.
Wie warm oder kühl ist es? Wie fühlt sich die Temperatur auf Ihrer Haut an?
Was können Sie hören? Konzentrieren Sie sich auf die Geräusche.
Können Sie etwas riechen? Haben Sie andere Sinneswahrnehmungen?
Wenn Sie mit den Händen Ihre Umgebung erkunden, was können Sie berühren? Wie fühlt es sich an? Entdecken Sie noch andere Dinge in der Umgebung, die Sie gern berühren möchten?
Haben Sie einen bestimmten Geschmack im Mund?
Sehen Sie sich um. Lassen Sie die Farben lebhafter werden, sodass das Bild förmlich strahlt.
Was empfindet Ihr Körper an diesem Ort? Wo spüren Sie das genau? Lassen Sie sich ganz auf dieses Gefühl ein, bis es Ihren Körper ausfüllt.
Verweilen Sie hier so lange, wie Sie mögen. Genießen Sie

Ihren Ruheort. Und machen Sie sich klar, dass Sie jederzeit hierher zurückkommen können. Mit diesem Wissen können Sie sich verabschieden.

Wieder da? Wie war es? Was haben Sie körperlich gemacht, nachdem Sie an Ihrem Ruheort angekommen waren? Mussten Sie etwas verändern? Welche Farben haben Sie lebhafter werden lassen? Welche Geräusche mussten Sie verstärken, um sie hören zu können? Vielleicht gab es noch andere Dinge, die Sie verändert haben, damit Ihr Ort der Ruhe sich anfühlt, als würden Sie nach einem langen Tag in ein heißes Bad eintauchen.

Die Kurzversion

Haben Sie die Übungen gemacht? Oder nur drübergelesen?

Wenn wir im Stress sind – was häufig der Fall ist –, kann uns schon die bloße Vorstellung, innezuhalten und uns zu besinnen, unmöglich erscheinen. Fragen Sie sich doch mal, warum Sie alles so schnell abhaken möchten und ob Sie sich beim Lesen nicht ein bisschen mehr Raum lassen können. Falls das nicht möglich ist, habe ich noch eine andere, kurze Übung für Sie, damit Sie Ihrem Körper ein Gefühl von Sicherheit und Trost schenken können, wenn Sie sich mit dem Gelesenen unwohl fühlen.[20]

Schauen Sie sich in dem Raum um, in dem Sie sich gerade befinden. Halten Sie Ausschau nach Kreisen. Wie viele kreisrunde Formen sehen Sie?

Und wie viele Vierecke? Sehen Sie irgendwo Vierecke? Wo? Und wie viele?

Oder Sie sehen sich um, was in Ihrer Umgebung Ihre Lieblingsfarbe hat.

Oder sie halten es ganz kurz und nennen sich selbst Tag, Datum und Uhrzeit.

Das war's auch schon. Jede einzelne dieser Tätigkeiten holt uns zurück ins Hier und Jetzt. Sodass der Mensch, der Sie sind, jetzt hier sitzt und liest, statt sich in Gedanken über die Vergangenheit zu verlieren.

Wenn etwas von dem, das in diesem Buch steht, in Ihnen den Wunsch erweckt, mit der Lektüre aufzuhören und das Gelesene zu vergessen, dann halten Sie wieder Ausschau nach Kreisen und Vierecken. Achten Sie darauf, wie Sie sich danach fühlen.

Das Schwarze-Peter-Spiel

Wenn sich bald ein klares Bild Ihrer Landkarte einstellt, können folgende Reaktionen folgen:

Erstens: Sie geben Ihren Eltern oder Bezugspersonen die Schuld, weil sie Fehler gemacht und bestimmte Dinge getan oder unterlassen haben, die heute Ihr Leben beeinflussen.
Zweitens: Sie wollen sich die Landkarte nicht so genau anschauen, weil Sie nicht schlecht von Ihren Eltern und Bezugspersonen denken möchten. Denn wenn Sie ihnen Vorwürfe machen, würde das bei Ihnen tiefe Schuldgefühle auslösen.
Drittens: Sie machen sich selbst Vorwürfe, weil Sie sich all das nicht schon vorher angeschaut haben und daher bei Ihren eigenen Kindern Fehler gemacht haben.

Ich wünsche mir, dass Sie sich merken: Im Allgemeinen machen die Menschen das Beste aus ihrem Leben. Vorwürfe können sich gut anfühlen, weil man damit die unangenehmen Empfindungen aus dem eigenen Körper hinausbringt und sie jemand anderem anlasten kann. Deshalb fühlen wir uns kurzfristig befreit, aber es verändert sich nichts. Scham erleichtert es uns, Wiedergutmachung zu leisten, aber manchmal führt sie uns in einen Teufelskreis der Selbstkritik.

Sie dürfen ruhig zornig sein, wenn Sie nicht bekommen haben, was Sie brauchten. Sie dürfen auch traurig sein, weil Sie Dinge getan haben, die Sie heute bereuen. Dann aber danken Sie sich dafür, dass Sie jetzt hier sind und dieses Buch lesen, das Ihnen hilft, diese Gefühle zu verarbeiten. Vielleicht rufen Sie auch Ihre Führungsgestalt herbei, damit sie Ihnen ein paar nette Worte zuflüstert, wenn das nötig sein sollte.

Und noch etwas sollten Sie im Hinterkopf behalten: Wir können darüber nachdenken, wie Beziehungen und Umstände uns beeinflusst haben. Wir können uns eine Weile der Wut überlassen, die sich einstellt. Aber sobald wir einen Weg gefunden haben, diesen Knoten für uns selbst zu lösen, werden sich unsere Beziehungen verbessern. Hinsichtlich unserer Eltern und Bezugspersonen können wir die kindlicheren Anteile in unserer Beziehung zu ihnen loslassen, sodass wir ihnen als Erwachsene auf Augenhöhe begegnen können.

Häufig machen wir uns selbst oder anderen Menschen auch Vorwürfe, weil wir das Gefühl haben, dass sie oder wir selbst es besser hätten wissen müssen. Aber unsere Landkarte kann sich ein Leben lang verändern, unsere Reise hat kein Ende. Jeder Mensch folgt der Landkarte, die er gerade zur Hand hat. Es liegt an Ihnen, ob Sie Ihre Karte neu zeichnen wollen. Wenn Sie sich dafür entscheiden, tun Sie dies nicht nur für sich selbst und Ihre Kinder, sondern auch für Ihre Eltern und Vorfahren. Das ist genial!

In den nächsten Kapiteln werden wir uns mit weiteren Themen beschäftigen, die Sie zu dem machen, was Sie sind. Dabei stoßen wir immer mal wieder auf schwierige Einsichten. Wir machen das, weil wir herausfinden wollen, was Sie aus Ihrer persönlichen Geschichte in Ihr Elterndasein einbringen. Denn wenn Sie sich selbst nicht kennen, wird es sehr schwer, Ihr Kind kennenzulernen.

Nehmen Sie sich wie immer genügend Zeit und vergessen Sie nicht, dass Sie jederzeit an Ihren Ort der Ruhe zurückkehren können. Wenn Gefühle von Schuld, Scham, Schmerz und Trauer aufkommen, lassen Sie sie zu. Es sind Boten, die Ihnen wichtige Nachrichten bringen, und keine Störenfriede. Wenn Sie das erkennen, wird es einfacher.

4

Geschichten aus Ihrer Vergangenheit

Ich kann nur feststellen, dass die Vergangenheit schön ist, weil man zur gegebenen Zeit nie seine Emotionen erkennt. Das ändert sich später, daher haben wir nie ein vollständiges emotionales Bild von der Gegenwart, sondern nur von der Vergangenheit.

Virginia Woolf, *Die Tagebücher*

Ich weiß, es ist ein therapeutisches Klischee, dass die Eltern und die Kindheit der Grund für alles sein sollen. Wieso ist das so?

Sie haben mit Erreichen der Volljährigkeit nicht alles abgelegt, was vor diesem Datum war. Sie sind ein ganzer Mensch, der auf eine bestimmte Anzahl von Lebensjahren zurückschauen kann. Und jedes einzelne Jahr, beziehungsweise die Erfahrungen, die Sie in diesen Jahren gemacht haben, und die Menschen, die Sie dabei begleitet haben, haben Sie zu der Person werden lassen, die Sie heute sind.

Möglicherweise haben Sie Teile Ihrer selbst oder Ihrer Vergangenheit vergessen oder verdrängt. Trotzdem werden Sie diese nicht los. Und oft melden sie sich ausgerechnet dann, wenn Sie am wenigsten darauf gefasst sind. Was ich an der klinischen Psychologie wirklich schätze, ist die Tatsache, dass wir uns mit der lebenslangen Entwicklung des Menschen befassen – von der Wiege bis zur Bahre sozusagen. Denn alles, was wir im Laufe unseres Lebens erfahren, ist wichtig und prägt, wer wir sind.

Was die Schwangerschaft und die frühen Elternjahre so schwierig macht, ist die Tatsache, dass wir uns mit einigen dieser frühen Anteile unseres Selbst konfrontiert sehen. Wir glauben vielleicht, dass wir diese Dinge längst hinter uns gelassen haben, doch dann sind sie plötzlich wieder da.

Warum ist das so?

Der Gespenstersumpf

Vielleicht entdecken Sie in einer Ecke tief in Ihrem Inneren ein kaum erkennbares Warnschild mit der Aufschrift: *Eintritt verboten*! Hier hausen Ihre Gespenster. Und gerade weil Sie normalerweise keinen Blick in diese Ecke werfen, fangen wir hier an.[21]

Wie wir in Kapitel 2 festgestellt haben, haben wir meistens eine Vorstellung davon, wer und wie wir als Eltern sein wollen. Eventuell haben wir jene Anteile verbannt, die nicht zu dieser Vorstellung passen. Wir wollen bestimmte Dinge nicht wiederholen, die unsere Eltern gemacht haben. Wie wir das *tatsächlich* anstellen, ist uns aber noch nicht so recht klar, denn – wie wir gesehen haben – auch unsere Eltern-Vorstellung beruht weitgehend auf Fantasie. Aber wir wissen oft genau, wie wir *nicht* sein wollen.

Dann kommt der Punkt, an dem wir genau *so* sind. Wir werden zu dem Elternteil, der wir garantiert *nicht* sein wollten. Uns liegt ein Satz auf der Zunge, der sich ganz nach unserer Mutter anhört, oder wir empfinden Gefühle, die wir unserem Kind oder uns selbst nicht zumuten wollten.

Und dann kommt die Scham, dass wir dieses Gefühl überhaupt haben. Wir sind enttäuscht von uns selbst. Wir wollen unbedingt alles richtig machen. Und dann ist da auf einmal eine Seite in uns, die wir definitiv nie in unser Leben lassen wollten, und übernimmt zumindest für einen Moment lang das Ruder.

Oder wir bemühen uns mit aller Kraft, perfekte Eltern zu sein, und haben das Gefühl, dass wir das auch gut hinbekommen – bis wir über eine Holzlokomotive stolpern oder die Kinder Ninja spielen, statt sich anzuziehen, und … schon bröckelt die Fassade, sagen wir es mal so.

Möglicherweise waren Sie nur einen kurzen Augenblick nicht Sie selbst oder haben auf eine Weise reagiert, die Sie von sich selbst nicht kennen, und können sich nicht erklären, wie das passieren konnte. Oder es überfällt Sie auf einmal ein Gefühl von Angst oder Hilflosigkeit, obwohl doch eigentlich alles in Ordnung ist.

Darf ich vorstellen? Das sind Ihre Gespenster. Die Gespenster, die in Ihren Körper schlüpfen und Sachen sagen, die Sie nie sagen wollten. Oder Sie haben Gefühle, die Sie nie haben wollten. Ihr Gesicht nimmt einen Ausdruck an, der Ihr Herz hätte stillstehen lassen, hätte man Sie als Kind so angesehen. Oder Sie packen ein Handgelenk mit einer Heftigkeit, an die Sie sich selbst noch mit Schrecken erinnern.

Manchmal spuken diese Gespenster auch in Babys und Kindern. Wenn Sie sie betrachten, während sie schlafen, sind es kleine Engel, die sich in ihrer Unschuld alle Mühe geben, in dieser schwierigen Welt zurechtzukommen. Verhalten sie sich dann aber nicht so, wie Sie es von ihnen erwarten, dann haben Sie auf einmal Gedanken, die Sie eigentlich nie haben wollten: dass Ihre Kinder Sie manipulieren, dass sie eine Lektion brauchen, dass sie schwierig sind oder dass sie Sie austesten wollen.

Vielleicht ist Ihnen das schon mal selbst an sich aufgefallen, oder Ihr Partner/Ihre Partnerin hat Sie darauf hingewiesen? Fiel schon einmal der Satz, dass er/sie es schrecklich findet, wenn Sie sich anhören wie Ihr Vater? Oder dass Sie sie/ihn manchmal an Ihre Oma erinnern? Oder dass etwas, das Sie getan haben, so gar nicht dem entspricht, was Sie beide besprochen haben?

Unsere Entschlossenheit, uns von dem Spuk nicht quälen zu lassen, führt nicht selten dazu, dass wir unsere eigenen Geister nicht sehen.

Bei den meisten Menschen spuken diese Geister nur kurz herum, sodass wir sie bemerken, aber auch vorüberziehen lassen. Vielleicht nehmen wir ihr Treiben ja auch mit Humor: »Oh Mann, das hat meine Mutter auch immer gesagt!«

In manchen Familien aber scheinen die Geister das Regiment zu führen, und die Muster früherer Generationen beherrschen uns vollständig. Möglicherweise bemerken wir sogar, dass wir uns auf eine Weise verhalten, wie wir das nicht wollten. Trotzdem fühlen wir uns unfähig, daran etwas zu ändern. Auf der einen Seite wissen wir, dass unsere Kinder uns brauchen. Auf der anderen Seite fauchen wir sie an, wenn sie etwas von uns wollen. Das ist ein innerer Kampf, bei dem es uns schwerfällt, das Kind oder die Kinder zu sehen, die wir vor der Nase haben – weil die Geister, die in uns hausen, uns Sand in die Augen streuen.

Ob sie nun täglich bei uns herumspuken oder nur zu bestimmten Gelegenheiten: Wir müssen sie ans Licht bringen.

Ist es in Ordnung, diesen Sumpf trockenzulegen, damit alles ein wenig klarer wird? Rufen Sie für die folgende Übung doch einfach Ihre Führungsgestalt zu Hilfe. Und vergessen Sie nicht, dass Sie mittlerweile erwachsen sind und die Kontrolle über Ihr Leben haben.

- Welche Aspekte Ihrer Erziehung möchten Sie mit Ihren Kindern keinesfalls wiederholen?

- Warum nicht? Weshalb wollen Sie sie nicht wiederholen?
- Erinnern Sie sich noch, wie Sie sich als Kind gefühlt haben, wenn Ihnen diese Dinge widerfuhren?
- Gab es im Laufe Ihrer Elternschaft Momente, in denen Sie diese Muster bereits wiederholt haben, in denen die Gespenster Sie gejagt haben?
- Wie hat sich Ihr Kind dabei wohl gefühlt? (Hallo, Schuldgefühle! Könnt ihr mal einen Moment lang Ruhe geben?)
- Falls Sie solch ein Erlebnis bereits hatten: Was haben Sie getan, als Ihnen das passiert ist? Wie haben Sie sich gefühlt? Wie haben Sie auf Ihre Gefühle reagiert? (Auch Ignoranz ist eine Reaktion.)

Kurze Pause. Atmen Sie durch. Willkommen in der Gegenwart.

Die Geister, die wir spüren, aber nicht sehen können

Manchmal sind diese Geister sehr schwer zu erkennen, weil es nicht um Erlebnisse geht, an die wir uns erinnern, sondern um Erfahrungen, die wir im Körper abgespeichert haben. Resmaa Menakem hat dies wunderbar beschrieben in seinem Buch über rassistische Traumata, die über Generationen vererbt werden, *My Grandmothers Hands*:

> Unsere Körper verfügen über eine Form des Wissens, die sich von der unseres kognitiven Gehirns unterscheidet. Dieses Wissen wird gewöhnlich erlebt als gefühlte Empfindung von Enge oder Weite, von Schmerz oder Leichtigkeit, von Energie oder Taubheit. Häufig wird dieses Wissen in unserem Körper gespeichert als wortlose Geschichten darüber, was sicher ist und was gefährlich.[22]

Unsere Gespenster können der Widerhall von Erfahrungen sein, die wir gemacht haben, bevor wir eine Sprache besaßen, in die wir sie hätten kleiden können. Möglicherweise sind es sogar Erlebnisse, die wir noch im Mutterleib gemacht haben. Es kann sich auch um Erfahrungen handeln, die aus einer Zeit lange vor unserer Geburt stammen. Sie sind in unsere Gene eingeschrieben und werden durch unsere eigenen Erlebnisse noch verstärkt. Wir wissen schon länger, dass unsere Kindheitserfahrungen unser späteres Leben prägen. Heute wissen wir auch, dass selbst Erfahrungen aus der Zeit zwischen Empfängnis und Geburt uns beeinflussen. Alle Informationen, die wir in dieser Zeit bekommen, sagen uns etwas über die Welt, die wir betreten werden. Mittlerweile wissen wir sogar, dass die Erfahrungen unserer Vorfahren Einfluss auf uns haben. Deren Informationen werden durch die menschliche DNS weitergegeben. Entsprechende Forschungsarbeiten (wie jene von Rachel Yehuda, die nachgewiesen hat, dass Nachfahren von Holocaust-Überlebenden anfälliger für Stress und Angststörungen sind) zeigen, dass Trauma und Unterdrückung eine Familie mehrere Generationen lang beeinflussen können. Selbst wenn es um Belastungen geht, die eindeutig mit dem Elternsein zusammenhängen (wie zum Beispiel Stress), werden diese Erfahrungen im Körper gespeichert, bis jemand die »Tradition« durchbricht, um sie ans Licht zu bringen.

Ein Mechanismus ist dabei die sogenannte HPA-Achse (Hypothalamus-Hypophysen-Nebennierenrinden-Achse) oder Stressachse. Diese reguliert die Reaktion unseres Körpers auf Stress und reagiert intensiv auf unsere Erfahrungen. Wenn Ihre Urgroßeltern also massive Stresserfahrungen gemacht haben, dann resultiert dies in einer hohen Stress-Sensibilität bei den Großeltern. Wird bei diesen der Schalter getriggert, der die Überempfindlichkeit steuert, dann wird diese auch an Ihre Eltern und dann an Sie weitergegeben. Wissen wir über diese Zusammenhänge Bescheid, dann können wir entsprechend gegensteuern, damit der Stress uns und unseren Körper weniger beeinträchtigt. Damit kehren wir den Zyklus um, sodass er künftige Generationen nicht mehr betrifft. Denn das ist die gute Nachricht: Wir sind der Vergangenheit nicht ausgeliefert, sondern können aktiv etwas verändern.

Wir Menschen sind aufs Überleben hin ausgerichtet. Die Erfahrung unserer Vorfahren hinterlässt gewisse »Marker« in unserem Körper, damit wir selbst für unsere Sicherheit sorgen können. Das Problem ist nur, dass diese erhöhte Sensibilität für mögliche Bedrohungen bestehen bleibt, wenn unser Umfeld eigentlich sicher ist. Und das kann uns in der Gegenwart enorme Probleme bereiten. Wenn wir auf das Erkennen von Gefahren programmiert sind, sehen wir sie auch überall. Schauen Sie einmal in Ihre eigene Geschichte:

- Wie haben die Erfahrungen Ihrer Eltern, Großeltern und anderen Vorfahren Sie beeinflusst?
- Gibt es in Ihrer Familiengeschichte traumatische Erfahrungen? Das können allgemeine Traumata sein wie Kriege, Vertreibungen oder Naturkatastrophen oder persönliche Erlebnisse wie Missbrauch, Vernachlässigung oder Gewalterfahrungen. Wie hat Sie das beeinflusst?
- Glauben Sie, dass Sie diese Erfahrungen auf irgendeinem Weg auch auf Ihre Kinder übertragen haben?
- Wie geht es Ihnen mit diesen Informationen? Haben sie in Ihrer Elternschaft bislang eine Rolle gespielt? Inwiefern?
- Beeinflussen diese Erfahrungen und alten Geschichten Ihren Alltag als Elternteil heute? Möglicherweise durch den Kontakt zu Ihrer Ursprungsfamilie? Oder durch Empfindungen in Ihrem Körper?

Die Engel

Wenn Sie genauer hinschauen, werden Sie die Glühwürmchen sehen, die über diesem Gespenstersumpf tanzen. Das sind Ihre Engel.[23] Sie leben in den positiven Beziehungen, die wir mit unseren Bezugspersonen erlebt haben. Diese Dinge würden wir gern wiederholen, damit unsere Kinder sie ebenfalls spüren können. Es sind Momente, in denen wir uns umsorgt, verstanden und sicher fühlten. Wir waren erfüllt, weil jemand liebevoll an uns dachte – ob dies nun ein Elternteil war oder eine andere Person. Vielleicht haben Sie ja viele solcher Erinnerungen. Oder nur ein oder zwei. Fällt Ihnen hierzu etwas ein?

- Können Sie sich an einen Moment erinnern, als Sie sich wirklich umsorgt fühlten? Es reicht ein flüchtiger Augenblick, vielleicht, als Ihnen jemand einen Kuss auf die Stirn hauchte oder Sie bei der Umarmung gegen einen samtweichen Pullover drückte. Vielleicht hat auch nur ein Nachbar Sie besorgt und voller Wärme angesehen.
- Wie fühlt es sich an, wenn Sie sich daran erinnern? Wie fühlt es sich im Körper an? Welche Gedanken kommen Ihnen dabei?

Vielleicht ist das eine ganz simple Übung für Sie, und Sie haben sehr viele Erinnerungen an Momente, in denen Sie sich geliebt fühlten. Dabei kommen möglicherweise immer wieder bestimmte Personen vor. Ist ein Duft damit verbunden? Das Parfüm Ihrer Tante oder der leichte Rauchgeruch in der Arbeitskleidung Ihres Vaters? Oder sind es Berührungserinnerungen wie die kühle Hand der Mutter auf Ihrer Stirn oder die warme Decke, die sie um Ihre Schultern legte? Vielleicht erinnern Sie sich auch daran, wie jemand sachte Ihre Haare bürstete.

Unter Umständen finden Sie diese Übung aber auch schwierig. Eventuell erinnern Sie sich nur an wenige solcher Momente, die zudem weit auseinander lagen, und das lässt in Ihnen Gefühle der Trauer oder Wut aufsteigen. Womöglich fällt Ihnen kein einziger Augenblick ein. Es fällt Ihnen möglicherweise leichter, sich an ein Gefühl zu erinnern. Jeder von uns hat irgendwann einmal erlebt, dass er sich jemandem nahe und verbunden fühlte. Einer freundlichen Lehrkraft zum Beispiel, oder der Frau im Kramladen, die Ihnen Süßigkeiten geschenkt hat. Spüren Sie diesem Gefühl im Körper nach. Wie fühlt es sich an? Bringt diese Empfindung vielleicht die Erinnerung zurück? Wer war zugegen? Wo waren Sie? Wie alt waren Sie? Wie fühlten Sie sich damals? Was haben Sie gerochen, gesehen, berührt, gehört, geschmeckt? Und wenn Sie sich immer noch nicht erinnern können, dann denken Sie an Erfahrungen, die Sie beobachtet haben, familiäre Beziehungen, die Sie sich in dieser Form auch gewünscht hätten.

- Welche »Engel« würden Sie gern in Ihrer eigenen Familie weitergeben?
- Gibt es Erlebnisse, die Sie als Kind wirklich genossen haben und in Ihrer Familie wiederholen möchten? Ob es nun die Lektüre eines bestimmten Buches war, das gemeinsame samstägliche Fernsehen oder das Backen eines Geburtstagskuchens – es geht um etwas, das Ihnen als Kind wirklich das Gefühl gegeben hat, geliebt zu werden und sicher zu sein.
- Wie haben Sie sich in diesen Zeiten gefühlt?
- Wo sitzt dieses Gefühl in Ihrem Körper?
- Glauben Sie, dass es Momente gibt, in denen Ihr Kind dasselbe fühlt? Wann war das wohl so? Warum passiert das nicht öfter?
- Wenn Sie an diese Engel denken, fallen Ihnen noch mehr ein?

Sie haben nun Ihre Gespenster und Engel entdeckt und damit einen klaren Eindruck gewonnen, was Sie loslassen und womit Sie es gern ersetzen möchten.

Unsere Gespenster stammen normalerweise von Menschen, die sich um uns gekümmert haben, während wir aufwuchsen. Es kann schmerzhaft sein, sie sich vor Augen zu halten. Wie alles, was erschreckend ist, sehen wir uns das nicht gern direkt an. Manchmal würden wir uns lieber unter einer Decke verstecken und uns die Ohren zuhalten. Aber wenn Sie es schaffen, sich diese Gespenster anzuschauen, was sehen Sie dann? Woher, glauben Sie, kamen diese Geister bei Ihren Bezugspersonen? Wo waren sie vorher zu Hause?

Gespenster werden über Generationen weitergegeben. Sie bleiben so lange unbemerkt, bis jemand beschließt, den Vorhang wegzuziehen und nachzuschauen, was sich dahinter verbirgt. Das ist verdammt hart, und vielleicht möchten Sie sich jetzt einen Augenblick Zeit nehmen, um sich klarzumachen, dass Sie genau das gerade tun und stolz auf sich sein können. Gut gemacht, Geisterjäger!

5

Geschichten aus Ihrer Kindheit

Es braucht Mut, um zu wachsen
und zu werden, wer du wirklich bist.

e. e. cummings

Nun haben wir uns mit dem Sumpf vertraut gemacht und über die Gespenster und Engel der Vergangenheit nachgedacht, also über jene Erfahrungen, die Sie oder Ihre Vorfahren gemacht haben und die Sie dadurch in Ihr gegenwärtiges Elterndasein einbringen. Im nächsten Schritt fragen wir uns, wie sich das für Sie anfühlt und was das konkret bedeutet. Hierbei geht es nicht um das Ich, das Sie heute sind, also den bewussten Erwachsenengeist, der dieses Buch liest. Nein, wir kümmern uns um das kleine Ich, das diese Dinge erlebt hat. Denn es lebt immer noch in Ihrem Körper, genau wie damals.

Die Pfade

Wie auf jeder guten Landkarte ist auch in Ihre ein Netz aus sich kreuzenden Pfaden eingezeichnet. Wir wollen diese nun gemeinsam verfolgen und sehen, wie sie uns zu Ihrem kindlichen Ich zurückführen können.

Unser Gedächtnis ist eine knifflige Angelegenheit.[24] Wir haben es in seiner Komplexität immer noch nicht voll verstanden. Je mehr wir darüber herausfinden, desto mehr der bisherigen Vorstellungen erweisen sich als falsch. Wir haben uns das Gedächtnis lange wie Bündel von zahllosen Papieren vorgestellt, die in einem Archiv abgelegt werden. Tatsächlich ist die Sache sehr viel komplexer. Letztlich haben wir es hier eher mit Pfaden zu tun. Ihre Landkarte verzeichnet möglicherweise Hunderte und Tausende von Pfaden. Manche sind gut festgetreten und mit Wegweisern versehen. Sie sind mit Kies bestreut und werden von Straßenlampen erleuchtet. Auf diesen Pfaden lässt es sich bequem gehen. Auf den Straßenschildern stehen Dinge wie: »Wo ich Milch kaufe« oder »Wo ich meine schmutzigen Sachen deponiere«. Andere wurden mittlerweile von Gras überwuchert, aber mit einem Paar guter Stiefel sind sie jederzeit wieder begehbar und bringen Sie ans gewünschte Ziel. Da sind zum Beispiel »Ferien am Meer« oder »Lieblingslieder aus der Kindheit«. Manchmal schlagen Sie einen Weg ein und sehen plötzlich viele andere, die Sie erkunden können.

Und dann gibt es jene Pfade, die nicht mal mehr als Pfade zu erkennen sind. Sie sind von Brombeersträuchern überwuchert, und selbst wenn Sie das vage Gefühl haben, dass da mal ein Weg gewesen sein muss, so ist dieser doch kaum begehbar. Der Pfad zu all den Informationen, die Sie für Ihre Schulaufgaben gelernt haben. Um manche Pfade haben wir gar eine Mauer errichtet, mit einem Schild »Zutritt verboten«. Weil sie uns dunkel erscheinen und dort möglicherweise Ungeheuer lauern. Manche liegen im Verborgenen, aber wenn wir uns an sie erinnern, wird es dort auf einmal hell, selbst wenn wir sie lieber vergessen würden. Kennen Sie das auch? Nehmen Sie einfach zur Kenntnis, dass diese Wege existieren. Wir werden ihnen noch nicht folgen, aber später genauer hinschauen.

Um zu begreifen, wer wir sind, richten wir den Blick häufig auf unsere frühesten Erinnerungen, darauf, wer wir immer schon waren. Es ist fast schon ein Klischee, dass Therapeuten stets nach der frühesten Erinnerung fragen. Doch die meisten Menschen erinnern sich an nichts, was ihnen vor dem Alter von drei oder vier Jahren passiert ist. Wenn man davon ausgeht, dass die Forschung die ersten 1001 Tage im Leben eines Menschen als Basis für dessen spätere geistige Gesundheit erachtet, dann heißt das, dass wir über uns selbst vieles nicht wissen.

Und das hat seinen Grund. Wir haben Schwierigkeiten, Erinnerungen unserer frühesten Jahre zu artikulieren, weil das Gedächtnis von so vielen Faktoren abhängt – nicht nur von der Intensität der Erinnerung selbst oder der Häufigkeit, mit der wir diesen Pfad genutzt haben, sondern auch davon, wie gut wir zu dem Zeitpunkt, als wir die Erinnerung abgespeichert haben, unsere sprachlichen und kognitiven Fähigkeiten einsetzen konnten.

Doch gerade in den ersten Jahren des Elternseins beginnen diese Erinnerungen an unsere frühe Kindheit häufig zu fließen. Alte Gefühle, die wir längst überwunden glaubten, melden sich plötzlich wieder. Wenn wir unser Baby im Arm halten, mit unseren Kindern oder Teenagern sprechen, wenn wir unser Enkelkind halten oder unsere erwachsenen Kinder uns besuchen, kann es vorkommen, dass uns plötzlich Gefühle überfallen, die wir hatten, als wir so alt waren wie sie. Es fühlt sich so an, als wären wir schlagartig wieder in jene Zeit zurückversetzt worden. Mitunter erkennen wir nicht, was da passiert. Stattdessen meldet sich eine Empfindung in unserem Körper, oder wir registrieren, dass wir gestresst reagieren oder wütend werden und nicht verstehen, warum.

Solche Reaktionen können auch auftreten, wenn wir beobachten, wie sich unsere Eltern oder Bezugspersonen gegenüber unseren Kindern verhalten. Wenn wir ihre Nähe oder Distanz sehen, verstehen wir, wie es uns ging, als sie für uns sorgten. Wenn in diesem Moment Engel präsent sind, kann dies eine zutiefst verbindende Erfahrung sein, die uns unsere Bezugspersonen in einem neuen Licht sehen lässt.

Oder es ruft die Gespenster zurück und damit Fragen wie: »Wie konnten sie mich nur so behandeln?« Das kleine Kind, das wir in uns tragen, tritt hervor und sehnt sich danach, liebevolle Eltern zu haben. Es kann auch ordentlich Verwirrung stiften, wenn unsere Eltern unseren Kindern mehr Liebe und Güte entgegenbringen als uns selbst. Mit dem Effekt, dass wir auf unsere eigenen Kinder neidisch werden.

Warum aber werden die Erinnerungen und Gefühle des kleinen Kindes in uns plötzlich so aktuell, wenn wir selbst Eltern werden?

Ich bin keine Neurowissenschaftlerin. Daher ist mein Verständnis der Veränderungen, welche das Gehirn während der Schwangerschaft und in der Zeit nach der Geburt – bei allen Eltern, nicht nur bei der gebärenden Mutter – erfährt, begrenzt. Doch tatsächlich wird unser Gehirn in diesem Zeitraum massiv umgebaut. Grund dafür sind hormonelle Veränderungen, die vielen neuen Erfahrungen, der Schlafmangel und die Interaktion mit unseren Kindern.[25] Die Elternschaft stößt jene Veränderungen im Gehirn an, die uns in die Lage versetzen, auf unsere Kinder zu reagieren. Allerdings passiert dies auf sehr unterschiedliche Weise. Das hängt mit vielen Faktoren zusammen (und macht uns in dieser Zeit anfällig für psychische Probleme).

Das ist ein bisschen so, als würden unzählige, längst überwucherte Pfade plötzlich freigeräumt und überall würden Schilder aufgestellt mit der Aufschrift: »Hier entlang!« Es ist, als würden all die Erinnerungen, die wir abgespeichert haben, als wir im selben Alter waren wie dieses Kind, mit dem wir jetzt zusammen sind, mit einem Schlag wieder zugänglich. (Man nennt dies auch kontextabhängiges Gedächtnis. Allein die Nähe zu einem Kind macht es möglich, Kindheitserinnerungen abzurufen.) Das kann an Veränderungen im Hippocampus liegen, also jener Gehirnregion, die mit dem Gedächtnis zu tun hat und sich rund um die Geburt reorganisiert. Oder daran, dass wir nun Zugang zu Informationen erhalten, die vorher einfach nicht relevant waren.

Wenn ich »Erinnerung« sage, dann meine ich damit nicht die Filme, die wir gelegentlich im Gehirn ablaufen sehen. Manchmal sind diese »Erinnerungen« einfach nur Gefühle, vor allem, wenn es Erinnerungen sind, die vor unserem vierten Lebensjahr entstanden sind. Plötzlich erfüllt uns Angst, wenn wir unser Baby schreien hören. Oder wir fangen an, herumzubrüllen, weil wir einen Wutanfall haben, der dem unseres Kleinkindes gleichkommt. Komplizierter sind da schon Vorstellungen wie die, dass unser Baby uns nicht mag. Oder dass wir ein Problem für unser Kind lösen müssten, das eigentlich nur unserer persönlichen Erfahrung entspringt. Des Öfteren äußern Erinnerungen sich als Gefühl im Körper, als Sinnesempfindung oder als Sätze, die sich wiederholen – und das hat mit den Gespenstern zu tun, die wir bereits thematisiert haben.

Was halten Sie davon, wenn wir uns einen Ihrer Pfade genauer ansehen, um herauszufinden, wohin er Sie führt? Wollen wir uns mit Ihrem frühkindlichen Ich unterhalten? Auf geht's, zurück in die frühe Kindheit.

Der Pfad in die frühe Kindheit

Wie sieht dieser Pfad bei Ihnen aus? Vielleicht schlagen Sie ihn mit Ihrer Familie immer mal wieder ein und erinnern sich gemeinsam an vergangene Ereignisse. Vielleicht ist der Weg klar erkennbar, weil Sie ihn schon erkundet haben, zusammen mit einem Freund, der Partnerin oder in der Therapie. Oder er ist ein klein bisschen überwuchert, weil Sie jetzt erwachsen sind und vergangene Erlebnisse nicht mehr so wichtig erscheinen.

Oder stehen Sie vor einem riesigen Tor, das mit einem Schloss gesichert ist, und hören dahinter die Hunde bellen? Wenn Sie den Pfad nicht erkennen können, dann stellen Sie sich einfach vor, dass er da ist.

Wie auch immer Ihr Pfad aussehen mag, versuchen Sie, ihn sich so konkret wie möglich auszumalen. Was spüren Sie im Körper, wenn Sie das tun? Was fällt Ihnen dazu ein? Wenn nötig, greifen Sie auf Übungen zurück, die Sie zentrieren – wie Atemübungen oder die Verankerung im Hier und Jetzt. Vergessen Sie nicht: Sie können jederzeit Ihre Raststätte aufsuchen (siehe Seite 50).

Wir laden auch Ihre Führungsgestalt ein. Nehmen Sie sich also ruhig einen Augenblick Zeit, um dieser Gestalt in Ihrem Geist Raum zu geben. Stellen Sie sich vor, wie sie Ihnen die Hand entgegenstreckt. Sie wird Sie auf Ihrem Weg begleiten.

Wenn Sie eine sichere, ruhige Kindheit hatten, dann sind Sie jetzt vermutlich schon ein wenig ungeduldig, weil Sie sich fragen, was all die Vorbereitungen sollen. Für manche Menschen ist der Rückblick auf die Kindheit eine angenehme Erfahrung, der sie sich täglich aussetzen. Aber es gibt auch die Menschen, bei denen der Körper sofort in den Bedroht-Modus umschaltet, sobald sie das Wort »Kindheit« bloß hören. Die meisten Menschen finden sich irgendwo zwischen diesen beiden Extremen wieder. Ich weiß nicht, wo Sie sich in diesem Spektrum verorten, aber es ist meine Aufgabe, Ihnen beim Lesen ein Gefühl der Sicherheit zu vermitteln. Wenn Sie also bei der Lektüre einen leichten Anflug von Panik verspüren, hören Sie auf Ihre Gefühle. Sie können ein Hinweis sein, dass Sie eine Person aus Fleisch und Blut brauchen und nicht nur eine imaginäre Führungsgestalt, die diesen Pfad gemeinsam mit Ihnen beschreitet. Holen Sie sich Hilfe, wenn Sie das Gefühl haben, dass Ihnen das guttun würde. Sie dürfen auch nur in Begleitung Ihrer Führungsgestalt aufbrechen, wenn Sie das möchten, aber gehen Sie es langsam an und verschaffen Sie sich einen kurzen Überblick über die kommenden Kapitel, sodass Sie wissen, was auf Sie zukommt.

Dann kann es ja losgehen!

UNSER ZUHAUSE

Am Ende dieses Pfades liegt ein Haus. Das kann so aussehen, wie Sie es sich wünschen. Es kann das Zuhause Ihrer Kindheit sein, aber auch eines, das Sie ganz nach Ihren Vorstellungen gestalten. Dieses Haus steht für Ihre frühen Kindheitserfahrungen.

Sie und Ihre Führungsgestalt sehen sich das Haus gemeinsam an, zuerst von außen.

- Wirkt es warm und einladend? Oder eher schäbig und verfallen?
- Brennt Licht? Ist die Tür offen?
- Wie fühlen Sie sich, während Sie es betrachten? Und was halten Sie von der Idee, hineinzugehen?

Registrieren Sie Ihre Gefühle, ohne diese zu bewerten. Sie sind alle willkommen.

Flackern schon die ersten Erinnerungen auf, wenn Sie durch die Tür treten? Wenn ja, halten Sie kurz inne und schauen Sie sich an, was da auf Sie zukommt. Welche Erinnerungen melden sich? Wie alt sind Sie in diesen Momenten? Wer ist noch dabei? Wie fühlen Sie sich in der Erinnerung? Vielleicht wollen Sie hier ein wenig verweilen.

DIE KÜCHE – DAS HERZSTÜCK VON IHREM ZUHAUSE

Der erste Raum, den Sie sich mit Ihrer Führungsgestalt genauer ansehen, ist die Küche. Die Küche ist der Mittelpunkt des Hauses, weil sich dort die ganze Familie trifft. Ein Raum der

Düfte. Am Tisch haben wir vielleicht unsere Hausaufgaben gemacht. Beim gemeinsamen Abendessen erklang dort lautes Gelächter – oder es herrschte beklemmendes Schweigen. Die Küche ist auch ein Ort der Anspannung, in dem unsere Beziehung zum Essen (und oft auch zu unserem Körper) geformt wird. Ein Ort, an dem gern mal Streit ausbricht. Vielleicht ist er in Ihren Augen aber auch einfach leer.

Für uns steht die Küche für die Gefühle, die Ihre frühesten Erfahrungen bei Ihnen hervorgerufen haben. Das wird uns zeigen, in welcher Atmosphäre Sie groß geworden sind. Ich möchte, dass Sie in der Küche Platz nehmen – am Tisch, an der Küchentheke oder auf der Anrichte. Wie fühlt es sich an, dort zu sein?

Zuerst gucken Sie nur, wie die Küche aussieht, ob noch jemand anderer anwesend ist und wie Sie emotional darauf reagieren. Ist die Küche unaufgeräumt? Oder sauber und ordentlich? Vielleicht auch irgendwas dazwischen. Ist es heller Tag oder Abend? Warm oder kalt? Kocht gerade irgendwas auf dem Herd?

Was passiert in Ihrem Körper, wenn Sie darüber nachdenken, wie es Ihnen als Kind ging? Spüren Sie eine gewisse Wärme, möglicherweise in der Bauchregion? Oder eine Beklommenheit? Vielleicht steigt auch Angst in Ihnen auf. Dann atmen Sie tief ein und langsam durch den Mund mit einem Seufzen wieder aus. Und Sie erinnern sich, dass Sie eine erwachsene Person sind, die ein Buch liest und stets selbst in der Hand hat, was als Nächstes passiert und ob Sie gerade weitermachen möchten.

Während Sie sich Schritt für Schritt auf Ihre emotionalen Erfahrungen als Kind einlassen, möchte ich Ihnen einige Forschungsergebnisse mitgeben. Diese bilden den Rahmen für die folgenden Erfahrungen. Wir untersuchen Ihre eigene Kindheit, aber diese beeinflusst auch, wie Sie Ihrem Kind heute begegnen. Achten Sie auf die Gefühle, die sich einstellen.

Vergessen Sie nicht: Sie sind hier, um zu lernen, und vielleicht müssen Sie auch das eine oder andere verlernen.

DIE DREI FÜNF BÄREN DES ELTERNDASEINS

In den 1960ern kristallisierte die klinische Psychologin Diana Baumrind drei Erziehungsstile heraus, deren gemeinsames Merkmal es ist, wie Macht und Zugänglichkeit sich zueinander verhalten. Mit diesen drei Modellen wird heute noch gearbeitet, allerdings sind es mittlerweile fünf geworden.[26]

Ich stelle mir das vor wie die Geschichte von Goldlöckchen und den drei Bären. Da wir uns ohnehin gerade in der Küche befinden, stellen wir uns mal vor, dass auf dem Tisch drei Schüsseln mit Haferbrei stehen. Ich werde im Weiteren den Begriff »Eltern« verwenden, aber das kann auch eine andere Bezugsperson sein, die sich um Sie gekümmert hat und nicht Ihr Vater oder Ihre Mutter war. Wir haben unsere Eltern vielleicht nicht immer so erlebt, aber gewöhnlich ist der Stil der Eltern prägend.

Da haben wir zum einen den autoritären Stil. Da schmeckt der Haferbrei ein bisschen zu salzig. Autoritäre Eltern haben in der Eltern-Kind-Beziehung die ganze Macht und ignorieren die einzigartigen Bedürfnisse ihres Kindes.

Diese Eltern sind gewöhnlich von der strengen Art, bei der Sätze fallen wie: »Du redest nur, wenn du gefragt wirst.« Oder: »Solange du deine Beine unter meinen Tisch streckst, tust du, was ich dir sage.« In einer solchen Beziehung kann es durchaus auch Wärme geben, aber die Eltern erwarten auch ein hohes Maß an Disziplin. Die Kinder müssen normalerweise im Haushalt mithelfen. Mit Strafaktionen wie Ecke-Stehen, aufs Zimmer schicken oder gar Schlagen wird erreicht, dass das Kind tut, was man von ihm verlangt. In Extremfällen kann das bis zur körperlichen Misshandlung gehen.

Permissive Eltern sind der süße Haferbrei. Der erste Bissen schmeckt köstlich, aber bald stellt sich heraus, dass diese Speise auf Dauer nicht satt macht. Die Eltern sind sehr liebevoll und kümmern sich aufopfernd um das Kind, das daher in der Beziehung alle Macht hat. Wenn das Kind permissiver Eltern Ihrem Baby mit dem Tennisschläger eins überzieht, wird das mit Äußerungen entschuldigt wie: »Ach, sie lernt gerade einen angemessenen Ausdruck von Wut.« Es gibt kaum Regeln, Strukturen oder Routinen. Im Allgemeinen darf das Kind selbst entscheiden, was es tun will. Wenn dann einmal unvermeidlich der Fall eintritt, dass das Kind sein Verhalten ändern soll, greifen die Eltern zu Strategien, die dem Kind immer noch die volle Kontrolle überlassen. Zum Beispiel, indem die Eltern mit Vernunft argumentieren, betteln oder zu emotionaler Manipulation greifen: »Du willst doch bestimmt nicht, dass Mama traurig ist, oder?« Sie hoffen, dass das Kind freiwillig mitspielt, sodass sie weder Zwang noch Kontrolle ausüben müssen. Permissive Eltern wünschen sich bewusst, dass ihr Kind sich unabhängig fühlt, aber sie haben auch Angst vor der Macht, die sie als Eltern haben.

Bei beiden Erziehungsstilen sind Konflikte oder Meinungsverschiedenheiten nicht willkommen. Autoritäre Eltern unterdrücken jede Auseinandersetzung – ihr Wort ist Gesetz. Bei permissiven Eltern werden Meinungsverschiedenheiten überdeckt, indem man dem Kind seinen Willen lässt.

Autoritative Eltern hingegen sind der Haferbrei, der »gerade richtig« ist. Sie versuchen, sich auf die Bedürfnisse des Kindes einzustellen, und teilen ihre Macht mit den Kleinen. Kinder wissen immer, was von ihnen erwartet wird, aber man unterstützt sie dabei, diese Erwartungen zu erfüllen. Die Anforderungen werden verhandelt, wobei die Interessen beider Parteien berücksichtigt werden. Autoritative Eltern sagen zu ihren Kindern Dinge wie: »Da müssen wir mal darüber reden.« Oder: »Was glaubst du denn?« Und: »Die Antwort ist Nein. Ich möchte dir die Gründe erklären.« Wärme, Verständnis und Akzeptanz innerhalb von klaren Grenzen sind die Alleinstellungsmerkmale dieses Erziehungsstils.

Unsere vierte Schüssel ist leer. Sie steht für Zurückweisung oder Vernachlässigung vonseiten der Eltern. Hier haben wir es mit einem Elternteil zu tun, der – aus welchen Gründen auch immer – sich nicht auf sein Kind einlassen kann. In dieser Beziehung hat niemand die Macht. Es ist vielmehr so, als wäre das Kind gar nicht da. Das trifft vor allem auf Eltern zu, die selbst vernachlässigt wurden, die mit den Anforderungen des Lebens nicht zurechtkommen oder Drogen beziehungsweise Alkohol und Medikamente nehmen, die einen Keil zwischen sie und die Welt treiben.

Die jüngere Forschung hat noch weitere Erziehungsstile ausgemacht, allerdings lassen sich die meisten den vier Schüsselchen zuordnen, die wir uns gerade angesehen haben. Ein Stil allerdings verdient hier gesonderte Erwähnung, und das sind die Helikoptereltern (überfürsorgliche Eltern). Wir werden uns das in Kapitel 10 noch einmal genauer ansehen, aber es kann ja gut sein, dass Sie selbst schon Helikoptereltern hatten. Das stete Kreisen über den Kindern ist in den vergangenen 40 Jahren fast schon zur Modeerscheinung geworden. Das fällt zusammen mit einer Zeit relativen Wohlstands, in der Eltern nicht mehr darum kämpfen müssen, Essen auf den Tisch zu bringen, sondern sich mehr und mehr auf den Erfolg ihrer Kinder konzentrieren können. Was sich deutlich an den Aktivitäten der Kinder ablesen lässt: Statt sie allein draußen spielen zu lassen, arrangieren die Eltern nun für sie Spiel-Dates. Und auch die Zeit, die sie für ihre Kinder aufbringen, nahm zwischen 1975 und 2005 zu: in den USA beispielsweise um eine Stunde und 45 Minuten täglich.

Helikoptereltern interessieren sich für ihr Kind und sind zugänglich für seine Bedürfnisse. Doch anders als die autoritativen Eltern ziehen sie sich nicht zurück, wenn das Kind von seiner Entwicklung her allmählich mehr Freiraum braucht.

Diese Eltern schweben ständig über der Haferbreischüssel und füttern ihr Kind auch dann noch, wenn es längst erwachsen ist. Am schlimmsten ist aber, dass sie verhindern, dass ihr Kind die Erfahrung von Hunger macht. Helikoptereltern haben die durchaus positive Absicht, ihrem Kind Glück und Erfolg zu verschaffen. Gleichzeitig aber erlauben sie ihm keine Unabhängigkeit oder die Erfahrung, aus eigenen Fehlern zu lernen.

Wir haben bis hierher unseren Fokus auf die Eltern-Kind-Beziehung verengt, daher möchte ich ihn wieder ein bisschen erweitern, sodass wir auch die Welt außerhalb des Hauses in den Blick bekommen. Denn die Forschung scheint in der Hinsicht recht eindimensional zu sein: Sie als Eltern sind x, daher wird Ihr Kind y sein. Es geht immer um das Doppel Eltern-Kind (meist ja Mutter-Kind). Doch Baumrind selbst wies darauf hin, welche Rolle die Gesellschaft in der Kindererziehung spielt: Zum einen setzt sie die sozial geltenden Normen, zum anderen kann der Staat Eltern mehr oder weniger unterstützen.

Neuere Forschungsarbeiten zeigen aber, dass Erziehungsstile Ergebnis wechselseitiger Einflüsse sind. Schließlich können Eltern ihren Ansatz auch den Bedürfnissen des Kindes entsprechend ändern. Und was ist mit dem Kontext, in dem wir leben? Denn der praktizierte Erziehungsstil hängt auch von kulturellen Erwartungen ab und nicht nur von individuellen Bedürfnissen oder Verantwortlichkeiten. Wie sich ein bestimmter Erziehungsstil auf ein Kind auswirkt, ist auch davon geprägt, was das Kind in der Gemeinschaft, in der es lebt, für normal hält, und davon, welche Erwartungen die Gemeinschaft an die Eltern heranträgt. (So kann das Ziel in einem Viertel sein, dem Kind beizubringen, wie es Gefahren aus dem Weg geht, während nur wenige hundert Meter weiter sich alles darum dreht, dass man das Kind an einer prestigeträchtigen Universität studieren lassen kann.)

Ich frage mich, wie es Ihnen jetzt geht, nachdem Sie all das gelesen haben. Erinnert Sie bei der Beschreibung der verschiedenen Schüsseln Haferbrei irgendetwas an Ihre eigene Kindheit? Vielleicht erkennen Sie in der Art und Weise, wie Sie erzogen wurden, Merkmale aus allen vier Stilen wieder? Erziehungsstile verändern sich von Tag zu Tag, manchmal sogar von Stunde zu Stunde. Doch gewöhnlich sind wir hauptsächlich aus einer Schüssel gefüttert worden – und wir haben selbst auch eine Sorte Haferbrei, die wir unseren Kindern vorzugsweise servieren.

Einer der wichtigsten Punkte in diesen Erziehungsstilen ist die Frage nach der Macht: Wer hat die Kontrolle und warum? Kontrolle ist von zweierlei Art. Da ist einmal die Verhaltenskontrolle. (Man definiert die Regeln und bringt das Kind dazu, sie zu befolgen.) Und dann die psychische Kontrolle. (Man kontrolliert die Gedanken des Kindes und gebraucht manipulative Strategien, um sein Verhalten zu beeinflussen.) Wie Sie sehen konnten, gibt es ein Optimum, wie die Macht zwischen dem Kind und den Eltern aufgeteilt wird. Andererseits sehen Kinder sich häufig konfrontiert mit einem vorgefassten Bild, wer sie sein sollen und wie sie sich verhalten müssten.

- Wer hatte in dem Zuhause, in dem Sie groß wurden, die Macht? Welche Auswirkungen hatte das auf Sie?
- Gab es in Ihrem Zuhause Wärme? Woher wissen Sie das?
- Wie, glauben Sie, hat man grundsätzlich auf Sie reagiert? Mit Neugier? Sorge? Ungeduld? Rückzug?
- Glauben Sie, dass Ihre individuellen Bedürfnisse – und Sie als Person – von den Menschen, die Sie erzogen haben, respektiert wurden? Was hat Ihnen das gebracht?
- Ähnelten Ihre Erfahrungen denen der Kinder in Ihrer Umgebung oder nicht? In welcher Weise? Was bedeutet dies für Sie?
- Richten wir das Augenmerk einen Augenblick lang

auf Ihr Kind / Ihre Kinder. Wie ist die Macht zwischen Ihnen ausbalanciert?
- Wie fühlt sich das für Sie an?

Vergessen Sie nicht: Wenn durch diese Fragen verstörende Gedanken oder Gefühle zum Vorschein kommen, egal, ob sie nun mit der Vergangenheit oder mit der Gegenwart zusammenhängen, dann müssen Sie kurz Ihren Ruheort aufsuchen, damit Sie wieder ins Gleichgewicht kommen. Oder Sie bitten Ihre Führungsgestalt um einige beruhigende Worte. Sind Sie erschüttert, dann legen Sie die Hand aufs Herz und sagen Sie sich diese Worte laut vor. Oder Sie strecken die Arme seitlich aus und lassen Kopf und Schultern ein wenig nach hinten sinken. Das öffnet die Brust und erleichtert das Einatmen. Dann richten Sie sich wieder auf, während Sie Ihren Atem mit einem Seufzer ausstoßen.

ABWASCHEN

Jetzt räumen wir den Tisch ab. Kratzen Sie den restlichen Haferbrei aus den Schüsseln. Waschen Sie sie in warmem Spülwasser aus. Dann halten Sie einen Moment inne. Wir stehen noch immer in der Küche. Spüren Sie den kühlen Boden unter Ihren Fußsohlen? Heben Sie sachte die Zehen an und senken Sie sie wieder. Atmen Sie tief ein und noch länger aus.

Denn nun erkunden wir Ihr kindliches Zuhause weiter. Sind Sie bereit?

6

Geschichten aus Ihrer Zeit als Baby

Wir tragen unendlich viele Jahre in unserem Körper und unserem Gesicht, aber unser eigentliches Selbst, das Kind im Innern, ist so unschuldig und scheu wie eine Magnolienblüte.

Maya Angelou, *Letter to My Daughter*

Nun verlassen wir die Küche und begeben uns ins Kinderzimmer. Vielleicht hatten Sie als Kind auch noch kein eigenes Zimmer, aber vielleicht ein geteiltes Zimmer oder eine Schlafstelle. Auch wenn Sie sich nicht daran erinnern, können Sie so tun, als ob.[27]

Wie sieht dieser Ort aus? Wie fühlt es sich an, wieder dort zu sein? Welche Empfindungen spüren Sie in Ihrem Körper?

Das Kinderzimmer – der Ort, wo Beziehungen entstehen

Viele therapeutische Modelle basieren auf der Annahme, dass unsere frühesten Beziehungen unsere allgemeine Beziehungslandkarte prägen, mit der wir unser Erwachsenenleben angehen.

Wenn wir in der Kindheit sichere, verlässliche Beziehungen zu anderen Menschen gehabt haben, dann fließt dies in unsere Beziehungen ein – zu Freunden, Kolleginnen, Liebespartnern und Kindern. Waren unsere Bezugspersonen hingegen unzuverlässig, abwesend, übermäßig besorgt, übergriffig oder gar angsterregend, dann bringen wir auch das in unser Beziehungsnetz ein. Diese frühen Erfahrungen bilden nicht nur unsere Landkarte. Sie liefern auch das Papier, auf dem diese Landkarte gedruckt ist. Zeigt unsere Landkarte liebevolle, enge und fürsorgliche Bindungen, dann können wir diese Kindheitsmuster im späteren Leben mit leichter Hand nachzeichnen. Sind auf unserer Landkarte jedoch schwierige oder sogar gefährliche Beziehungen verzeichnet, dann kann es gut sein, dass wir diese ständig wiederholen. Oder wir sind unser Leben lang damit beschäftigt, etwas anders zu machen – was auf viele Menschen zutrifft.

Das T-Wort: Kindheits-Trauma

Im nächsten Schritt wenden wir uns möglichen Traumata in unseren frühen Beziehungen zu. »Trauma« ist in diesem Zusammenhang ein schwieriges Wort. Wie viele von unseren gegenwärtigen Erfahrungen und Emotionen lassen sich auf Kindheitstraumata zurückführen?

Hätte ich diesen Abschnitt vor zwei, drei Jahren geschrieben, würde an dieser Stelle jetzt stehen, dass Sie vermutlich kaum glauben werden, wie sehr frühe Kindheitserfahrungen unsere Gefühle und Beziehungen als Erwachsene prägen können. Aber da Therapeuten sowie Menschen, die Heilung suchen, gleichermaßen in den sozialen Medien präsent sind, sind Diskussionen über Kindheitstraumata mittlerweile fast schon zur Normalität geworden – zumindest in einer gewissen Bubble. Gleichzeitig treffen solche Aussagen immer wieder auf Spott. Ein Einwand lautet, dass heutzutage ganz normale

Erfahrungen problematisiert werden, was letztlich zu einem Mangel an Resilienz führt.

Sie selbst werden spüren, wo Sie in dieser Diskussion stehen: ob Sie die intensiv geführten Debatten über geistige Gesundheit und die Normalisierung von Begriffen wie »Traumareaktion« und »Trigger« gutheißen oder ob Sie sich damit unwohl fühlen. Aber egal, ob diese Debatten über geistige Gesundheit für Sie akzeptabel klingen oder nicht, sie werden zu einer Zeit geführt, in der Menschen immer höheren Belastungen ausgesetzt sind und gleichzeitig der Zugang zu Therapien immer stärker eingeschränkt wird. Auf der individuellen Ebene haben wir meist Schwierigkeiten, das, was uns passiert ist, als »Trauma« zu bezeichnen.

Zu den schlimmsten Traumata, die Kinder überhaupt erleben können, gehören Missbrauchserfahrungen. Und leider suchen gerade die Betroffenen dieser schrecklichen Erfahrungen selten professionelle Hilfe. Das liegt zum einen daran, dass die Missbrauchstäter den Kindern die Schuld an ihren Erfahrungen geben, sodass ihre Identität sich unter dem Zeichen von Wertlosigkeit, Scham und Schuld entwickelt, weil sie angeblich »schlecht« sind. Dazu kommt, dass die Kinder in ihrem Leben immer wieder feststellen, dass das, was ihnen widerfahren ist, von der Gesellschaft als »nicht akzeptabel« betrachtet wird – ein weiteres Hindernis auf dem Weg zur Offenlegung ihrer Erlebnisse. Und die Reaktionen, die auf ehrliche Offenbarungen häufig erfolgen – zum Beispiel Häme und Spott in den Kommentarspalten der sozialen Medien –, verstärken diese Tendenz noch.

Kindheitstraumata sind mehr als ein hippes Schlagwort auf TikTok. Sie kommen viel häufiger vor, als wir uns vorstellen (oder ertragen) können. Mehr als zwei Drittel aller Kinder geben an, dass sie bis zum Alter von 16 Jahren zumindest ein traumatisches Erlebnis durchgemacht haben. Dazu gehören Missbrauch, Vernachlässigung oder Zeuge von Gewalttaten im eigenen Zuhause zu werden.[28] Auch emotionaler Missbrauch ist häufig, über ein Drittel der Menschen berichten davon. Und etwa 18 Prozent der Menschen haben emotionale Vernachlässigung erfahren.[29] Es ist also nicht unwahrscheinlich, dass die verstärkte Diskussion über Kindheitstraumata kein Nischenthema ist, sondern auf eine verbreitete Erfahrung hinweist, über die viel zu lange nicht gesprochen wurde. Die sozialen Medien, in denen wir über solche Themen lesen und sprechen können, tragen dazu bei, dass die Menschen ihre traumatischen Erfahrungen verarbeiten können, weil sie das Schweigen brechen, das traumatische Erlebnisse noch verstärkt, und anderen das Gefühl geben, nicht allein zu sein.

Dabei halten wir unsere Vergangenheit häufig gar nicht für traumatisch, vor allem dann nicht, wenn wir keine »klassischen« Traumata wie Missbrauch erlebt haben oder wenn unsere Erfahrungen in dem Umfeld, in dem wir aufwuchsen, als »normal« gegolten haben. Aber viele Menschen erfahren in Beziehungen Dinge, die ihnen langfristig ein Gefühl der Unsicherheit vermitteln. Es wäre hilfreich, wenn wir uns Traumata vorstellen könnten wie körperliche Verletzungen. Wenn wir uns das Bein brechen, lassen wir diese Verletzung versorgen. Es kann aber auch sein, dass wir uns jede Menge Abschürfungen und blaue Flecken holen, auch wenn wir körperlich keinen weiteren Schaden davongetragen haben. Solche Verletzungen verbergen wir häufig, spielen sie herunter. Wir betrachten sie als geringfügig, obwohl sie verdammt wehtun und zu langfristigen Problemen führen können, wenn wir uns nicht um sie kümmern.

Wenn es Ihnen schwergefallen ist, diese Ausführungen zu lesen, machen Sie jetzt eine Pause. Selbst wenn Sie selbst keine solchen Erfahrungen gemacht haben, so verstärkt doch die Tatsache, dass Sie Kinder haben, Ihr Gefühl der Bedrohung. Die Vorstellung, was Kindern alles passieren kann, ist schwer auszuhalten. Haben Sie oder Ihre Kinder tatsächlich schlimme traumatische Erfahrungen gemacht, dann kann dies Ihren Blick auf die Welt verändern. Aber im Moment sitzen Sie hier. Können Sie in Ihrer Umgebung etwas Bedrohliches entdecken? Sind Sie in Ihrem Zuhause sicher? Versetzen Sie sich an Ihren Ort der Ruhe, damit Ihr Körper weiß, dass er im Augenblick nichts zu fürchten hat.

Vielleicht können Sie sich als Betroffene von Traumata nicht vorstellen, wie Sie jemals Ihre Sichtweise auf andere Menschen und die Welt verändern könnten. Aber mit der Zeit – und vielen neuen Erfahrungen – können wir einen Wandel herbeiführen.

Hat die Lektüre dieses Abschnitts in Ihnen das Gefühl hervorgerufen, dass Sie sich nicht sicher fühlen, suchen Sie sich bitte vor Ort Menschen, die Sie dabei unterstützen, Ihr Leben sicherer zu gestalten. Wenden Sie sich an Ihre Krankenkasse oder an gemeinnützige Organisationen. Die Kontaktadressen finden Sie im Internet, unter anderem bietet das Familienportal des Bundes (familienportal.de) eine Liste von Krisentelefonen und Anlaufstellen in Notlagen.[30]

Wenn Sie sich sicher und stabil fühlen, können wir uns wieder dem Kinderzimmer zuwenden. Wie geht es Ihnen, wenn Sie sich fragen, wie Ihre frühesten Erfahrungen Sie geprägt haben hinsichtlich Ihrer Selbstwahrnehmung, Ihrem Bild von Ihrem Kind und anderen Menschen in Ihrem Leben? Viele von uns glauben, wir unterlägen keinem Muster, doch sobald wir anfangen, ein bisschen zu graben – siehe da: Wir entdecken, dass wir dasselbe Muster ständig wiederholen. Möglicherweise streiten wir auch immer wieder über die gleichen Themen – nur mit anderen Argumenten und unterschiedlichen Leuten. Das ist frustrierend genug, wenn es um Eltern, Liebespartner oder Freunde geht. Am schlimmsten aber ist es, wenn das auch mit unserem Kleinkind, Kind oder Teenager passiert.

Sehen wir uns diese Muster nun näher an.

UNSER BABY-ICH

Wenn Sie sich im Kinderzimmer umsehen, sollten Sie sich vorstellen, wie es dort für Sie war. Vielleicht scheint Ihnen das unmöglich, doch warten Sie einfach mal ab, was sich zeigt. Vielleicht haben Sie ein Gespür dafür, wie Sie sich als kleiner Mensch gefühlt haben – als Baby oder Kleinkind? Wo sind Sie in diesem Kinderzimmer? Ist jemand bei Ihnen?

Fangen wir bei Ihnen an.

Sich ein Bild von Ihrem Ich zu machen, als Sie noch ganz klein waren, kommt Ihnen vielleicht unmöglich vor. Aber diese Erfahrungen prägen gerade das Elternsein enorm. Wenn Sie vor Ihrem eigenen Baby stehen – oder sich dieses auch nur vorstellen –, dann melden sich viele frühe Sehnsüchte zurück.[31]

Wie Sie wissen, sind Babys kleine Bündel extremer Gefühle. In weniger als zehn Sekunden schlägt ihre Stimmung von friedlich lächelnd und glücklich vor sich hinplappernd um in kreischende Wut. Ein Baby kann nicht erklären, was es empfindet. Hunger oder Sättigung, Kälte oder Wärme, Wohlbehagen oder Unwohlsein, Zufriedenheit oder Missmut – alles wird sofort zum überwältigenden Ganzkörperfeeling.[32]

Es ist nicht leicht, herauszufinden, was sie möchten. Was vermutlich der Hauptgrund ist, warum es über Babys so viele Studien gibt. Um die Kleinen zu verstehen und um herauszufinden, wie Sie sich selbst in den ersten Jahren Ihres Lebens gefühlt haben, brauchen wir die Psychoanalyse.

Wenn Sie Psychoanalytikerin sind, entschuldige ich mich schon einmal vorab für das, was nun folgt. Ich werde nämlich gut hundert Jahre ausgiebiger Forschung in einem einzigen Absatz zusammenfassen und somit stark vereinfachen.

Als Babys sind wir unglaublich verwundbar. Unser Überleben hängt davon ab, dass jemand auf uns achtet. Wir haben oft das Gefühl, als würden wir zerbrechen. Daher brauchen wir Erwachsene, die uns in einem Stück »zusammenhalten«. Wenn wir gelegentlich (ja, ich sagte »gelegentlich«, nicht »ständig«) diese Art von aufmerksamer Zuwendung erhalten, können wir diese verinnerlichen. Dann fühlen wir uns in der Lage, uns selbst helfen zu können. Vor allem unter Stress ist da die Gewissheit, dass wir wieder in Ordnung kommen werden. Haben wir diese aufmerksame Zuwendung nicht erfahren, dann haben wir das nicht unserer Bezugsperson zugeschrieben, sondern uns selbst. *Wir* müssen etwas falsch gemacht haben. *Wir* haben uns nicht »im Griff«. Die Konsequenzen, wenn unsere Bezugsperson fehlerbehaftet und unzuverlässig wäre, wären für uns unerträglich gewesen. Also tun wir, was immer wir können, um ein Gefühl der Sicherheit zu erzeugen – die einen hören auf zu weinen, die anderen lernen, dass sie ihrer Bezugsperson die beste Reaktion entlocken, wenn sie auf eine bestimmte Weise lächeln, ganz still sind oder was auch immer helfen mag.

Viele von uns tragen diese Erfahrungen in sich, die so erschreckend sind, dass wir sie tief in unserem Gedächtnis vergraben. Doch wenn wir Eltern werden, kommen sie an die Oberfläche.

Die Psychoanalytikerin Joan Raphael-Leff nennt sie unsere »wild things« – die »formlosen« Dinge, die ungezähmten, unverarbeiteten, leidenschaftlichen, chaotischen Prägungen, die tief unter dem Lack unserer zivilisierten Oberfläche hausen und ausbrechen, wenn diese durchlässig wird.[33] Das ist zum Beispiel der Fall, wenn wir Eltern werden und, sobald wir uns unserem Baby (oder unserem Kleinkind, Kind, Teenager oder unserem erwachsenen Kind) gegenüberstehen und plötzlich (unbewusst) begreifen, wie wir uns in diesem Alter gefühlt haben. Das ist vielleicht der schwierigste Teil des Elternseins. Immer wieder steigen die unterdrückten unangenehmen Gefühle und Erlebnisse wieder auf, die wir in diesem Alter hatten. Wir tun unser Bestes, um unserem Kind hindurchzuhelfen – doch es ist nicht einfach, wenn wir gleichzeitig mit unserer eigenen Vergangenheit kämpfen.

Ich weiß nicht, wie es Ihnen geht, aber ich finde die Idee, dass immer noch ein winziges Baby in mir steckt, eigentlich zauberhaft. Doch wenn dieses innere Baby erwacht, dann tut es das mit purer, ungebremster Emotion. Haben Sie je eine total »unvernünftige« Reaktion gezeigt? Als eine Freundin Sie versetzt hat? Als Sie den Kollegen glattweg hätten ermorden können? Als Ihr Partner Ihr Herz gebrochen hat? In solchen Situationen kommt Ihr Baby-Ich zum Vorschein. Getriggert wird sein Erwachen von jenen Momenten, in denen Sie sich wieder so hilflos fühlen wie damals als Baby.

- Wie hört sich das für Sie an? Wenn Sie an solche tiefen, mitunter ganz verblüffenden emotionalen Erfahrungen denken, können Sie sich vorstellen, dass sie etwas mit Ihren frühkindlichen Bedürfnissen und Sehnsüchten zu tun haben?
- Was glauben Sie, hat das kleine Baby in Ihnen durchgemacht?
- Wenn Sie sich vorstellen, dass dieses kleine Geschöpf in Ihnen zusammengekuschelt lebt, wie würden Sie sich darum kümmern? Was braucht es von Ihnen, damit es sich sicher und zufrieden fühlt?
- Können Sie sich vorstellen, dass Ihre Erfahrungen Ihre Entscheidung, ein Kind zu wollen, oder Ihre Erlebnisse und Emotionen als (werdenden) Elternteil beeinflusst haben?
- Wie hat sich Ihr Baby-Ich (oder Kleinkind- beziehungsweise Kinder-Ich) bislang in Ihren elterlichen Erfahrungen zu Wort gemeldet?

UNSERE VERINNERLICHTEN ELTERN

Als wir das Kinderzimmer betreten haben, habe ich gefragt, wer außer Ihnen noch im Raum ist. Rufen Sie sich das nun wieder ins Gedächtnis. Vielleicht laden Sie auch Ihre Führungsgestalt ein, sodass sie neben Ihnen steht und Ihnen beruhigend eine Hand auf die Schulter legt.

Wie Sie schon beim Kennenlernen des Babys in Ihrem Inneren gemerkt haben, gehen die meisten psychologischen Theorien zur kindlichen Entwicklung davon aus, dass wir uns in erster Linie durch den Kontakt mit anderen Menschen entfalten. Der Psychoanalytiker und Kinderarzt Donald Winnicott ging sogar so weit, zu sagen: »So etwas wie ein Baby gibt es nicht.«[34] Das soll heißen, dass Menschen sich nur im Zusammenspiel mit anderen entwickeln. Die erste und wichtigste Person in dieser Hinsicht war traditionell immer die Mutter. Aber wie ich bereits in Kapitel 1 verdeutlicht habe, können viele Menschen unsere Entwicklung beeinflussen – Eltern, andere Bezugspersonen, Geschwister, Angehörige, Lehrerinnen, Gleichaltrige und die Gemeinschaft, in der wir aufwachsen. Daher spricht die Forschung in letzter Zeit auch eher von »Bindungsnetzwerken« und nimmt nicht mehr nur die Eltern-Kind-Gruppe in den Blick.[35]

Können Sie sich vorstellen, dass in Ihrem Kinderzimmer ein Schaukelstuhl steht und Sie als Baby im Arm der Person liegen, die sich darin schaukelt? Wer wäre das? Wie, glauben Sie, hat die Person Sie gehalten? Wie wirkte ihr Gesicht dabei? Was würde die Person tun, wenn Sie weinen? Würde sie Sie erschrocken anschauen und in Ihr Bettchen legen, damit Sie Ihre Gefühle mit sich ausmachen? Wie glauben Sie, hat sich das angefühlt, so gehalten zu werden? Wie hat diese Person mit Ihnen geredet? Was hat sie gesagt?

Wenn Sie zu Beginn Ihres Lebens von Ihren Eltern getrennt waren, dann sah diese Erfahrung für Sie vermutlich anders aus. Die Beziehungen zu anderen Bezugspersonen prägen oft ein ganzes Leben, aber Ihr Baby-Ich erinnert sich vielleicht noch an die erste Zeit. Vielleicht haben Sie das Gefühl, dass Sie nicht besonders oft gehalten wurden. Oder auf eine Weise gehalten wurden, die Ihr kleiner Körper nicht mochte. Vielleicht wissen Sie gerade nicht genau, wie sich diese Erfahrung für Sie anfühlte. Denken Sie auch darüber nach, ob es andere fürsorgliche Erwachsene gab, die bei Ihnen die Elternrolle übernommen haben könnten.

Es ist manchmal nicht einfach, herauszufinden, wie diese allerersten Beziehungen aussahen, weil es eine nonverbale Erfahrung war. Was passiert in Ihrem Körper, während Sie diesen Abschnitt lesen? Wo spüren Sie diese Empfindungen? Stellen Sie nichts infrage. Wir suchen nicht nach einer objektiven Wahrheit, sondern nach Ihrer *höchstpersönlichen*. Spüren Sie eine Blockade, sodass Sie gar nichts fühlen? Wenn das der Fall ist, akzeptieren Sie es. Das sagt Ihnen entweder, dass Sie dort nicht hinschauen wollen, oder dass es Ihnen schwerfällt, sich zu erinnern. Darauf werden wir gleich noch mal zurückkommen.

Wenn Sie aber etwas spüren, fragen Sie sich folgende Dinge: Könnte es sein, dass Sie dieses Gefühl auch haben, wenn es um Ihr Kind geht? Wann passiert das? Wie fühlt es sich für Sie an, wenn es geschieht? Wie, glauben Sie, geht es Ihrem Kind in diesen Augenblicken? Für den Moment sollten Sie das nur abspeichern. Wir kommen später darauf zurück.

Sind da noch andere Menschen um den Schaukelstuhl herum? Ein anderer Elternteil zum Beispiel? Andere Angehörige? Vielleicht hat sich ein Geschwisterkind um Sie gekümmert? Oder Tanten, Onkel oder Großeltern? Es können auch Menschen sein, die nicht zu Ihrer Familie gehören – Freunde Ihrer Eltern, eine Lehrerin, ein Erzieher oder Ihre Pflegeeltern.

Die wichtigste Theorie, die erklärt, warum diese Beziehungen so wichtig sind, ist die Bindungstheorie (nicht zu verwechseln mit bindungsorientierter Erziehung). Diese hat mittlerweile 70 Jahre auf dem Buckel und wurde durch zahlreiche kulturübergreifende Studien bestätigt. Sie besagt im Wesentlichen, dass wir unser Selbstbild und das anderer Menschen auf unsere frühe Beziehung mit der wichtigsten Bezugsperson gründen. Jüngere Forschungsarbeiten zeigen allerdings, dass sich Bindungen nicht nur zu einer Person herausbilden, sondern durch die Interaktion mit allen Menschen, die für uns sorgen. Das liegt daran, dass wir zum Überleben die Nähe zu einer oder mehreren Bezugspersonen brauchen. Abhängig von unserer Bezugsperson passen wir unser Verhalten (selbst als Babys) so an, dass wir ihr nahe sein können. Unsere diesbezüglichen Erfahrungen beeinflussen, wie wir uns selbst sehen, wie gut wir unsere Gefühle und die anderer Menschen verstehen, akzeptieren und regulieren können, wie wir mit anderen in Beziehung treten und selbst wie viel Raum im Geist haben, um zu denken und zu lernen.

Der Schlüssel zur Bindung ist die »Feinfühligkeit« (oder das Fehlen dieser) vonseiten unserer Bezugspersonen. Es ist entscheidend, ob sie unsere Bedürfnisse verstehen und richtig erfüllen können. So entsteht ein Muster familiärer Erwartungen in unseren Beziehungen. Es sei denn, es passiert etwas, was diese Erwartungen verändert: Das kann eine Tragödie sein wie der Verlust eines Elternteils, aber auch ein positiver Wandel, zum Beispiel durch den Aufbau einer sicheren Bindung zu jemand anderem (Partner, Freundin oder Therapeut).

Das Schöne an der Bindungstheorie ist, dass sie uns zeigt, wie wichtig Beziehungen für uns sind. Wir entwickeln unseren Bindungsstil nicht allein – Bindung ist eine Strategie, wie wir unsere Bezugspersonen dazu bringen, uns ihr Bestes zu geben. Diese Bindungen sind die Heiligtümer, in die wir uns zurückziehen können. Selbst wenn sie nicht immer sicher oder verlässlich sind, so sind sie uns doch vertraut. Schwierig ist nur, dass wir, während wir uns im Leben weiterentwickeln, immer annehmen, dass andere Menschen uns genauso behandeln wie unsere frühen Bezugspersonen. John Bowlby, der Vater der Bindungstheorie, sprach hier von den »inneren Wirkungsmodellen« von Beziehungen.[36] Sie stellen quasi unsere Blaupause dar.

Ich stelle mir das vor wie einen Tanz, den wir mit einer bestimmten Gruppe von Partnerinnen und Partnern erlernen. Der Tanz sichert die Nähe zu unseren Bezugspersonen – sie sind in diesem Tanz mit uns »gefangen«, selbst wenn er schwierig ist. Das Problematische ist, dass wir stets nach Partnern suchen, mit denen wir den Tanz, den unsere Bezugspersonen uns beigebracht haben, wiederholen können. Tun sie das nicht, zwingen wir sie manchmal dazu und ignorieren ihre Versuche, andere Schritte zu machen, weil wir eben an diesen einen Tanz gewöhnt sind und gar nicht verstehen, dass es auch anders gehen könnte.

Das Wohnzimmer

Nun verlassen wir das Kinderzimmer und nehmen unsere Bezugspersonen mit in den Raum, in dem sich die Familie trifft: das Wohnzimmer. Wir haben das Sofa hinausgeschoben, aber dafür einen Plattenspieler aufgestellt, von dem Musik ertönt. Stellen Sie sich Ihr Baby-Ich vor und all die Menschen, die sich gekümmert haben. Nun wollen wir herausfinden, welchen Tanz Sie getanzt haben. Es fällt Ihnen vielleicht schwer, sich als tanzendes Baby zu erleben, aber Sie werden Hinweise in den Beziehungen entdecken, die Sie als Kind und auch später hatten, mit Freunden und Partnern. In den Tanzbewegungen hat man vier Grundformen gefunden, auch wenn andere Forschungsarbeiten zeigen, dass diese Tänze noch sehr viel komplexer ausfallen können.[37] Was für die Haferbreischüsseln galt, gilt auch fürs Tanzen: Wir tanzen nicht immer, aber doch meistens die gleiche Schrittfolge.

Der Walzer: Sichere Bindung

Der erste Tanz ist der Walzer, mit einem feststehenden Rhythmus und schönem Fluss. Die Bezugsperson führt, nimmt aber Hinweise vom Kind auf. Jede Tänzerin hat ihren eigenen Raum, ist aber mit dem Partner verbunden. Das Kind kann sich Raum verschaffen, darf aber, wenn es Sicherheit braucht, wieder in die Nähe eintauchen. Man nennt dies eine sichere Bindung, und der Großteil der Menschen auf der Welt hat diesen Bindungsstil erlebt. Wenn wir als Babys oder Kinder diesen Bindungsstil erlernt haben, erwarten wir, dass alle Menschen in unserer Umgebung Walzer tanzen können. Wir sehen Menschen auf der Tanzfläche und laden sie zum Walzer ein. Dabei stellen wir fest, dass nicht jeder den Walzer beherrscht, haben aber nicht das Gefühl, dass wir uns deswegen auf deren Tanzstil einlassen müssen.

Und wie sieht der Walzer in der Beziehungsrealität aus? Wenn ein Baby weint, weiß es, dass im Regelfall eine Bezugsperson kommt und nachsieht, warum das Kind weint, es beruhigt oder das Problem löst. Wenn das Kind wütend wird, reagiert die Bezugsperson mit Aufmerksamkeit, Akzeptanz und Fürsorge. Ein Teenager, der die Tür zu seinem Zimmer zuschlägt, hört, wie seine Eltern durch die Tür sagen: »Ich bin für dich da, wenn du darüber reden willst.« Ein Erwachsener mit sicherem Bindungsstil ist unabhängig, kann aber auch um Hilfe bitten, wenn er sie braucht. Er oder sie erwartet eine mitfühlende Reaktion – nimmt es aber auch nicht persönlich, wenn diese mal ausbleibt, sondern wendet sich in dem Fall an jemand anderen.

Irish Dance: Vermeidende Bindung

Der nächste Tanz ist der traditionelle irische Volkstanz, der einer vermeidenden Bindung entspricht. Was vermeiden wir dabei? Verbundenheit, Abhängigkeit und Gefühle. In Ländern, in denen man Individualismus schätzt – Großbritannien, Deutschland und die USA – war dieser neben dem Walzer lange Zeit der zweite weitverbreitete Tanz. Man tanzt nebeneinander, ohne sich zu berühren. Die obere Körperhälfte (die Oberfläche) kommt kontrolliert, gerade und ordentlich daher. Unterhalb der Taille (im Körperinneren) aber kommt es zu heftigen Bewegungen, die man nicht sieht, wenn man den Blick nicht nach unten (beziehungsweise innen) richtet.

Wie sieht das in der Wirklichkeit aus? Ein weinendes Baby schreit, wird nicht getröstet oder sogar zurückgewiesen (entweder bewusst oder weil die Bezugsperson etwas anderes zu tun hat). Die Eltern sind zwar präsent und wollen ihr Kind beschützen, aber sie können es nicht trösten. Das Baby lernt, seine Tränen hinunterzuschlucken. Als Kindergartenkind spielt es ruhig in einer Ecke oder zeigt ein strahlendes Lächeln, wenn es sich aufregt. Ein Teenager schlägt die Tür zu seinem Zimmer zu, weil er weiß, dass niemand nachfragen wird. Er findet andere Wege, um mit seinen starken Gefühlen fertigzuwerden. Ein Erwachsener verdrängt seine Gefühle, um die Welt rational zu verstehen – oder er beschäftigt sich statt mit seinen mit fremden Gefühlen. Das sind Erwachsene, die jedem schwierigen Gespräch aus dem Weg gehen oder die dahinterstehenden Emotionen herunterspielen beziehungsweise gleich ganz ablehnen.

Der argentinische Tango: Ängstliche Bindung

Als Nächstes kommt der dramatische, mitunter wunderschöne argentinische Tango. Ein Tanz voller heftiger Gefühle, Leidenschaften und Konflikte. Die Partner klammern sich eng aneinander, tanzen Wange an Wange, nur um im nächsten Moment auf die andere Seite der Tanzfläche zu wirbeln. Dieser Tanz entspricht der ambivalenten / widerstrebenden / ängstlichen Bindung – es scheint Ironie des Schicksals zu sein, dass ausgerechnet der am schwersten vorhersagbare Bindungsstil so viele verschiedene Namen hat. Dieser Tanz ist in Ländern wie Japan oder Israel, wo das Kollektiv geschätzt wird und enge soziale Bindungen angestrebt werden, nach der sicheren Bindung der zweithäufigste Bindungsstil.

Wie sieht der argentinische Tango in der Beziehungsrealität aus? Auf ein weinendes Baby wird manchmal liebevoll, dann wieder genervt reagiert. Es wird manchmal zurückgewiesen, dann wieder ignoriert, oder die Bezugsperson reagiert ihrerseits gestresst. Das Kind schluckt keineswegs seine Gefühle hinunter wie beim irischen Volkstanz, sondern legt noch eins drauf. Es weiß ja nicht, was kommen wird. Es schreit lauter, klammert sich an die Bezugsperson oder stößt sie zurück. Es schlägt auf sie ein oder brüllt: »Ich hasse dich!« In Wirklichkeit aber will es wissen: »Liebst du mich? Bist du für mich da?« Oder es ersinnt komplizierte Methoden, um seiner Bezugsperson eine positive Antwort zu entlocken – nur um dann als »manipulativ« bezeichnet zu werden. Ein Teenager mit diesem Bindungsstil verliebt sich heftig und hat eine panische Angst, verlassen zu werden. Als Erwachsener braucht der Tangotänzer von seinem sozialen Umfeld häufige Bestätigung, dass er oder sie wertvoll und wichtig ist. Gleichzeitig ist so eine Person im tiefsten Inneren überzeugt, dass sie jederzeit zurückgewiesen werden kann, und stößt daher oft Menschen, die sich ihr nähern, gleich vorbeugend zurück.

Der Tanz, der keiner ist: Die desorganisierte Bindung

Und schließlich haben wir da noch den Tanz, der keiner ist. Es handelt sich vielmehr um eine Kombination verschiedenster Tänze, die verwirrend und unschön ist und bei der die Tänzer verletzt werden. Es ist unmöglich vorherzusagen, was Ihre Partnerin tun wird, also müssen Sie darauf gefasst sein, dass Sie herumgewirbelt und in die Luft gehoben werden – oder auf den Rücken fallen. Dieses Bindungsmuster wird zwar desorganisiert genannt, doch weist die Psychologin und Forscherin Patricia Crittenden darauf hin, wie extrem organisiert die Bewegung eigentlich oft ist, denn das Baby oder Kind muss sich schon ganz schön krummlegen, um sich im Angesicht körperlicher, emotionaler oder sozialer Gefahr in Sicherheit zu bringen. Ein solcher Bindungsstil wurzelt häufig in emotionalen oder körperlichen Missbrauchserfahrungen. Möglich ist aber auch, dass der Betreffende Zeuge von Gewalttaten wird oder eine Bezugsperson hat, die von ihren eigenen Traumata aufgefressen wird. Dieser Bindungsstil äußerst sich in den unterschiedlichsten Formen: ein Baby, das wie zu Stein erstarrt scheint; ein Kind, das nach den Eltern ruft, dann aber Angst vor ihnen hat; ein Teenager, der Angst und Wut gegen sich selbst wendet und sich selbst verletzt; ein Erwachsener, der sich nach Nähe sehnt, aber den Partner entweder von sich stößt oder sich selbst zurückzieht.

Wichtig ist, dass diese Tänze entstehen, weil sie uns Nähe zu unseren Bezugspersonen ermöglichen, sogar dann, wenn wir uns vor ihnen fürchten. Problematisch wird es, wenn wir in die Welt hinausgehen und die Tänze, die wir im Kinderzimmer gelernt haben, nicht zum Tanzstil der anderen passen wollen. Die Tänze, die uns als Kind Sicherheit verschafft haben, werden jetzt zur Ursache für Verletzungen.

Die Fragen, die ich Ihnen unten vorlege, sind von entscheidender Bedeutung. Gehen Sie vorsichtig an die Beantwortung heran. Wenn nötig, legen Sie eine Pause ein und greifen auf die Übungen zurück, die wir in Kapitel 3 vorgestellt haben.

- Wie stehen Sie zu dem, was Sie gerade gelesen haben? Erkennen Sie in den beschriebenen Tänzen eigene Muster wieder?
- Wenn Sie mehr als eine Bezugsperson in Ihrem früh-

kindlichen Leben hatten, haben Sie dann mit allen den gleichen Tanz getanzt? Oder waren es verschiedene Schrittfolgen? Und wenn es verschiedene waren, wie haben Sie zwischen diesen hin und her gewechselt? Wie, glauben Sie, hat Sie das beeinflusst?

- Kennen Sie die Erfahrung, dass Sie sich mit jemandem auf einen Tanz einlassen und dann über Ihre eigenen Füße fallen? Zum Beispiel, wenn jemand Ihre Nähe erdrückend findet oder Ihr Gegenüber sich von Ihnen mehr Gefühle wünscht, als Sie bereit sind, zu geben?
- Hat Ihnen jemals eine andere Person eine andere Form des Tanzes beigebracht?
- Wenn Sie einen Partner oder eine Partnerin haben: Welchen Tanz tanzt er oder sie? Passt dies zu Ihrem Tanz? (Mehr dazu in Kapitel 8.)
- Warum, glauben Sie, haben Ihre Bezugspersonen den Tanz getanzt, den Sie erlernt haben?
- Welchen Tanz tanzen Sie im Moment mit Ihrem Kind? Manchmal wiederholen wir diese Tänze unbewusst, weil sie uns so vertraut sind. Wenn wir mit irischem Volkstanz groß geworden sind, dann ist uns der Walzer vielleicht zu eng und zu persönlich, also gehen wir ein wenig auf Distanz zu unseren Babys und Kindern.
- Oder Sie merken, dass Sie mit Ihrem Kind etwas anderes probieren. Viele Menschen, die mit Irish Dance groß geworden sind, tanzen mit ihren eigenen Kindern am Ende den argentinischen Tango und umgekehrt. Das ist wie ein schwingendes Pendel: Wir wollen etwas geben, das wir selbst nicht hatten, schießen dabei aber oft übers Ziel hinaus. Kommt Ihnen das bekannt vor?

Es gibt vieles, was wir über Bindungen noch nicht wissen. Unser familiäres Wohnzimmer steht in enger Verbindung mit der Küche. Wer den Walzer erlernt hat, schafft es möglicherweise auch, die Schüssel mit »gerade richtigem« Haferbrei zu füllen. Die Forschung hat sich historisch vor allem auf die Beziehung zwischen Mutter und Kind konzentriert und die Bindung zwischen zwei Menschen untersucht. Wir wissen zwar, dass verschiedene Bezugspersonen (innerhalb und außerhalb der Familie) beeinflussen, wie ein Kind zum Erwachsenen wird, aber wie das genau funktioniert, wissen wir nicht. Genauso wenig wie wir wissen, ob wir unser Augenmerk darauf richten sollen, wie all die Leute, mit denen wir aufgewachsen sind, uns ins Tanzen eingeführt haben. Es kann sein, dass ein Walzer mit beiden Elternteilen uns mehr Stabilität gibt. Aber es könnte auch sein, dass der Walzer, den wir mit einem Elternteil tanzen, uns den schwierigeren Tanz mit dem anderen Elternteil erleichtert. Und der Walzer mit dem Elternteil, der uns hauptsächlich versorgt, beeinflusst uns stärker als der Tanz mit dem Elternteil, der sich deutlich weniger um uns kümmert. Wie andere Bezugspersonen wie Kindergärtner, Lehrerinnen oder andere Familienmitglieder zu diesen Tänzen beitragen, ist ebenfalls noch nicht geklärt.

Es ist sinnvoll, sich daran zu erinnern, dass der Großteil der Menschen den Walzer tanzt. Und dass selbst jene, die in der Kindheit misshandelt wurden, weiterhin den Walzer tanzen können. In einer Studie stellte sich heraus, dass immerhin 17 Prozent der Kinder, die in einer Institution groß wurden, bei der man von »struktureller Vernachlässigung« sprechen kann, eine sichere Bindung zu ihrer liebsten Bezugsperson aufbauen konnten.[38] Dafür gibt es viele und recht komplexe Gründe, die mit unserer genetischen Prädisposition sowie unseren persönlichen Eigenschaften zu tun haben, aber auch mit unserer Umwelt, anderen Menschen in unserem Leben und der Menge an zusätzlichem Stress, der wir ausgesetzt sind. Selbst wenn es in unserer Kindheit nur eine einzige warmherzige und hilfsbereite Person gab, hat uns das erlaubt, allen Widerständen zum Trotz den Walzer zu erlernen.[39]

Und wir können unsere Art zu tanzen jederzeit ändern, auch wenn dies einige Zeit erfordert und mit einer guten Lehrerin leichter zu bewältigen ist.

Wo stehen Sie jetzt?

Es ist nicht leicht, auf die eigene Kindheit zurückzublicken, selbst wenn wir diese in glücklicher Erinnerung haben. Vielleicht fallen uns Dinge auf, die uns vorher nicht klar waren. Möglicherweise wünschen wir auch, sie wären uns nicht aufgefallen, und versuchen daher, sie wieder unter den Teppich zu kehren.

In der Traumatherapie gibt es hierzu ein häufig verwendetes Bild: den Wandschrank.

Im Moment stehen Sie im familiären Wohnzimmer. Wenn Sie jetzt hinausgehen, gelangen Sie in den Flur. Stellen Sie sich vor, Sie sehen dort einen Wandschrank. Vielleicht einen von der altmodischen Art, in dem man die Bettwäsche aufbewahrte. Wir neigen dazu, all unsere negativen Erinnerungen, schwierigen Erfahrungen und Gefühle sowie herausfordernden Gedanken in einem solchen Wandschrank zu verschließen und diesen sicher zu verriegeln. Wann immer etwas passiert, was sich unangenehm anfühlt, stopfen wir es da hinein. Haben Sie traumatische Erfahrungen gemacht, geht die Tür manchmal auf, und Albträume, Flashbacks und unerwünschte Gedanken stürzen uns entgegen. Der Regelfall jedoch ist meistens schlicht der, dass im Schrank eine gewaltige Unordnung herrscht, weil wir über die Jahre alles Mögliche darin verstaut haben. Bis dann irgendein Ereignis – zum Beispiel die Geburt eines Kindes – die Tür aufspringen lässt und uns das Chaos auf den Kopf fällt.

In den letzten Kapiteln haben Sie die Schranktür bereits geöffnet und sich angesehen, was Sie dort aufbewahrt haben. Vielleicht haben Sie bei dieser Gelegenheit ein Kopfkissen herausgenommen. Das steht für ein Erlebnis, bei dem ein Elternteil Sie angeschrien hat, als Sie noch klein waren. Dass Sie das Kissen herausgenommen haben, heißt, dass Sie eine Verbindung herstellen konnten zwischen dem salzigen Haferbrei autoritärer Erziehung und dem Tag, an dem Sie Ihr Kind völlig unerwartet ebenfalls angeschrien haben. Oder Sie haben ein Betttuch erwischt, das dafür steht, dass Ihre Bezugsperson manchmal die Herzlichkeit selbst war und dann wieder eiskalt. Und Sie haben verstanden, warum Sie sich so einen Druck machen, *jedes einzelne Mal* für Ihr Kind da zu sein, was Sie extrem erschöpft und Ihr Bedürfnis nach Rückzug nur verstärkt.

Bevor wir jetzt das Zuhause Ihrer Kindheit verlassen, nehmen wir uns kurz Zeit, um festzustellen, wo wir jetzt stehen.

- Nehmen Sie eine überraschende Erkenntnis über Ihre Kindheitserfahrungen mit?
- Gibt es etwas, das Sie noch genauer untersuchen möchten? Indem Sie mit einem Elternteil reden, mit einer anderen Bezugsperson, mit einem Ihrer Geschwister oder einem anderen Familienmitglied, vielleicht auch mit einem Freund der Familie oder einem Nachbarn, damit Sie Ihre Erfahrungen besser verstehen können?
- Was sind die wichtigsten Emotionen, die nach der Lektüre dieses Kapitels bleiben? Brauchen Sie etwas, um sich selbst zu unterstützen? (Vergessen Sie nicht Ihre Führungsgestalt und Ihren Ruheort!)
- Sind Ihnen irgendwelche Widerstände oder eine Form von Vermeidungsverhalten aufgefallen? Ein Persönlichkeitsanteil, der sagt: »Lass das! Nicht dorthin!« Warum, glauben Sie, ist das so? (Sie müssen sich

deshalb nicht schämen. Solche Exkursionen sollten immer nur schrittweise vorgenommen werden.)

- Welche Kindheitsmuster haben Sie Ihrer Ansicht nach wiederholt, ohne es selbst zu bemerken?
- Gibt es etwas, was Sie eben absolut nicht so machen wollten wie Ihre Eltern, sodass das Pendel bei Ihnen in die Gegenrichtung ausschlug?
- Mit dem Wissen, das Sie sich jetzt erarbeitet haben: Gibt es etwas, was Sie bei sich zu Hause gern ändern würden?
- Was brauchen Sie (an Unterstützung, Gesprächen, Hilfe vom Partner), um das umzusetzen?

Wann immer Sie diese Übung machen und darüber nachdenken, welche (positiven und weniger positiven) Spuren Ihre Kindheit und frühe Erfahrungen in Ihrem Erwachsenenleben hinterlassen haben, nehmen Sie wieder ein Stück Bettwäsche aus dem Wandschrank, sodass die Ordnung zunimmt. Was bedeutet, dass Ihr alltägliches Elternsein auf bewusstem Gewahrsein fußt und nicht auf unbewussten Reaktionen auf das Chaos, das sich im Wandschrank befindet.

Und es bedeutet auch, dass Sie, wann immer Sie Diskussionen mit Ihren Kindern oder über Ihre Kinder haben, den Wandschrank einfach öffnen können und sofort das richtige Kissen in der Hand haben, damit Sie besser verstehen, warum das gerade passiert, und das auch erklären können. Vielleicht steht auf dem Kissen: »Du kannst ruhig sagen, dass ich zu gluckenhaft bin, aber als ich klein war, habe ich einige sehr gefährliche Momente erlebt. Und das hat dazu geführt, dass ich dich auf jeden Fall vor so etwas bewahren möchte. Wir können aber gern darüber reden, wie viel davon angemessen ist oder nicht.« Oder da ist ein Bettbezug, der für folgende Aussage steht: »Wenn mein Baby voller Freude quietscht, würde ich mir am liebsten die Finger in die Ohren stecken, weil der

Stress früher bei mir zu Hause mich lärmempfindlich gemacht hat. Ich würde gern Mittel und Wege finden, wie ich das besser wegstecken kann.«

Sobald wir verstehen, woher Reaktionen bei uns kommen, können wir sicher sein, dass sie uns in unserem Elternalltag nicht mehr unerwartet überfallen. Wir können sie akzeptieren, ohne uns ständig schuldig zu fühlen, und unseren Kindern erlauben, uns als Menschen mit einer Geschichte wahrzunehmen.

Sie werden zwar trotzdem einige Paar Stinkesocken erben, die wir ganz hinten versteckt haben, weil wir das alle tun. Aber zumindest wissen sie dann, dass – und möglicherweise auch wie – sie damit umgehen können.

Wir lassen das Zuhause unserer Kindheit zurück

Gleich werden wir zur Vordertür hinausgehen. Stellen Sie sich vor, dass Ihre Führungsgestalt dabei immer noch an Ihrer Seite ist und die Hand auf Ihre Schulter gelegt hat. Vielleicht drehen Sie sich an der Tür noch einmal um. Was sehen Sie? Wer hält sich noch im Haus auf? Wie fühlen Sie sich? Vielleicht sehen Sie noch Ihr Baby-Ich im Kinderzimmer. Oder Ihr Ich ist ein Kleinkind oder sogar schon größer. Vielleicht sind auch beim Lesen neue Erinnerungen aufgetaucht. Oder neue Menschen haben das Haus betreten, während andere es verlassen haben.

Bitten Sie nun die Menschen, die jetzt noch im Haus sind – das Baby, Ihre kindlichen Anteile und alle Eltern oder Bezugspersonen –, Sie anzusehen, wie Sie da in der Tür stehen, gestützt von Ihrer Führungsgestalt. Lassen Sie sie sehen, wie Sie jetzt sind – als erwachsener Mensch. Jemand, der vielleicht selbst schon Kinder hat. Eine Person, die in der Lage ist, zu entscheiden, welchen Tanz sie tanzen möchte.

Nun treten wir aus der Tür heraus ins Freie. Und werfen einen Blick auf unsere Landkarte, um festzustellen, was wir als Nächstes erkunden könnten.

7

Geschichten aus Ihrem Erwachsenenleben

Wir können nicht zurück. Das weiß ich jetzt. Wir können vorwärtsgehen. Wir können die Liebe finden, nach der unser Herz sich sehnt, aber nicht, bevor wir die Trauer über jene Liebe zugelassen haben, die wir vor langer Zeit verloren, als wir klein waren und keine Stimme besaßen, die die Sehnsucht unseres Herzens hätte ausdrücken können.

bell hooks, *All About Love*

Nun möchte ich Sie gern auf einen anderen Pfad führen. Dieses Mal werden wir uns Ihr gegenwärtiges Zuhause ansehen. Das, in dem Sie jetzt leben, wie auch immer es aussehen mag. Lassen Sie das Bild im Kopf lebendig werden, dann gehen wir gemeinsam durch die Vordertür hinein. Auch Ihre Führungsgestalt kann uns begleiten, wenn Sie das möchten. Wir betreten das Hier und Jetzt, und Sie selbst entscheiden, ob Sie Ihre Begleitung mitnehmen wollen oder ob sie in der Nähe auf Sie warten soll.

Ich weiß nicht, wie Sie Ihr Zuhause eingerichtet haben, aber ich wünsche mir, dass Sie sich in einem Ganzkörperspiegel sehen, sobald Sie durch die Eingangstür hereinkommen. Bleiben Sie stehen und betrachten Sie sich, so wie Sie jetzt sind. Nehmen Sie alles in den Blick – was Sie mögen und was Ihnen weniger gefällt.

Wir vergessen manchmal, dass wir Erwachsene sind – gerade wenn die jüngeren Anteile unserer Persönlichkeit die Führung übernehmen oder wenn wir in familiären Mustern feststecken, die uns in die Vergangenheit zurückkatapultieren. Manchmal können wir nicht fassen, dass wir uns um Kinder kümmern, Rechnungen bezahlen und jeden Tag unsere diversen Pflichten erledigen sollen. Gelegentlich fühlen wir uns immer noch wie Kinder.

Es ist eine bittersüße Erfahrung, dass unsere jüngeren Persönlichkeitsanteile sich gerade dann melden, wenn wir Eltern werden. Denn um die Eltern zu werden, die wir sein wollen, müssen wir uns in unserem Erwachsenen-Ich zu Hause fühlen. Fest verankert in dem, was wir sind, selbstsicher in unseren Reaktionen und flexibel in unserer Haltung.

Aber was heißt es eigentlich, ein Erwachsener zu sein?

- Was heißt für Sie »erwachsen« zu sein?
- Woher kommt diese Vorstellung?
- Glauben Sie immer noch an diese Idee?
- Gibt es etwas, das Sie gern an Ihrer Vorstellung ändern würden? Welche Art Erwachsener möchten Sie heute sein?
- Was hält Sie davon ab, sich wie ein erwachsener Mensch zu fühlen?

Ihr Bild von Ihnen

Häufig, wenn wir uns besonders »erwachsen« fühlen, leben wir ein Ideal, das nicht unbedingt nachhaltig ist. Schwant Ihnen da etwas? Das Idealbild ist möglicherweise ein Erwachsener, den Sie kennen oder kannten, oder Sie haben es im Abgleich mit anderen Menschen entwickelt. Vielleicht halten Sie sich für erwachsen, wenn Sie »alles im Griff haben«: effizient arbeiten, alle E-Mails beantworten, Einträge auf der To-do-Liste abhaken, Sachen von der Reinigung abholen, fünf Portionen Obst und Gemüse pro Tag essen, die Kinder rechtzeitig ins Bett bringen, dem Partner genügend Aufmerksamkeit schenken und nicht vergessen, die Eltern anzurufen. Und am Tag darauf (oder in der nächsten Minute) kleckern Sie Kaffee auf den Schlafanzug, merken, dass kein Klopapier mehr da ist, während die Katze auf den Teppich kotzt, und schon fühlen Sie sich gar nicht mehr erwachsen – weil Ihnen alles zu entgleiten scheint. Ja, eigentlich wünschen Sie sich in diesem Moment, dass ein »echter« Erwachsener kommt und wieder alles für Sie in Ordnung bringt.

Das Problem mit Idealen ist, dass sie wenig realistisch sind, weil sie auf Mythen beruhen, wie wir sie in Kapitel 1 bereits kennengelernt haben. Daher sind Ideale kaum umzusetzen.

Warum schaffen wir uns überhaupt solche Idealbilder von uns selbst? Meist ist das eine direkte Reaktion auf eine Botschaft, die wir von irgendwem aufgeschnappt haben – von Eltern, Familie, Gemeinschaft, Schule, Medien, Kultur und Gesellschaft. Wir bilden eine Vorstellung davon, wie wir sein »sollten« – eine Version von uns, die anderen Menschen akzeptabel erscheint. Und dann rackern wir uns ab, um diesem Bild zu entsprechen. Wenn uns das nicht gelingt, fühlen wir uns als Versager, statt zu hinterfragen, ob wir dieses Ideal überhaupt anstreben wollen oder können.

Viele Verhaltensmuster unseres Erwachsenenlebens sind

Reaktionen auf die frühkindlichen Anteile unser selbst, die wir in den letzten Kapiteln kennengelernt haben. Wir wollen weg von den Zeiten, in denen wir uns beschämt und verwundbar fühlten. Wir legen uns einen dicken Panzer zu oder ersinnen schlaue Tricks zu unserem emotionalen Schutz, damit wir uns nie wieder so fühlen müssen. Und damit nie jemand herausfindet, dass wir tief in unserem Innern keine Ahnung haben, was zum Teufel wir eigentlich treiben. Aber gerade diese Schutzmechanismen stehen uns im Weg, wenn wir uns selbst und unsere Kinder (oder andere Menschen in unserem Leben) besser kennenlernen wollen. Sie halten uns davon ab, wirklich erwachsen zu werden.

Darf ich Sie nun einladen, sich einen Moment zu setzen? In Ihren Lieblingssessel, oder vielleicht wollen Sie ins Bett (das in Ihrem imaginären Zuhause – aber wenn Sie im Moment gerade daheim sind und sich hinlegen wollen: Bitte sehr, machen Sie es sich bequem). Wir haben uns darüber unterhalten, wer Sie waren und was Sie aus der Vergangenheit mitbringen. Wir werden auch noch darüber reden, was Sie sich von Ihren Kindern wünschen. Aber zuvor sehen wir uns noch an, was Sie davon abhält, Ihr gegenwärtiges Ich besser kennenzulernen.

Wie wir uns verstecken

Wir selbst sind mitunter unsere größten Feinde. Wir mögen uns gut kennen und unsere verschiedenen Anteile akzeptieren. Doch bei den meisten von uns gibt es auch die Teile, die wir abgespaltet haben und gar nicht so genau sehen wollen. Es ist wichtig, uns alles anzusehen, denn unsere Kinder, selbst die ganz kleinen, sehen sowieso ALLES, das ganze Zeug, das wir in den Wandschrank aus dem letzten Kapitel gestopft haben. Unsere Kinder verstehen vielleicht nicht, was genau in dem Schrank ist und woher es kommt, aber sie wissen, dass es da ist.

Wie wir schon aus der Beschäftigung mit Ihrem Tanzstil wissen, müssen Kinder uns nahe sein, um sich sicher zu fühlen. Sie lernen, wie sie das Beste aus uns herausholen. Dazu gehört, dass sie all ihre Sinne darauf ausrichten, zu *erspüren*, was wir ausstrahlen. Ihre kleinen Antennen empfangen Signale von unserem Nervensystem und von unseren Emotionen, um herauszufinden, wie sie am besten auf uns zugehen. Wir können versuchen, uns vor uns selbst zu verbergen, vor Freundinnen, Kollegen und Partnerinnen. Aber unsere Kinder durchschauen all das. Und jede Diskrepanz zwischen ihrer Wahrnehmung und dem, was wir sagen, stiftet Verwirrung. Also können wir genauso gut sofort prüfen, ob wir vielleicht etwas neu justieren wollen. Denn die Wahrscheinlichkeit, dass unsere Kinder irgendwann den Finger in die Wunde legen, ist hoch.

Die Schutzmechanismen, die wir aufgebaut haben, sind wie kleine Mauern um unsere kindlichen Gefühle, die wir immer noch in uns tragen – die Angst vor dem Verlassenwerden, vor Kritik und Zurückweisung; die Angst vor Wut oder Aggression (unserer eigenen und der anderer Menschen); die Furcht, vergessen zu werden oder unsichtbar zu sein. Manchmal errichten wir Mauern, weil jemand etwas zu uns sagt, zum Beispiel dass wir nicht so anspruchsvoll sein sollen oder nicht so zimperlich. Zudem erreichen uns Botschaften von der Gesellschaft – dass wir uns anpassen sollen, wenn wir dazugehören möchten. Einige dieser Mauern müssen wir niederreißen, damit wir sehen, dass unsere Ängste sich nicht bewahrheiten. Sollten unsere Ängste aber *Wirklichkeit* werden, müssen wir lernen, damit umzugehen, statt neue Mauern hochzuziehen.

Das ist oft der schwierigste Teil einer Therapie, weil wir glauben, dass diese Mauern uns Schutz und Sicherheit bieten. Doch sie bewirken nur, dass wir isoliert bleiben. Und wenn wir einen Blick dahinter werfen, kann es sein, dass wir das, was sich dort verbirgt, gar nicht mehr fürchten.

Unsere Mauern

Viele psychologische Modelle fußen auf der Grundidee, dass wir Strategien entwickeln, um uns so sicher wie möglich fühlen zu können. Einige dieser Strategien sind gesund, weshalb sie jeder von uns verwendet. Ein klassisches Beispiel: Wenn wir uns unwohl fühlen, fangen wir an, Witze zu machen. Damit entwaffnen wir unser Gegenüber und halten das Gespräch am Laufen. Oder wir lassen unsere eigenen Bedürfnisse außer Acht, um einer anderen Person beizustehen, die Hilfe braucht. Wenn wir das auf gesunde Weise tun, ist das völlig unproblematisch.

Schwieriger wird es, wenn wir in stressigen Zeiten Strategien anwenden, die entweder bei uns selbst oder bei den Menschen in unserer Umgebung ein mieses Gefühl hinterlassen. Wenn der Adrenalinspiegel steigt und wir zum Beispiel unsere Lieben anbrüllen. Damit können wir zwar Dampf ablassen, aber am Ende fühlen wir uns schuldig, und unser Gegenüber ist sauer auf uns oder zieht sich zurück. Oder wir spielen dem anderen etwas vor und verdrängen unsere wahren Gefühle. Solche und ähnliche Strategien lösen die belastende Situation nicht. Wenn wir sie einsetzen, regt uns das noch mehr auf, wir sind frustriert oder fühlen uns von unserer Umwelt abgeschnitten. Doch selbst diese Strategien funktionieren noch in gewisser Weise, weil sie die Mauern verstärken, uns vor dem Gefühl der Verwundbarkeit schützen und uns vertraut sind. Aus diesem Grund behalten wir sie bei. Wir wissen es einfach nicht besser.

Welche Strategien wir anwenden, hängt von verschiedenen Faktoren ab – von unserem Tanzstil, über den wir im letzten Kapitel gesprochen haben; davon, ob wir unsere Bezugspersonen nachahmen oder genau das Gegenteil machen wollen; von den Botschaften anderer Menschen, von unserer Gemeinschaft, unserem Glauben, ja sogar von unseren Lieblingsfilmen und den Leuten, mit denen wir gerade zu tun haben. Es kann hilfreich sein, wenn wir uns all diese Einflüsse als Charaktere vorstellen, die wir in uns tragen und die auf der Bühne erscheinen, wenn wir sie brauchen. Manchmal nerven sie uns auch, aber wir haben sie nun mal entwickelt, um unsere Sicherheit zu gewährleisten.

Bitten wir also einige dieser Charaktere herein in das Zimmer, in dem Sie sitzen. Wenn Sie möchten, können Sie auch Ihre Führungsgestalt einladen.

Die Besetzungsliste

Ich stelle Ihnen nun grobe Charakterskizzen der Figuren vor, die mir in meiner therapeutischen Arbeit am häufigsten begegnen. Gehen Sie es locker an. Einige dieser Figuren könnten Ihnen bekannt vorkommen, andere nicht – obwohl Sie sie an anderen Menschen durchaus wahrnehmen können. Vielleicht entdecken Sie aber auch keinerlei Gemeinsamkeiten zwischen sich und diesen Figuren.

Viele Charaktere haben positive, hilfreiche Züge, die wir im Alltag nützlich finden. Aber wenn sie unser Denken beherrschen, dann verlieren wir möglicherweise den Kontakt zu anderen Persönlichkeitsanteilen und anderen Perspektiven auf die Wirklichkeit.

DER KRITIKER / DIE KRITIKERIN

Eine der Figuren, die mir am häufigsten begegnet, ist der Kritiker. Ich vermute, diesen Charakter kennen Sie auch. Wie sieht er bei Ihnen aus? Mit wessen Stimme spricht er? Was sind seine Botschaften?

In der Psychologie geht die Vorstellung von einem inneren Kritiker, einer inneren moralischen Stimme, auf Sigmund Freud und sein Konzept des Über-Ichs zurück. Manchmal ist unser Kritiker nett und verhilft uns dazu, dass wir mehr erreichen, besser abschneiden, uns mehr bemühen. Dahinter steht aber vielleicht auch das Gefühl, nicht gut genug zu sein. Der Kritiker kann auch eine Stimme sein, die uns mit wüsten Beleidigungen überschüttet und auf uns herabschaut: »Für wen hältst du dich eigentlich?« Eine Stimme, die auf all die hässlichen Meinungen hinweist, die andere vielleicht von uns haben könnten. Der Kritiker sammelt Maßstäbe, an denen er uns misst – und üblicherweise werden wir seinem Maßstab nicht gerecht. Sein Mantra ist: »Du musst dich mehr anstrengen.«

Diese Figur entsteht meist aus einem Gefühl der Unzulänglichkeit, weil man bestimmte Erwartungen nicht erfüllt hat. Wir befürchten, dass unsere schlimmsten Ängste wahr werden, wenn der Kritiker sich zur Ruhe setzt. Wir sorgen uns, dass wir tatsächlich nutzlos, faul und wertlos sein könnten.

Einen Aspekt des Kritikers gestehen wir uns selbst nicht gern ein: dass wir auch andere scharf kritisieren, weil wir sie mit demselben Maßstab messen.

DER / DIE LIEBENDE

Oder die Fürsorgliche, der Nährende, die Erdmutter, der Erdvater. Diese Figur reagiert mit Nähe und Fürsorge auf Stress, Kummer und Konflikte bei anderen Menschen. Dabei stellt sie ihre eigenen Bedürfnisse hintenan.

Kennen Sie diese Gestalt? Wie sieht die Liebende für Sie aus? Wie hört sich ihre Stimme an? Was will diese Figur von Ihnen?

Manche Menschen reagieren auf diesen Charakter mit Verachtung oder sogar Furcht. Sollte das auch auf Sie zutreffen, dann registrieren Sie es einfach nur. Es ist nicht unwahrscheinlich, dass es einen Liebenden in Ihrem Leben gibt, der diese fürsorgliche Rolle einnimmt.

Das ist ein Charakter, für den Liebe und Frieden immer an erster Stelle stehen. Schwierigem Verhalten bei anderen Menschen wird mit einem liebevollen Lächeln oder einer mitfühlenden Berührung am Arm begegnet. Sobald jemand ein Bedürfnis äußert, lässt er oder sie einfach alles liegen und stehen. Solche Figuren sagen Dinge wie: »Ja, natürlich.« Oder: »Sehr gern.« Und: »Nein, das macht gar keine Mühe.« Die Liebende flüstert Ihnen ins Ohr: »Beklag dich nicht.« Und: »Du solltest dankbar sein.« Oder: »Anderen Menschen geht es viel schlechter als dir.« Wut ist nicht erlaubt.

Diese Figur wird aus dem Gefühl geboren, unsichtbar und wertlos zu sein. Wenn die Bedürfnisse anderer so viel wichtiger sind als die eigenen, lernen wir, die eigenen zu verdrängen. Vielleicht sind wir mit einem Elternteil groß geworden, um dessen (leibliches oder seelisches) Wohl wir uns kümmern mussten. Oder unsere Geschwister forderten mehr Aufmerksamkeit als wir. In diesem Fall wird unser Bedürfnis nach Liebe dadurch gedeckt, dass wir anderen geben, was wir selbst uns wünschen. Unseren Selbstwert ziehen wir daraus, dass andere mit Wohlwollen auf das reagieren, was wir für sie tun. Wenn umgekehrt wir unsere Bedürfnisse äußern, empfinden wir uns selbst als zu anspruchsvoll.

Manche Menschen steigern sich in dieser Rolle in Allmachtsfantasien hinein – weil niemand geben kann, was die Liebende gibt. Das kann ein Gefühl der Befriedigung und des Stolzes auslösen, das am Ende in Frustration, Groll und Wut umschlägt, wenn diese Menschen selbst Liebe und Zuwendung bräuchten, diese aber nicht bekommen.

DER / DIE BESORGTE

Was hat sich dort gerade bewegt? Der Besorgte scannt die Umgebung ständig nach Bedrohungen und ist stets reaktionsbereit. Er hat keine Zeit, sich zu Ihnen zu setzen und Ihre Hand zu halten, weil er nach schnellen Lösungen sucht. Manchmal ist diese Gestalt tatsächlich gut im Lösen von Problemen, manchmal aber auch nur ein Wichtigtuer mit einer endlosen To-do-Liste. Und dann gibt es da noch den Wirbelwind, der Probleme so schnell schafft, wie er sie löst. Das hat mit unserem Flucht-Impuls zu tun: Der Besorgte ist ständig in Alarmbereitschaft, weil er im Voraus Vorkehrungen gegen Katastrophen treffen möchte, auch wenn diese nur imaginär sind. Dieser Charakter ist immer bereit, Sie in Sicherheit zu bringen.

Haben Sie Dinge erlebt, die in Ihrem Körper den Überlebensinstinkt aufgerufen haben – ob nun aufgrund vorgeburtlicher oder späterer Erfahrungen oder weil Sie in einer bedrohlichen Umgebung groß geworden sind –, dann ist Ihr Sorgenmacher vermutlich sehr präsent. Er kann eine ständige Quelle der Anspannung sein. Oder umgekehrt eine problemlösende Figur, die Katastrophen von vornherein entschärft.

Wie sieht die Gestalt Ihres Besorgten aus? Wie steht sie da? Wie hört sich ihre Stimme an? Seine Lieblingssprüche sind: »Es kann jederzeit zur Katastrophe kommen.« Oder: »Wir brauchen einen Plan!« Und: »Wie konntest du es nur so weit kommen lassen?«

Die besorgte Gestalt erträgt es nicht, wenn sie keine Kontrolle hat. Sollte das tatsächlich passieren, dreht sie durch. Sie versteht auch nicht, wenn andere ihren Ideen und Plänen kein Gehör schenken oder sie gar als »überängstlich« bezeichnen. Manchmal entschuldigt sich dieser Charakter überschwänglich, wenn sein Plan nicht das gewünschte Ergebnis zeigt. Dann übernimmt er sogar die Schuld für Dinge, die ohnehin außerhalb seiner Macht oder Kontrolle lagen. Der Besorgte verhindert manchmal, dass Sie sich entspannen. Aber da unsere Gesellschaft zielorientierte Menschen liebt, wird diese Rolle stets belohnt.

Diese Figur ist ein Produkt der Angst – des Gefühls, hilflos zu sein und keine Kontrolle zu haben. Sie gibt sich viel Mühe, jede Art der Furcht zu vermeiden, aber gerade sie sieht überall neue Gefahren lauern.

DER STOIKER / DIE STOIKERIN

Die Stoikerin hat einen dicken Panzer. Für Gefühle hat sie keine Zeit – tatsächlich findet sie diese unnütz.

Kennen Sie diese Figur vielleicht? Wie hört sie sich für Sie an? Welchen Gesichtsausdruck hat sie? Wie sieht sie aus?

Der Stoiker sagt Dinge wie: »Verschwende deine Zeit nicht mit Sorgen!« Oder: »Reiß dich am Riemen!« Und: »Mach doch wenigstens …«, »Es könnte viel schlimmer sein.« Diese Figur passt gut zum irischen Volkstanz aus dem letzten Kapitel (siehe Seite 112). Auch bei diesem besteht der Umgang mit den schwierigen Seiten des Lebens darin, dass man sie weitgehend ausblendet oder zum Verstummen bringt. In manchen Kulturen wird dieser Charakter besonders geschätzt, weil er so pragmatisch und unabhängig ist. Diese ethische Einstellung hat eine ganze philosophische Schule entstehen lassen. Die Stoikerin versucht, nach den Gesetzen der Vernunft und Rationalität zu leben. Unsere primitiveren Gelüste und Bedürfnisse gehören ihrer Ansicht nach an die Leine gelegt.

Diese Figur entwickelt sich meist, weil man ihren Gefühlen keine Wertschätzung entgegenbrachte, sodass sie in ihren Augen zum Hindernis wurden. Bei manchen Menschen geht dies noch weiter. Die meisten Stoikerinnen legen sich einen wirklich dicken Panzer zu. Wenn dies bei Ihnen der Fall ist, sorgt die Stoikerin dafür, dass Ihre Gefühle unter Verschluss bleiben – leider erreichen Sie die Gefühle anderer Menschen dann auch nicht mehr. Auf Konflikte reagieren Sie mit Rückzug oder Missbilligung. Ein klassischer Ratschlag von Ihnen lautet: »Jetzt reiß dich doch mal zusammen!«

Der Pferdefuß am Stoizismus ist, dass diese verflixten Gefühle irgendwie doch wieder hervorkriechen, wie heftig Sie sie auch unterdrücken mögen. Dann bemühen Sie sich noch intensiver, den Deckel auf die Pandorabüchse Ihrer Gefühle zu drücken – mit dem Ergebnis, dass Sie sie auch in anderen nicht sehen können und Sie auf diese Weise nie den ganzen Menschen erkennen werden, der vor Ihnen steht.

DER KRIEGER / DIE KRIEGERIN

Die Krieger können unterschiedliche Gestalten annehmen. Manchmal kämpfen sie gegen ein Unrecht, dann wieder für die eigenen Bedürfnisse. Manchmal sind es auch reale Kämpfer oder Soldaten.

Tragen Sie solch eine Gestalt in sich? Oder sehen Sie sie in einer Person, die Sie gut kennen? Wie sieht Ihr Krieger aus? Ist es eine Kriegerin? Erinnert diese Figur Sie an jemanden?

Kinder tragen den Kriegergeist in sich, weil sie sich immer für Fairness und Gerechtigkeit einsetzen. Manchmal schleifen wir diese Gestalt in unserem späteren Leben fein. Dann wieder verstecken wir sie ganz.

Der Krieger sagt: »Das ist nicht fair!« Sein Mantra ist: »Sei der Wandel, den du in der Welt sehen möchtest.« Andererseits ist der Krieger auch ein Kontrollfreak, der fixe Vorstellungen darüber hat, wie die Welt *seiner* Ansicht nach sein sollte. Stellt man diese infrage, kämpft er entweder noch wilder, oder er fühlt sich besiegt. Krieger beschützen jene, die sie als schwächer oder bedürftig betrachten. Sie sind wild entschlossen, die Welt zum Besseren zu verändern.

Häufig entsteht die Kriegergestalt aus einem Ohnmachtsgefühl heraus. Manche Kinder, die in jungen Jahren misshandelt worden sind, feilen an ihrem inneren Krieger, damit sie und andere dasselbe Unrecht nicht mehr erleben müssen. Menschen mit einem starken inneren Krieger arbeiten häufig für karitative Einrichtungen, engagieren sich politisch oder in der Pflege.

DER MENSCHENFRESSER / DIE MENSCHENFRESSERIN

Sie ist manchmal mit dem Krieger verwandt, aber nur wenn der Kampf in verbale oder physische Aggression ausartet. Manche Menschen zeigen ihren Ärger ein Leben lang, bei anderen schläft die Menschenfresserin, bis etwas sie wachrüttelt, zum Beispiel die Geburt eines Kindes. Dann stürmt sie aus ihrer Höhle.

Wie sieht Ihre Menschenfresserin aus? Es ist sehr wahrscheinlich, dass eine in Ihnen steckt, auch wenn Sie sie gut unter Kontrolle haben und sie nicht oft auf der Bildfläche erscheint. Die Menschenfresserin ist der Kampf-Impuls, der aktiv wird, wenn wir Stress haben. Wie hört sich Ihre Menschenfresserin an? Hat sie Lieblingssätze? Beispielsweise: »Hör mir gefälligst zu!« Oder: »Du tust, was ich sage.« Vielleicht stößt sie auch nur ein Knurren aus. Im Bedarfsfall kann sich die Menschenfresserin aber auch subtiler ausdrücken.

Im Elterndasein meldet sich die Menschenfresserin manchmal, wenn man ihr den salzigen (autoritären) Haferbrei vorgesetzt hat (siehe Seite 94). Wurden wir jedoch mit Bezugspersonen groß, die uns Angst gemacht haben, dann fürchten wir uns auch vor unserer eigenen Menschenfresserin. Dann unterdrücken wir auch das kleinste Anzeichen von Ärger und idealisieren unsere fürsorglichen Eigenschaften. (Die Liebende legt die Menschenfresserin oft an die Leine.) Aber wenn wir Stress erleben und unser Kind, unseren Partner oder jemand anderen als übermächtig erleben, dann stürmt die Menschenfresserin aus ihrer Höhle, um unser verletzliches Ich zu schützen. Dann schreit sie herum oder wird gar physisch aggressiv, was uns völlig unerwartet trifft. Das passiert oft, wenn wir mit den aggressiven Impulsen unserer heranwachsenden Kinder konfrontiert sind und ihrem unglaublichen Bedürfnis nach Unabhängigkeit. Je mehr wir unsere Elternrolle idealisiert haben – und den völlig angemessenen Gefühlen von Ärger oder Groll keinen Raum gegeben oder unsere menschlichen Grundbedürfnisse übersehen haben –, desto gereizter fühlt sich die Menschenfresserin in uns. Anders gesagt: Je mehr wir uns als Eltern in eine untergeordnete Rolle hineinmanövriert haben, desto eher überkommt uns das Bedürfnis, Dominanz zu zeigen, um wieder zu einer ganzheitlichen Person zu werden. Für unsere Kinder ist dies meist eine schwierige Erfahrung, aber auch für uns selbst, wenn wir uns vorgenommen haben, unsere eigenen Kinder nicht der Wut auszusetzen, die wir als Kind selbst erfahren haben.

Ich rede hier nicht über verbale oder körperliche Gewalt, die auf einer grundlegenden Ungleichverteilung der Macht und Kontrolle zwischen zwei Partnern oder zwischen Eltern und Kind beruht. Hier geht es vielmehr um den ungewollten und unerwünschten Ausdruck von Wut und Aggression – losbrüllen aus heiterem Himmel, ein zerschmettertes Glas, eine Hand, die am kindlichen Arm zerrt, ein Elternteil, der ein Kind gröber aufnimmt, als nötig gewesen wäre. Solche Verhaltensweisen schockieren uns selbst manchmal genauso stark wie unsere Kinder. Doch es gibt enorme Unterschiede. Viele rücksichtsvolle und überlegte Eltern tun unter extremem Druck manchmal etwas, das emotionaler oder körperlicher Gewalt gleichkommt. Der Unterschied besteht darin, wie wir solche Momente wahrnehmen: als dringlichen Anstoß für echte Veränderungen oder als das »gute Recht« der Eltern? Der Teufelskreis des Missbrauchs in Familien ist schwer zu durchbrechen ohne die Hilfe und den Rat von Spezialisten – aber er lässt sich durchbrechen. Schwingt die Menschenfresserin öfter die Keule, als Ihnen lieb ist, ist es vielleicht wirklich an der Zeit, professionellen Rat zu suchen, damit die Menschenfresserin sich äußern kann, ohne jemanden emotional oder gar körperlich zu verletzen.

Sie kann andere Menschen ausschließen und sie zu Tode erschrecken. Doch wenn wir uns mit ihr anfreunden können, hat sie nützliche Informationen darüber, wie wir zu den Machtverhältnissen in unseren Beziehungen stehen und wie wir selbst Aggression empfinden. Sie kann uns auch zeigen, wie wir unseren Ärger auf gesunde Weise ausdrücken können.

Häufig verdeckt die Menschenfresserin nur die ohnmächtigen Teile unseres Ichs und fühlt sich selbst zutiefst verwundbar. Was uns zum nächsten Punkt führt.

DIE VERWUNDETE SEELE

Viele kennen diesen Persönlichkeitstyp, der stets tief verwundet wirkt und sich in die Opferrolle gedrängt fühlt. Man erkennt ihn an Äußerungen wie: »Es ist alles so schrecklich.« Und: »Was soll das denn helfen?« Oder ganz ruhig: »Ich gebe auf.«

Können Sie mit dieser Beschreibung etwas anfangen? Wie sieht die verwundete Seele in Ihrer Brust aus? Wie hört sie sich an? Welche Kleidung trägt sie? Welche Farben ordnen Sie dieser Figur zu?

Die verwundete Seele bildet sich heraus, wenn wir keine Alternativen mehr sehen. Im Fall einer akuten Bedrohung entspricht dies dem »totalen Zusammenbruch«. Wir lassen uns zu Boden fallen, weil wir keinen Fluchtweg mehr sehen und ein Kampf aussichtlos erscheint. Von außen machen wir den Eindruck, als würden wir immer noch funktionieren, aber das ist nur Fassade, denn in Wirklichkeit ziehen wir uns völlig zurück.

Wie die Menschenfresserin entsteht die verwundete Seele aus dem Gefühl der Hilflosigkeit und Ohnmacht. Dieses Gefühl kann von den Eltern kommen, aber es ist auch häufig das Produkt gesellschaftlicher Ungleichheit. Kinderarmut zum Beispiel führt bei Jugendlichen und Erwachsenen zu erlernter Hilflosigkeit. Die vielen sozialen und materiellen Belastungen, denen benachteiligte Kinder ausgesetzt sind, beeinflussen ihr Gefühl von Wirkmächtigkeit und Kontrolle.

DER FLOATER (DER / DIE ENTSCHWEBENDE)

Ein letzter Figurentyp ist der Floater, der nicht mit dem Liebenden verwechselt werden darf. Letztgenannter nämlich ist zwar nachgiebig, aber präsent. Der Floater hingegen betritt die Bühne, wenn wir uns aus einer Situation ausklinken wollen – mit dem Erstarrungsreflex. Wenn diese Figur übernimmt, koppeln wir uns von der Welt und von uns selbst ab. Dieses Verhalten nennt man auch Dissoziation.

Die Dissoziation ist meist Folge von akuten traumatischen Erlebnissen. Es handelt sich um eine Strategie, die wir einsetzen, um schreckliche Erfahrungen zu überleben. Wir ziehen uns dafür in eine andere Ecke des eigenen Geistes zurück. Wir lernen zu dissoziieren, wenn wir als Kinder mit schwierigen Beziehungserfahrungen konfrontiert sind: entweder durch eindeutig traumatische Erfahrungen durch die Hand einer Bezugsperson (das »Verratstrauma«) oder durch das »stillere« Trauma, wenn die Bezugsperson uns nicht verlässlich und angemessen versorgt. Häufig merken wir nicht, wenn wir den Floater zu Hilfe holen. Wenn man uns zum Ja-Sagen erzogen hat, dann hat unser Floater viel zu tun. Wenn unsere Bezugspersonen unsere Persönlichkeit nicht gesehen und verstanden haben, fällt es uns auch selbst schwer, uns in Gänze zu erkennen. Aber wir entschweben auch aus anderen Gründen, zum Beispiel wenn wir besonders sensibel auf sensorische Informationen reagieren oder in beengten Verhältnissen aufwachsen, wo wir uns den Raum für uns selbst nur im Kopf schaffen können. Vielleicht haben wir in unserem Leben auch wenig Zeit zum Durchatmen und klinken uns deshalb aus dem Geschehen aus.

Jeder Mensch aktiviert gelegentlich seinen Floater. Wir träumen in den Tag hinein, wenn wir eine langweilige Aufgabe vor uns haben, oder driften am Telefon ab, wenn wir müde sind. Wenn wir den Floater aber aufrufen (müssen), um unseren normalen Alltag zu bewältigen, dann stört dies die Verarbeitung unserer Erlebnisse. Dann fühlen sich unsere Selbstwahrnehmung in der Welt, unser gedanklicher Ausdruck und unsere Erinnerungen irgendwie zersplittert an. Das ist so, als würden Sie im Laufe des Tages immer wieder die gleiche Erfahrung machen, die die meisten von uns manchmal als Beifahrerinnen bei langen Autofahren erleben: Wir gucken in die Landschaft, und plötzlich merken wir, dass wir gut 50 Kilometer zurückgelegt haben.

Haben Sie eine Floaterpersönlichkeit in Ihrer Besetzung? Wie sieht er oder sie aus? Vielleicht besitzt er gar keine wirkliche Gestalt, sondern gleicht eher einem Nebel, der sich über Ihren Geist senkt. Wie klingt der Floater bei Ihnen?

Als Eltern floaten wir vergleichsweise häufig. Das ist eine Möglichkeit, die langweiligeren alltäglichen Aufgaben zu bewältigen. Weil wir nicht genug Schlaf bekommen oder nicht zum hundertsten Mal eine Disney- oder Marvelfigur spielen wollen. Vor allem in den ersten Jahren des Elternseins bietet das Floating die Möglichkeit, uns auf diesen träumerischen Zustand einzustellen. Wenn wir uns aber regelmäßig ausklinken, kann es sein, dass wir es übersehen, wenn unser Kind unsere Aufmerksamkeit braucht.

Wie die Figuren zusammenspielen

Vielleicht fallen Ihnen jetzt noch weitere Charaktere ein, die sich zu Ihnen gesellen. Vielleicht haben Sie ein Geschwister-Ich, oder es meldet sich Ihr Urlaubs-Ich, Ihr Ich in der Arbeit, Ihr Ich als Japanerin oder als Autist oder als Rollstuhlfahrerin. Oder Sie zählen zu Ihrer Besetzung wichtige Charaktere, die mit Ihrem Glauben zu tun haben, mit Ihrer Gesundheit oder Kultur, Ihrer Gemeinschaft und Ethnie, mit Ihrer körperlichen Erscheinung.

Und dann ist da noch Ihre Führungsgestalt, eine Art idealisierter Elternrolle, die entweder zu einem der oben beschriebenen Charaktere gehört, mehrere Figuren in sich vereint oder eine ganz andere Figur ist.

- Wie ist es Ihnen mit der Lektüre dieser Figurenschilderungen ergangen? Gibt es welche, die Sie auf Anhieb erkannt haben? Andere, in denen Sie sich wiedererkennen, auch wenn Sie bis jetzt nichts von ihrer Existenz gewusst haben? Oder Figuren, über die wir noch nicht gesprochen haben?
- Wo zeigen sich diese Charaktere in Ihrem Leben?
- Wo spüren Sie sie im Körper?
- Setzen Sie die Figuren zu unterschiedlichen Gelegenheiten ein?
- Gibt es Charaktere, denen Sie lieber aus dem Weg gehen?
- Kennen sich die Figuren untereinander?

Das Wichtigste, was Sie über diese Figuren wissen müssen: Sie sind keine *ganzen* Menschen. Jede dieser Gestalten mag ein Teil von Ihnen sein, aber sie machen nicht Ihre ganze Person aus, auch wenn sich das gelegentlich so anfühlt. Von manchen wünschen Sie sich vielleicht, dass sie nicht da wären, während andere Ihnen so lieb sind, dass Sie sie gerne ständig um sich hätten. Letztlich aber sind wir all diese Personen, die auf unterschiedlichste Weise zusammenarbeiten. Dazu kommen noch die verletzlicheren kindlichen Anteile, die wir in den vorherigen Kapiteln kennengelernt haben, und viele andere Faktoren – unsere Beziehungen im Hier und Jetzt, unser Auftreten in der Vergangenheit, unsere heutigen Bedürfnisse.

Wie wäre es, wenn diese Gestalten eine Stimme bekämen? Damit sie sagen können, was ihnen wichtig ist und warum sie glauben, da sein zu müssen? Auch, um sich gegenseitig sehen zu können und die Vorzüge zu begreifen, die jede dieser Figuren mit sich bringt? Denn häufig wissen diese Charaktere untereinander nichts von der Existenz des jeweils anderen. Dann wieder tun sie sich zusammen und kooperieren. Wie die Liebende und der Kritiker, die zusammen sanfte Erziehungsstrategien aushecken und uns drängen, endlich perfekte Eltern zu werden. Oder der Sorgenvolle und die Kriegerin, die für unsere Kinder ein sichereres Umfeld schaffen wollen.

Eines der wichtigsten Therapieziele ist es, diese unterschiedlichen Figuren an einen Tisch zu bringen, damit wir sie integrieren und uns als Person ganz fühlen können. Dann wissen wir nämlich, warum wir etwas tun und wer uns dabei beeinflusst.

Und was hat das nun mit unseren Kindern zu tun?

Diese Charaktere melden sich auch im Umgang mit unseren Kindern, genau wie in unseren sonstigen Beziehungen. Der Floater übernimmt, wenn Sie zum hundertsten Mal dasselbe Kinderbuch vorlesen sollen. Die Kriegerin bricht hervor, wenn ein anderes Kind wieder mal Ihrem Kleinen das Spielzeug wegnimmt.

Manchmal übertragen wir diese Figuren auf unsere Kinder. Das mag daran liegen, dass wir die eine oder andere von unseren Figuren nicht leiden können, zum Beispiel die Menschenfresserin. Vielleicht wollen wir perfekte Eltern sein, die nichts aus der Ruhe bringt. Wenn unser Kind dabei aber nicht mitspielen will – weil es uns beispielsweise erklärt, dass es nicht essen mag, was wir mit viel Liebe gekocht haben, oder weil es uns entgegenbrüllt, dass es uns hasst –, dann spüren wir Ärger in uns aufsteigen. Aber diesen Ärger »übertragen« wir dann aufs Kind, sodass es in unseren Augen zur Menschenfresserin wird – oder vielmehr zu einem undankbaren kleinen Biest. Oder wir wollen unbedingt ein perfektes Kind haben, also »übertragen« wir den Liebenden auf unseren Sohn und sehen nur seine lieben, unschuldigen und großartigen Anteile, während wir die komplizierteren, nervigen und herausfordernden Züge übersehen.

Wenn wir unsere Persönlichkeitsanteile wirklich gut kennen, dann brauchen wir solche Übertragungen nicht mehr. Weil wir unser Kind sehen können, wie es ist – und auch seinen Charakter besser verstehen.

- Spricht das eben Gesagte Sie in irgendeiner Form an? Haben Sie schon erlebt, dass Ihr Kind in Ihren Augen eine dieser Figuren »übernommen« hat?
- Wie haben Sie das empfunden?
- Wie fühlt es sich an, wenn Sie das jetzt bemerken?
- Gibt es bestimmte Charaktere, die Sie gern in Ihrem Kind sehen würden?
- Gibt es Figuren, die Ihr Kind bei Ihnen wachruft?
- Wenn Sie mehrere Kinder haben: Bringen Ihre Kinder jeweils unterschiedliche Gestalten bei Ihnen zum Vorschein? Warum ist das so?
- Haben Sie Figuren, die Ihr Kind bei Ihnen kennt, die Sie aber nicht mögen? Wie empfinden Sie es, dass Ihr Kind diese Gestalten sieht? Wozu glauben Sie, ist diese Figur bei Ihnen da? Wie stehen Sie zu ihr? Was kann sie Ihnen bieten?
- Wenn Sie über solche Fragen mit Ihrem Partner oder Ihrem Co-Elternteil reden: Fallen Ihnen diese Figuren auch in der Interaktion Ihres Partners / Co-Elternteils mit den Kindern auf? Sie könnten gemeinsam darüber sprechen, wie diese Figuren Ihr Familienleben prägen.

Wo stehen Sie jetzt?

Nun kennen wir also Ihre Anteile. Na ja, vielleicht nicht alle, aber einige wesentliche. Sie haben einen intensiven Weg hinter sich gebracht.

Wie fühlen Sie sich jetzt? Ich weiß, es ist kompliziert. Vielleicht schwirrt Ihnen der Kopf. Aber wenn wir Ihre Anteile dazu bringen, uns dabeizu helfen, Ihr Elternsein besser zu verstehen, dann wird der Alltag einfacher. Wenn Sie für Ihr Kind Verständnis zeigen, tritt vielleicht die verwundete Seele hervor und erinnert Sie daran, dass Sie selbst nie Verständnis zu erwarten hatten. Und dann können Sie hinhören, was dieser Teil Ihrer selbst *im Moment* braucht. Vielleicht Verständnis dafür, was Sie in der Vergangenheit erlebt haben. Oder Mitgefühl für das, was Sie nicht bekommen haben. Stolz, dass Sie jetzt versuchen, Ihrem Kind oder Ihren Kindern eine andere Erfahrung zu ermöglichen.

Oder wenn sich Ihr Elterndasein einmal nicht so gestaltet, wie Sie sich das vorgestellt hatten, und Ihr innerer Kritiker sie deswegen beschimpft, dann merken Sie vielleicht, was Sie in dieser Situation tun möchten, was Sie denken und fühlen. Wie beeinflusst Sie diese kritische Stimme? Unter Umständen können Sie dann innehalten und sich fragen: »Warum glaube ich dem Kritiker? Welche Geschichten kennt und erzählt er? Was kostet es mich, ihm zu glauben? Was glaubt der Kritiker, würde passieren, wenn ich mich netter verhalten würde?«

Wenn wir diese verschiedenen Charaktere einfach schalten und walten lassen, verlieren wir das Gefühl, ein ganzer Mensch zu sein. Dann fällt es uns schwerer, andere in ihrer Gesamtheit wahrzunehmen. Doch schon das Wissen, dass es diese Charaktere gibt und dass wir neugierig sein können, was sie zu erzählen haben, hilft uns, einigen ihrer Geschichten ein Update zu verpassen.

Wie sich die Dinge wandeln – ohne dass wir es bemerken

Wenn wir uns mit diesen verschiedenen Figuren vertraut machen, merken wir oft erst im Nachhinein, dass sie da waren. Dann sind wir vielleicht ein bisschen frustriert und haben das Gefühl, dass sie einfach auftauchen, obwohl wir sie gar nicht gerufen haben. Und dass wir es nicht auf die Reihe bekommen, sie an die Leine zu nehmen. Aber wenn wir neugierig bleiben und voller Mitgefühl und wenn wir akzeptieren können, warum diese Gestalten überhaupt existieren, dann fangen sie an, sich zu verändern, und wir erfahren mehr darüber, wer wir hinter den Mauern sind, die wir errichtet haben. Der nächste Schritt besteht darin, dass wir unsere Figuren bemerken, sobald sie auftauchen. Wir nehmen die Rolle des Beobachters ein und können bewusster entscheiden, wie wir reagieren wollen. Und mit einem Mal tun sich unsere Figuren zusammen, und wir können einen Teil der Mauern schleifen, weil wir ein sicheres Gefühl dafür haben, wer wir sind, wenn wir nicht in diese Rollen verfallen.

Der ganze Prozess kann frustrierend sein, und häufig brennt den Menschen die Frage, wer sie denn wirklich sind, auf den Nägeln. Wie bereits gesagt: Manchmal identifizieren wir uns massiv mit einer dieser Figuren und wollen nur noch so handeln wie sie. Aber wenn wir anfangen, das ganze Knäuel zu entwirren, sehen wir, dass sich noch ganz andere Persönlichkeitsanteile in uns verstecken, die wir vielleicht kennenlernen möchten. Was das Ganze noch komplizierter macht, ist die Tatsache, dass andere Menschen noch nie einen Blick hinter unsere Mauern gewagt haben. Das betrifft unsere Beziehungen zu Hause, mit Freunden und bei der Arbeit. Ganz schön was los hier!

Wo fangen wir nur an?

Trauern

Sofern nicht ohnehin schon geschehen: Wie wäre es, wenn Sie tief einatmen und dann mit einem Seufzen lange ausatmen? Und noch mal bitte! Und noch mal, und vielleicht noch ein viertes Mal. Bis sich in Ihrem Körper ein Gefühl der Ruhe einstellt. Schütteln Sie sich durch, gähnen Sie, strecken Sie sich, wenn Sie möchten. Sie haben einiges geschafft!

Vielleicht fühlen Sie sich erleichtert, befreit und klarer im Kopf, weil Sie nun wissen, was Sie mitbringen. Vielleicht haben Sie einige Mauern etwas niedriger gemacht. Oder Sie sind aufgrund der vergangenen Kapitel zutiefst aufgewühlt. Möglicherweise haben sich schwierige Erinnerungen eingestellt. Es kann schmerzlich sein, sich anzusehen, wie wir gelernt haben, uns zu schützen.

Verspüren Sie Trauer, dann lassen Sie diese da sein. Ist es Wut, dann lassen Sie auch diese zu. Wir verteilen keine Schuldzuweisungen, sondern gehen davon aus, dass jeder Mensch aus dem, was ihm zugeteilt wurde, das Beste gemacht hat. Und es kann sein, dass das »Beste« für Sie nicht genug war.

Vielleicht meldet sich auch Schmerz: wegen Ihrer Persönlichkeitsanteile, die Sie so lange verborgen haben; wegen der Liebe, die Sie nicht bekommen haben; wegen der Chancen, die Sie versäumt haben; wegen des familiären Erbes, das Sie übernehmen mussten, weil Sie keine Wahl hatten. Manchmal müssen wir trauern um jene Anteile von uns, die nicht bekommen haben, was sie gebraucht hätten. Trauern, damit wir in der Gegenwart ankommen können. Ist dies bei Ihnen der Fall, dann ist die Frage, wie Sie dem Raum geben können. Überlegen Sie, wie Sie sich fühlen. Wenn nötig, reden Sie mit jemandem darüber.

Erlauben Sie sich die Trauer um das, was hätte sein können. Dann erst können Sie nach vorn schauen, auf das, was auf Sie zukommen wird.

Sind Sie erschöpft, dann gönnen Sie sich eine Atempause. Lassen Sie zu, dass sich alles eine Weile setzen muss. Vielleicht lernen Sie in den kommenden Tagen noch mehr solcher Charaktere kennen, die Ihnen Aufschluss geben, wie sie in Ihrem Leben agieren. Ein wenig Verwirrung ist erlaubt. Sie haben schließlich einiges hinter sich gebracht. Also nehmen Sie sich Zeit. Schreiben Sie auf, was Ihnen aufgefallen ist. Reden Sie mit jemandem. Reden Sie mit vielen Menschen. Vergessen Sie nicht: Sie haben ein ordentliches Stück Arbeit geleistet, indem Sie mit mir diese Pfade beschritten haben.

Kurzer Check, bevor es weitergeht:

1. Wie fühlen Sie sich? (Wie hoch ist Ihre Herzfrequenz? Wie hoch Ihr Energiepegel? Wie fühlt sich Ihr Körper an? Wie erleben Sie Ihre Emotionen? Sind Sie ängstlich, angespannt, neugierig oder sonst etwas?)
2. Was haben Sie aus Teil II mitgenommen? (Denken Sie an Informationen, Ideen, Erinnerungen, Gefühle.)
3. Wenn Sie sich aus diesen Kapiteln eine Information aussuchen dürften: Woran würden Sie sich auf jeden Fall erinnern wollen?

III

Die anderen Menschen in Ihrer Geschichte

8

Partner, die die Elternrolle übernehmen

Die größte Lüge, die je über die Liebe erzählt wurde, ist, dass sie frei macht.

Zadie Smith

Wir leben nicht in einem Vakuum, auch wenn es sich manchmal so anfühlt. Nicht nur unsere Geschichten beeinflussen uns, sondern auch die Menschen, mit denen wir verbunden sind, und die Umgebung, in der wir leben. Das können Dinge sein, mit denen wir direkt in Berührung stehen – wie mit der staatlichen Familienförderung, dem Direktor an der Schule unserer Kinder oder der Anzahl der Spielplätze in unserem Viertel. Aber damit ist es nicht getan. Auch historische und gesellschaftliche Prozesse und Bewegungen wirken auf uns ein: eine globale Pandemie, #MeToo, der Brexit, #BlackLivesMatter, die höchstrichterliche Erlaubnis zum Verbot von Schwangerschaftsabbrüchen in den USA, eine globale Rezession oder der Klimawandel. Und da all diese Faktoren unser Elterndasein beeinflussen, beeinflussen sie auch unsere Kinder.

Das vergessen wir häufig, wenn wir über Elternschaft reden. Wir nehmen nur die Rolle der Eltern im Leben des Kindes in den Blick und vergessen dabei, dass Kinder in ein Netzwerk hineingeboren werden, das aus vielen verschiedenen Menschen besteht. Ein Teil ihrer Entwicklung besteht darin, herauszufinden, wie sie als Teil dieses Netzwerks leben können. Auch wir fragen uns oft nur, was wir als Eltern tun, und viel zu selten, was in unserem Leben sonst so geschieht und wie sich das auf unsere Gefühle, unsere Elternschaft und unsere Entscheidungen auswirkt.

Einer der wichtigsten Einflussfaktoren ist die Frage, mit wem Sie Ihr Kind beziehungsweise Ihre Kinder großziehen. Wo in all den Geschichten über die Liebe ist der Teil versteckt, bei der die Liebe an ihre Grenzen kommt, weil die Partner sich um vier Uhr morgens verzweifelt ansehen, weil das Kind schreit und jeder sich vom anderen wünscht, dass er oder sie verdammt noch mal endlich was dagegen tut. Oder die Geschichte, bei der die Liebe auf der Strecke bleibt, weil man den Partner ungläubig und mit aufsteigender Wut anschaut, der tief und fest schläft, obwohl das Kind wie am Spieß brüllt …

Wenn wir über Kindererziehung reden, dann meinen wir meist die Konstellation Mutter-Kind. Es geht nur selten um Paare, die ihre Kinder gemeinsam erziehen, und kaum je um Väter, Partner oder Co-Eltern. Auch Alleinerziehende bleiben leider immer wieder unter dem Radar. In Großbritannien werden Kinder meist von gemischt- oder gleichgeschlechtlichen Paaren großgezogen. Die Anzahl der Alleinerziehenden nimmt zwar zu, doch es gibt auch immer mehr Patchworkfamilien, weil Alleinerziehende neue Partner finden. Familien verändern sich mit der Zeit. Daher kann es gut sein, dass Kinder im Laufe ihres Lebens von zwei Elternteilen, von einem Elternteil allein, sowie von Groß- oder Stiefeltern erzogen werden.

Wir müssen also unsere Eltern-Landkarte mit denen anderer Leute kompatibel machen. Das kann zu einer Menge Spannungen führen, denn vielleicht würden andere Menschen eine ganz andere Richtung einschlagen als wir.

Wenn Sie im Moment gemeinsam mit einer anderen Person Kinder erziehen, sollten Sie dieses Buch vielleicht zusammen mit diesem Menschen durcharbeiten (wenn Sie das nicht ohnehin schon tun). Was mir in Gesprächen mit Eltern immer wieder begegnet, vor allem, wenn es sich um erziehende Paare handelt, ist, dass ein Partner seine Landkarte studiert, sich Führungsgestalten, mit denen er unbekannte Regionen erkunden kann, an seine Seite holt und dann den anderen Partner einlädt, das ebenfalls zu tun. Die Reaktion: »Ich brauche keine Landkarte. Ich weiß schon, was zu tun ist.« Oder: »Ich habe meine eigene Landkarte. Du richtest dich am besten auch danach.« Manchmal kann man auch hören: »Eine Landkarte? Ich habe keine Landkarte.« Dahinter steht manchmal die Angst davor, was passieren könnte, wenn man seine Landkarte hervorholt. Oder: »Was wirst du von mir denken, wenn ich zugebe, dass ich auch keine Ahnung habe?«

In der Folge schlagen beide Partner getrennte Wege ein, und es kommt zu diversen Problemen.

Dies führt in einen Teufelskreis, weil nun beide Bezugspersonen versuchen, zu beweisen, dass sein/ihr Weg der richtige ist, statt sich als Familie zusammenzutun und sich gemeinsam auf die Reise zu begeben.

Einige von uns müssen noch mehr Hindernisse überwinden, bevor sie sich auf diese Art der Reflexion einlassen können. Möglicherweise ist Ihnen schon im Voraus bewusst, dass es schwierig werden könnte, Ihren Partner oder Co-Elternteil zur gemeinsamen Lektüre einzuladen, und das ist Ihnen im Moment definitiv zu viel. Aber wenn Sie glauben, dass er oder sie sich darauf einlassen wird, dann wäre es sicherlich eine gute Idee, an dieser Stelle darüber zu reden und den Rest der Reise gemeinsam zu unternehmen. Denn der Partner oder die Partnerin kann die ersten Kapitel noch mal allein durchgehen. Auch für Sie als Paar ist es sehr hilfreich, wenn Sie diese Dinge voneinander wissen, um sich gegenseitig besser zu verstehen.

Ich weiß, wie schwierig solche Gespräche sein können. Vielleicht möchten Sie Ihrem Partner / Ihrer Partnerin diesen kurzen Abschnitt zeigen:

> Hallo, ich bin Dr. Emma Svanberg. Ich bin klinische Psychologin und arbeite mit künftigen Eltern, Eltern und Erziehungsberechtigten zusammen. Ich fände es großartig, wenn Sie dieses Buch lesen würden.
> Wir nehmen ja immer an, das Elternsein sei uns (vor allem den Frauen) in die Wiege gelegt worden. Tatsächlich aber ist Kindererziehung eine Fähigkeit, die wir erlernen müssen wie viele andere auch. Manchen Menschen werden diese Fähigkeiten von den eigenen Eltern vermittelt – andere hingegen müssen sie bewusst erlernen (und auch vieles verlernen). Dazu kommt noch, dass jedes Kind einzigartig ist. Daher ist es nötig, dass Sie Ihr Kind kennenlernen, um ihm geben zu können, was es braucht. Und zu diesem Zweck ist es nützlich, uns selbst kennenzulernen, zu wissen, wie wir reagieren, damit wir verstehen, wie unsere Kinder so sind.
> Wenn wir uns darauf einlassen, merken wir meist, dass es das Elterndasein sehr viel einfacher macht. Einfacher für uns Eltern, einfacher für uns als Menschen, die nicht nur Eltern sind, und einfacher für unsere Kinder. Was im Normalfall zu mehr Harmonie zu Hause führt. Das funktioniert am besten, wenn wir diese Lernschritte gemeinsam als elterliche Einheit vollziehen, damit wir auf einer Ebene unterwegs sind und nicht anfangen, uns zu streiten, während unser Kind gerade mitten in einer Krise steckt. Stellen Sie sich das vor, als würden

Sie mit Bauklötzchen ein Haus bauen. Je mehr Sie sich einig sind, was Ihre elterlichen Ziele und Werte angeht, desto mehr Fähigkeiten haben Sie zur Verfügung, und desto einheitlicher agieren Sie als Elternteam – Sie können so Ihrem Kind ein solides Fundament mitgeben, mit dem es sich besser entwickeln wird, während Sie selbst mehr Spaß am Elternsein haben. Und vielleicht auch an Ihren anderen Beziehungen (inklusive der zu Ihnen selbst).

Wenn Sie Ihre Kinder allein erziehen oder wissen, dass Ihr Partner beziehungsweise Co-Elternteil im Moment keinen Kopf für diese Dinge hat, dann kann alles, was nun folgt, Ihnen helfen, auch dafür ein wenig mehr Verständnis zu entwickeln.

Vielleicht lesen Sie diese Worte auch und finden, dass Sie ein solches Gespräch mit Ihrem Partner niemals führen könnten, weil Sie Angst haben, was er oder sie dazu sagen würde. Wenn Sie mit Übergriffen zu kämpfen haben – mit körperlicher Gewalt, emotionalem Missbrauch, zwanghafter Kontrolle (auch finanzieller Natur) –, dann sind solche Gespräche tatsächlich nicht sicher, und Sie sollten sie nicht führen. Trifft dies auf Sie zu, dann überlegen Sie sich, ob Sie professionelle Hilfe bei Therapeuten oder entsprechenden Organisationen bekommen können, damit Ihr Leben wieder sicherer wird. Sprechen Sie über Ihre Probleme und Sorgen!

Wie Sie Ihre Landkarten zusammenbringen

Auf den nächsten Seiten werden wir sehen, dass es für ein Paar schwierig sein kann, die elterlichen Landkarten aufeinander abzustimmen. Natürlich ist das von Paar zu Paar verschieden, doch es gibt Themen, von denen ich in meiner therapeutischen Praxis quasi täglich höre. Ich hoffe, dass die Auseinandersetzung damit auch für Sie und das, was in Ihren vier Wänden passiert, sinnvoll ist. Denn häufig glauben wir, mit unseren Paarkonflikten ganz allein dazustehen. Und wir bemühen uns so sehr, nach außen hin ein vollkommenes Familienleben zu präsentieren, dass wir über unsere Probleme mit niemandem sprechen. Würden wir das tun, würden wir schnell merken, wie verbreitet diese Schwierigkeiten sind.

Stellen Sie sich vor, Sie beide breiten Ihre jeweiligen Landkarten auf dem Tisch aus. Wie Sie sehen, klafft dazwischen eine große Lücke.

Diesen Zwischenraum könnte man bezeichnen als »imaginäres Familienleben versus Wirklichkeit«. Und die Kluft kann so breit sein wie der Grand Canyon. Also nennen wir sie den Paar-Canyon, wenn Ihnen das nicht zu melodramatisch ist. Sie können über diesen Abgrund Brücken bauen, aber Sie werden feststellen, dass darunter Trolle hausen, die Ihnen mit Gebrüll entgegenspringen, wenn Sie versuchen, über die Brücke zu gehen. Diese Trolle könnten beispielsweise zetern: »Das ist einfach nicht fair!« Und: »Du kannst gar nicht müde sein, ich bin viel müder.« Oder: »Du hast ja keine Ahnung.« Dann gibt es da noch: »Die Fahrt zur Arbeit ist ja wie Urlaub im Vergleich zu dem, was ich hier zu Hause mitmache.« Und: »Ich begreife einfach nicht, wieso das ganze Haus ein einziges Chaos ist, wenn ich abends nach Hause komme. Du warst doch den ganzen Tag daheim.« Außerdem ist da: »Wenn du so mit unserem Kind redest, trägt es einen Schaden fürs ganze Leben davon.« Und: »Mein Gott, dann mache ich das eben.« Manchmal schreit der Troll gar nicht, sondern starrt Sie nur so wütend an, dass Sie freiwillig weglaufen.

Wenn in der Paarbeziehung Probleme auftauchen, richten wir den Blick meist auf unser Gegenüber und wünschen uns, er wäre anders. Wenn er nur ruhiger wäre, toleranter, nicht so nörgelig, sondern verständnisvoller, wenn er uns weniger Druck machen und aufhören würde, sich in alles einzumischen, wenn er nur in netterem Ton mit uns reden würde oder seine Gefühle zeigen könnte, dann, ja dann wäre alles in Ordnung. In solchen Fällen ist es hilfreich, sich klarzumachen, dass niemals nur ein Partner verantwortlich ist. Das eigentliche Problem ist der Troll. Wenn Sie sich gemeinsam an die Arbeit machen, eine starke Brücke zu bauen, dann ist Ihre Beziehung trollsicher.

Vielleicht versuchen Sie ja, einen guten Weg zu finden, der Sie zueinander bringt. Was aber den Brückenbau erschwert, ist die Tatsache, dass die Landschaft plötzlich anfangen kann, sich zu verändern, dass der Canyon breiter wird. Das imaginäre Familienleben ändert sich, weil sich die Welt ändert und mit ihr Dinge wie Geschlechterrollen und -erwartungen, Kindererziehung und Arbeitsbelastung. Elternpaaren passiert es immer wieder, dass sie denken, endlich festen Boden unter den Füßen zu haben, nur um dann festzustellen, dass die Erde unter ihnen bebt.

Eltern werden

Nun möchte ich, dass Sie sich vorstellen, wie Sie auf der einen Seite des Canyons stehen – am Rand Ihrer Landkarte – und Ihr Partner beziehungsweise Ihre Partnerin auf der anderen Seite, ebenfalls am Rand seiner/ihrer Karte. Sie sehen, wie weit Sie im Moment voneinander entfernt sind. Und Sie erkennen auch Teile der Brücke, die Sie gemeinsam bereits errichtet haben.

Zuerst überlegen wir uns, warum sich diese Kluft überhaupt gebildet hat. Tatsächlich könnte sie immer schon da gewesen sein.

Das Schwierigste für Eltern ist meist, dass diese Veränderungen im Leben ein Schlaglicht auf all jene Bereiche im Paarleben werfen, die akzeptabel sind, solange keine Belastungen auftreten. Die meisten Paare sehen nach dem ersten Jahr als Eltern, dass sie den Sturm nun überstanden haben und die Veränderung sie gestärkt hat. Aber wenn der Weg in die gemeinsame Elternschaft bereits vorhandene Probleme verschärft oder neue aufgedeckt hat, dann bleiben wir häufig in Konflikten stecken, die nur schwer zu lösen sind.

Gemeinsam Eltern zu werden, heißt nicht nur, dass Sie jetzt ein Kind haben. Sie müssen darüber hinaus zwei möglicherweise sehr unterschiedliche Wertesysteme unter einen Hut bringen und gemeinsame Familienwerte festlegen. Das ist an sich schon schwierig genug – und wird noch schwieriger, wenn wir außerdem noch andere Brücken errichten müssen, die mit Ethnie, Politik, Klasse, Kultur oder dem sozio-ökonomischen Hintergrund zu tun haben.

Eltern zu werden, verändert uns als Menschen. Wenn wir unsere Kinder erziehen, müssen wir uns mit den Dingen auseinandersetzen, um die es in Teil I ging. Häufig merken wir auch, dass sich unsere Erwartungen an die Partnerschaft verändert haben. Und damit verändert sich möglicherweise auch, was wir unseren Kindern mitgeben möchten (und das kann etwas anderes sein als das, was wir vor der Geburt dachten).

Fangen wir am Anfang an. Bei dem Moment, in dem Sie zum Paar geworden sind. Mit dem, was Sie sich für sich gewünscht haben. Wenn Sie einen Blick auf Ihre jeweiligen Karten werfen, dann sehen Sie vielleicht einen kleinen Amor in der Ecke, der Pfeile auf Sie herabregnen lässt. An denen hängen kleine Schildchen mit den Vorstellungen, die Sie sich über die Liebe und Partnerschaft gemacht haben. Zum Beispiel: »Glückliche Paare lieben alles aneinander.« Oder: »Ich darf keinesfalls die Beziehungsmuster meiner Eltern wiederholen.« Und: »Alles, was ich aus romantischen Komödien aus den Neunzigern gelernt habe.« Sehr häufig auch: »Regeln zum Thema Dating und Beziehungen, die ich als Teenie irgendwo aufgeschnappt habe und die jetzt fest in meinem Unbewussten verankert sind.«

Und im Grunde gilt hier dasselbe, was für uns als Individuum galt: Je besser wir verstehen, wie wir als Paar funktionieren, desto stärker wird die Brücke zwischen uns, und desto weniger Chancen haben die brüllenden Trolle im Canyon.

Die eingestürzte Brücke

Die erwähnten Ideen und Geschichten über die Liebe, die man uns in der Jugend erzählt hat, sind unter anderem dafür verantwortlich, dass wir sehr genaue Vorstellungen von unserer Paarbeziehung haben. Das kann auch mit den Tänzen zu tun haben, die wir in Kapitel 6 kennengelernt haben. Und weil die Liebe eine machtvolle Angelegenheit ist, überprüfen wir immer wieder, ob wir diese Ideale auch wirklich leben. Wir betrachten unseren Partner durch eine Brille, die uns jene Liebesgeschichte sehen lässt, die wir für unser Schicksal halten. Und so handeln wir auch entsprechend dieser Geschichte. (Auch wenn in unserem Inneren Figuren existieren, die sich Sorgen machen, wie die Geschichte ausgehen wird, die das Gefühl haben, dass man sie mundtot gemacht hat, und die uns verteidigen wollen.)

Am Anfang die Storys, die zum Bau der Brücke beigetragen haben, bevor wir Kinder bekommen haben. Diese Brücke ist wie ein mit unsichtbarer Tinte (denn diese Übereinkünfte werden gewöhnlich stillschweigend vereinbart) geschriebener Vertrag zwischen Ihnen beiden, in dem Ihre gegenseitigen Erwartungen festgelegt sind.

Dieser Vertrag könnte zum Beispiel so aussehen:

> »Wenn wir uns ein gemeinsames Leben aufbauen, möchte ich für dich sorgen. Wir beide haben das Gefühl, dass unsere Beziehung wichtig ist und wir sie auch immer wichtig nehmen werden. Zum Beispiel, indem wir sicherstellen, dass der Freitagabend nur uns ge-

hört. Wir kommen nach Hause, ziehen bequeme Sachen an, lassen uns was zu essen kommen und schauen gemeinsam einen Film. Wir schätzen beide unsere Familien und wollen, dass sie an unserem Leben teilhaben. Wenn also ein Elternteil anruft, dann sind wir uns einig, dass die angerufene Person dieses Telefonat entgegennimmt. Wir erwarten, dass du die Arbeit aufgibst, um Kinder zu erziehen, sobald sie da sind.«

Oder vielleicht auch so:

»Wir beide arbeiten Vollzeit, und unsere Jobs sind uns wichtig. Wir werden uns also gegenseitig in unseren beruflichen Zielen unterstützen. Freiheit und Unabhängigkeit sind uns wichtig, wir werden also nicht protestieren, wenn der andere gemeinsame Vorhaben absagt und unter der Woche viel mit Freunden oder anderen Leuten unterwegs ist. Wir sind uns einig, dass wir gegenüber den Freunden beziehungsweise der Familie des Partners keine Verpflichtungen haben. Und wir hoffen, dass Kinder unser Leben nicht allzu sehr verändern werden.«

Oder möglicherweise eher so:

»Wir wollen eine Beziehung, die wir selbst gestalten. Wir reden viel darüber, was wir uns jeweils wünschen. Es ist uns wichtig, dass wir eine gleichberechtigte Partnerschaft haben. Wir teilen unsere Verpflichtungen zu Hause und gegenüber dem Partner gerecht auf und sprechen offen darüber. Wir wollen diese Offenheit und Gleichberechtigung auch aufrechterhalten, wenn wir Kinder haben.«

Das sind nur ein paar kurze Beispiele, und natürlich werden unsere Erwartungen mit der Zeit immer nuancierter, und wir verhandeln sie, ohne dass wir das überhaupt bemerken. Das geht bei kleinen Dingen los wie zum Beispiel, wer den Müll rausbringt und wer auf welcher Seite des Bettes schläft. Aber es werden auch einschneidendere Dinge ausgehandelt, beispielsweise wie wir zur Familie und den Freunden des Partners stehen und wie wir unsere Finanzen aufteilen. Dazu kommen Dinge wie die Frage, wessen Meinung am meisten zählt und ob wir bereit sind zu tun, was die Gesellschaft von uns erwartet.

Wenn ein Kind kommt, fängt die Brücke an zu wackeln (manchmal reicht es schon, über die Option, Kinder zu haben, zu sprechen). Manchmal stürzt sie auch ein. Wir merken, dass es da eine ganze Menge unausgesprochener Dinge gibt, die wir nicht mehr ertragen wollen oder können. Oder es gibt andere Dinge, die zu Rissen im Mauerwerk führen. Dann müssen wir die Brücke verstärken, die Risse verschließen. Und das geschieht, indem wir feststellen, was in unserem Vertrag geschrieben steht.

Das Problem ist: Die meisten von uns überprüfen diesen Vertrag nicht. Weil wir müde sind und weil wir glauben, wir »müssten« über das Ganze eigentlich hinwegkommen, ohne dass wir groß darüber reden, oder weil wir gar nicht wollen, dass sich etwas ändert. Manchmal kracht die Brücke auch einfach zusammen, und jeder bleibt auf seiner Seite des Canyons stehen, ohne zu wissen, was er vom anderen erwartet. Und trotz oder gerade wegen dieses fehlenden Bewusstseins sind wir wütend, weil unsere Erwartungen nicht erfüllt werden.

Daher sollten Sie versuchen, die nachstehenden Fragen gemeinsam zu beantworten. Manchmal sind wir uns nicht einig oder unsicher, auf welchen Pfeilern unsere Brücke ruhte, was im Vertrag stand. Oder wir haben das Gefühl, dass unsere Rolle beim Brückenbau nicht gebührend gewürdigt wurde. Manchmal fühlen wir uns auch gefangen und können uns nicht vorstellen, wie eine stabile Brücke überhaupt aussehen könnte. Wenn möglich, sollten Sie einander zuhören, ohne über das Gesagte ein Urteil zu fällen oder die Sichtweise des anderen zu korrigieren. Dazu gibt es einen schönen Modus, das Zwiegespräch: Jeder Partner bekommt seine Redezeit und wird währenddessen nicht unterbrochen. Der andere hört wirklich zu und versucht, den Standpunkt des Partners zu verstehen, ohne ihn teilen oder kommentieren zu müssen. Dann wird gewechselt. Oder jeder von Ihnen schreibt auf, was ihm zu diesen Fragen einfällt, und dann reden Sie miteinander darüber. Die Unterschiede, die sich hier zeigen, helfen uns, zu verstehen, woher unsere Unstimmigkeiten kommen. Und wenn Sie nun zusammen an einer neuen Brücke arbeiten, die auf dem Leben gründet, das Sie jetzt haben, dann sind sich Ihre Landkarten schon ein Stück nähergekommen.

1. Worauf gründete Ihre gemeinsame Brücke, bevor Sie Kinder bekommen haben oder angefangen haben, über Kinder zu reden? Hier kommen Dinge ins Spiel wie Hausarbeit, Geld, Freundschaften, Familien, Sex, Geschlechterrollen und vieles andere mehr.
2. Wie klar waren die Worte auf dieser Brücke? Haben Sie je offen über Ihre Erwartungen aneinander gesprochen und über die Beziehung? Wenn ja, was hat Ihnen dabei geholfen? Wenn nicht, was hat Sie davon abgehalten? Und falls Sie das nie getan haben: Wie geht es Ihnen mit dem Gedanken, Ihre Erwartungen aneinander zu klären? (Gibt es da Geschichten, die im Weg stehen? Zum Beispiel, dass es nicht sexy oder romantisch ist, über diese Dinge zu sprechen?)
3. Wie hat sich die Brücke verändert, nachdem Sie Kinder bekommen oder über Kinder gesprochen haben? Ist sie vielleicht sogar eingestürzt?

4. Was glauben Sie besprechen zu müssen, um eine neue Brücke zu bauen oder die alte zu verstärken? (Themen könnten zum Beispiel Hausarbeit sein, Ihre verletzlichen Seiten, emotionale Erschöpfung, Druck in der Arbeit, Schwierigkeiten mit der Familie und vieles mehr.) Wenn Sie Annahmen, Erwartungen und Vorwürfe an die Oberfläche bringen, finden Sie vielleicht Lösungen, die zu Ihnen und Ihrer jetzigen Situation passen. Wichtig ist vor allem, dass Sie Elterndasein und Hausarbeit trennen. Diese beiden Punkte werden häufig in einen Topf geworfen (und das ist an sich schon eine Diskussion wert). Sie zu trennen, kann Ihnen einiges an Verwirrung ersparen.
5. Was erschwert es Ihnen, diese Erwartungen oder Annahmen zu erfüllen? Was sollte Ihr Partner Ihrer Meinung nach über Ihr jetziges Leben wissen? (Zum Beispiel, dass es aufgrund des Arbeitsdrucks für Sie im Moment zu schwierig ist, jeden Abend pünktlich zur Badezeit zu Hause zu sein, auch wenn Sie wünschten, das wäre nicht so. Oder dass Sie sich eigentlich vorgenommen haben, jeden Tag nach dem Abendessen miteinander zu reden, allerdings fühlen Sie sich am Ende des Tages immer so ausgelaugt, dass Sie das nicht schaffen. Vielleicht könnte man auf eine andere Weise eine Verbindung herstellen oder die derzeitige Situation für den Augenblick einfach akzeptieren. Vielleicht ist auch die Erwartung zu hoch, dass Sie jede Seite dieses Buches miteinander lesen, denn im Augenblick fällt Ihnen das Lesen überhaupt sehr schwer. Aber wenn das okay ist, würden Sie sich gern eine Zusammenfassung von Ihrem Partner anhören.)

Wie Sie zusammenkommen

Zu dem Druck, unter dem Paare sowieso schon stehen, kommen noch die Erwartungen hinsichtlich der individuellen Rollen in der Elternschaft. Paare gehen häufig davon aus, dass ein Partner hauptsächlich die Elternrolle übernimmt, während der andere zur Unterstützung da ist. Verstärkt wird diese Situation noch dadurch, dass ernst zu nehmende Forschung zur kindlichen Entwicklung sich meist nur mit einer Bezugsperson auseinandersetzt. Eine unübersichtliche Gemengelage aus Geschlechterrollen, Arbeit, Geld, gesellschaftlichen Erwartungen, emotionalen Empfindungen und vielen anderen Faktoren sorgt dafür, dass der eine Partner sich überfordert fühlt, weil seine Care-Anstrengungen nicht gewürdigt werden. Der andere hingegen fühlt sich ausgeschlossen und weiß nicht, was seine Rolle in der Familie ist. So klafft der Abgrund noch weiter auseinander, wobei diese Kluft dann häufig auch noch mit der unausgesprochenen Annahme verbunden ist, dass die Landkarte des jeweils anderen Elternteils weniger wichtig ist.

Kinder aber werden von beiden Elternteilen – und anderen Menschen in ihrem Leben – beeinflusst.

In Kapitel 6 ging es darum, dass Bindung nicht nur ein Tanz mit zwei Personen ist, sondern ein ganzes Netzwerk von Tänzerinnen umfasst. Ein Kind lernt von verschiedenen Menschen verschiedene Tänze, und es lernt auch, in hochkomplexen Beziehungsformationen zu tanzen. Daher wollen wir uns jetzt ansehen, wie das Wissen über die einzelnen Tänze aus Kapitel 6 beim Brückenbau in der Partnerschaft helfen kann.

Familientänze

Wir können uns vorstellen, dass der Tanz des Paares als ein Tanz für zwei beginnt. Im besten Fall investiert es Zeit und gegenseitiges Verständnis, um gemeinsam Walzer zu tanzen, auch wenn dies nicht von den Eltern vorgelebt wurde. Dabei üben wir jene Wärme, Nähe und wechselseitige Aufmerksamkeit, die uns auch später beim Elternsein helfen. Wenn wir dann Eltern werden, nehmen wir in den Walzer noch andere Menschen mit herein, sodass wir als Familie miteinander tanzen, harmonisch aufeinander abgestimmt, sodass jeder im Takt bleibt.[40]

In vielen Familien aber folgen beide Eltern (oder die jeweiligen Bezugspersonen) mit Beginn der Elternschaft wieder vermehrt ihrem eigenen Rhythmus, ohne sich mit den anderen abzustimmen. Je öfter dies passiert, umso mehr Risse bekommt die Brücke.

So kann es vorkommen, dass ein Partner den anderen eng an sich zu ziehen versucht, der andere aber flüchtet. Oder dass beide Partner sich aneinanderklammern, Wange an Wange tanzen und dabei riskieren, das Gleichgewicht zu verlieren und von der Brücke zu stürzen. Vielleicht tanzt auch jeder auf seiner Seite der Brücke oder noch weiter drinnen in seiner Landkarte, sodass der Tanzpartner ihn gar nicht mehr sieht. Hin und wieder kommen komplizierte Schritte dazu, wenn andere Personen in die Beziehung verwickelt werden. Wir fühlen uns vielleicht von Partnern angezogen, die etwas anderes zu bieten haben als die Tänze, mit denen wir erzogen wurden. Oder wir entdecken, dass wir vertraute Tänze wiederholen, ohne es bemerkt zu haben.

Wenn wir in diese Tänze ein oder mehrere Kinder einführen, müssen wir die Schritte, die wir als Paar bislang ausgeführt haben, genau unter die Lupe nehmen. Nur so können wir das Kind zu uns auf die Brücke holen. Die Liebe zu unserem Kind und unser Wunsch, mit ihm sichere Tanzschritte zu üben, wecken häufig unser Bewusstsein dafür, wie viel Anspannung, Vermeidungsverhalten, Kritik, Rückzug, Zurückweisung oder gar Verachtung in unserem früheren Tanz steckte, der sich in der Vergangenheit vielleicht noch gut angefühlt hatte.

Und wir müssen uns überlegen, wie wir einen anderen Menschen in unsere Schritte einweihen. Denn wenn wir als Partner unterschiedliche Tänze tanzen, dann entwickeln wir mitunter einzelne Schritte, die das Ganze doch zu einer harmonischen Bewegung vereinen. Tanzt beispielsweise einer der Partner den Volkstanz der Vermeidung, während der andere eher den argentinischen Tango im Repertoire hat, dann finden wir mit dem Kind vielleicht Möglichkeiten, wie sich das ausgleicht, sodass unser Kind einem einheitlichen Takt folgen kann. Allerdings kommt es recht häufig vor, dass die Eltern darüber streiten, welche Schritte das Kind lernen sollte, weil sie das Gefühl haben, mit den Schritten des Partners völlig aus dem Takt zu geraten.

Das Ergebnis: Bei all den Unstimmigkeiten müssen schließlich die Kinder herausfinden, wie sie die verschiedenen Schritte ausführen können, um mit uns auf der Brücke zu bleiben. Manchmal ist auf der Brücke auch gar kein Platz für das Kind. Oder das Kind wird zum einzigen Tanzpartner, weil eine der Bezugspersonen die andere ausbootet, damit sie endlich jemanden hat, dem sie jene Schritte beibringen kann, die sie immer schon tanzen wollte. Hin und wieder wird das Kind zum Faustpfand in einem Tauziehen zwischen den Partnern, die beide überzeugt sind, das Kind müsse jene Schritte lernen, die zu den eigenen passen. Wenn Eltern sich streiten, hat das Kind mit Loyalitätskonflikten zu kämpfen. Das kann für die Kleinen sehr verwirrend sein, weil sie sich mit einem Elternteil verbünden müssen, um sicher zu sein. Diesen Prozess nennt man in der Fachsprache Triangulierung.

Hier legen wir nun eine Pause ein, denn möglicherweise haben diese Überlegungen schwierige Gefühle in Ihnen wachgerufen. Normalerweise setzen wir uns eher mit unserem Elternsein auseinander, weniger mit unserer Partnerbeziehung, auch wenn wir diese als schwierig empfinden. Wir haben uns vielleicht schon mal gefragt, wie sich das auf unser Kind auswirkt, aber so genau wollen wir es dann doch nicht wissen. Elternschaft belastet eine Beziehung enorm. Und im Wirbelsturm des Familienlebens fällt es uns schwer, einen Ansatzpunkt zu finden, um die Lage zu verbessern. Doch sobald wir merken, welche Schritte wir machen und wie wir unsere Kinder führen, können wir anfangen, etwas zu verändern. Wenn möglich, sollten Sie die nächsten Fragen zusammen mit Ihrem Partner oder Co-Elternteil klären. Wenn das aus irgendwelchen Gründen nicht möglich ist, suchen Sie die Antworten für sich selbst.

- Wenn Sie sich die Tänze in Kapitel 6 noch einmal anschauen: Welche Tänze tanzen Sie, welche Ihr Partner oder Ihre Partnerin? Wie passen diese Schritte zusammen?
- Gibt es Zeiten, in denen Sie Schwierigkeiten hatten, einen gemeinsamen Rhythmus zu finden? Wie hat sich das konkret in Ihrer Beziehung gezeigt?
- Ist das eine Quelle für Konflikte?
- Welche Art von Tanz läuft zwischen Ihnen als Paar und Ihnen als Eltern und Ihrem Kind (beziehungsweise Ihren Kindern) ab?
- Wie sind Ihre Kinder in Ihren Paartanz eingebunden?
- Gibt es etwas, was Sie an diesen Tänzen ändern möchten? Wie ließe sich das umsetzen?

Manchmal braucht es auch eine professionelle »Tanzlehrerin«, um ein Elternpaar wieder in den Takt zu bringen. Viele glauben, eine Paartherapie sei speziell für Paare, die kurz vor einer Trennung stehen. Dabei kann sie ein großartiger Weg sein, Paare in Zeiten des Umbruchs zu unterstützen. Eine professionelle und objektive dritte Stimme verschafft den Raum, sich als Individuen, als Paar und als Eltern weiterzuentwickeln.

Auch an dieser Stelle halten wir kurz inne, um einige Male tief durchzuatmen. Das ist schließlich keine Kleinigkeit, was wir hier besprechen. Es geht um Bindungen und Beziehungen, in Ihrer Partnerschaft, zwischen Ihnen und Ihren Kindern und zwischen allen Mitgliedern Ihrer Familie. Wir sind erst bei Kapitel 8, und wenn wir eine therapeutische Beziehung zueinander hätten, hätten wir vermutlich Monate gebraucht, um an diesen Punkt zu kommen. Also richten Sie den Blick einmal nach innen und rufen Ihre Führungsgestalt zu sich, wenn Sie Hilfe brauchen. Gehen Sie zurück an Ihren Ruheort oder legen Sie das Buch einfach kurz weg und gönnen Sie sich ein paar tiefe Seufzer. Wenn Ihnen der Kopf schwirrt, machen Sie jetzt etwas anderes, sodass sich die Informationen setzen können.

Wie wir die Kinder einbeziehen können

Das ist ein schwieriger Schritt, auch wenn wir wissen, dass er nötig ist: Wir sollten uns die Frage stellen, wie unsere Konflikte als Paar sich auf unsere Kinder und ihre Beziehung zu uns auswirken. Was passiert mit unseren Kindern, wenn die Brücke einstürzt?

Wenn Sie jetzt weiterlesen, erinnern Sie sich bitte an das, was Sie in Kapitel 3 formuliert haben: Machen Sie sich noch einmal bewusst, warum Sie dieses Buch lesen und was Sie sich für Ihre Familie davon erhoffen. Themen wie diese stopfen wir gern ganz nach hinten in unserem Wandschrank. Jetzt wollen wir sie herausholen und genau ansehen. Dann können wir unsere Wäsche wieder zusammenfalten und ordentlich verstauen.

Wenn Paare mit ihrer Beziehung zufrieden sind (zumindest im Großen und Ganzen, denn niemand ist dauernd zufrieden), hat dies auch einen erkennbar positiven Einfluss auf ihre Elternschaft. Zufriedenheit in der Beziehung führt zu einer besseren Zusammenarbeit bei der Erziehung: Die Eltern unterstützen einander und lösen Erziehungskonflikte auf gütlichem Weg. Wenn die Erwachsenen im Leben der Kinder gemeinsam die Erziehung schultern, ist dies nicht nur für die Kinder gut, sondern stärkt wiederum die Zufriedenheit in der Beziehung. Und die Eltern unterstützen einander mehr. Ein Zyklus, von dem jeder profitiert.

Spannungen in der Beziehung hingegen beeinflussen nicht nur, wie sich die Eltern bei der Erziehung abstimmen, sondern prägen auch die individuellen Beziehungen des Elternpaares zum Kind. Wenn wir mit Partnern oder Co-Eltern streiten, streiten wir höchstwahrscheinlich auch mit den Kindern. Oder wir versuchen, die fehlende Nähe und Zuneigung in der Paarbeziehung zu kompensieren, indem wir sie in der Beziehung zu unseren Kindern suchen.

Das sind dann häufig nicht nur kritische »Triangulierungs-Beziehungen«, sondern ganze Netzwerke klebriger Beziehungsdynamiken: Eltern wachen eifersüchtig darüber, dass der andere ja nicht mehr von den Kindern hat als sie selbst, und tragen ihre Konflikte über die Kinder aus. Das Unbehagen der Kinder zeigt sich dann in ihrer Stimmung und ihrem Verhalten.

Und das wird schnell richtig kompliziert. Das erklärt auch, warum Gespräche über Beziehungen und Elternschaft so schwierig sind, sobald Kinder da sind. Denn es geht ja nicht nur darum, wann der Sprössling ins Bett soll. Vielmehr reden wir über zwei unterschiedliche Geschichten, die sich in komplexen, sozialen Zusammenhängen rund um einzigartige (und häufig fordernde) Kinder irgendwo treffen müssen.

- Kommt Ihnen das bekannt vor?
- Wie stehen Sie dazu?
- Würden Sie an der Art, wie Sie auf Ihren Partner / Ihren Co-Elternteil zugehen, gern etwas ändern?

Vor allem jetzt, wo Sie ein bisschen mehr über die Landkarte des anderen wissen?
- Was hält Sie davon ab?
- Was muss sich ändern, damit Sie gemeinsam Fortschritte machen können?

Eltern ≠ Mutter

Der Paar-Canyon wird häufig so breit, weil sich das, was wir uns unter »Familienleben« vorgestellt haben, massiv von dem unterscheidet, was wir uns mit unserem Partner / unserer Partnerin wünschen. Meistens ändert sich noch einmal alles, wenn wir wirklich Kinder haben. Ein Grund für diese Veränderungen sind auch die Geschlechterrollen in unserer Paarbeziehung.

Ich beziehe mich hier vor allem auf Familien, die sich in einer heteronormativen Paarbeziehung wiederfinden. Ich sage »wiederfinden«, weil das die Erfahrung vieler Eltern beschreibt, mit denen ich gearbeitet habe: dass sie plötzlich in einer traditionellen Familienstruktur stecken, obwohl sie dies eigentlich nicht aktiv angestrebt haben. Paare und Familien, die ohnehin außerhalb heteronormativer Erwartungen zu Eltern werden, haben sich meist schon vor Geburt oder Adoption überlegt, wie sie ihre Landkarten zusammenführen können, weil sie schon ohne Kinder vor anderen Herausforderungen standen. Ohne die Märchen vom Familienleben, mit denen heterosexuelle Paare aufgewachsen sind, können LGBTQI+-Paare und nicht-traditionelle Familien (wie beispielsweise Freunde, die zusammen ein Kind aufziehen, oder Menschen, die ohne Partner ein Kind haben wollen) eher Landkarten erstellen, die ihren individuellen Lebensumständen gerecht werden. Das soll nicht heißen, dass es da keine Konflikte gibt oder zusätzliche Probleme durch etwaige Stigmatisierung. Es geht mir eher darum, dass die Auseinandersetzung mit (traditionellen) Geschlechterrollen für sie weniger problematisch ist. Natürlich gibt es auch Paare, die sich bei der Elternschaft ganz bewusst für die klassischen Geschlechterrollen entscheiden. Deren Landkarten passen häufig gut zusammen, weil diese Entscheidung nach eingehender Diskussion über gemeinsame Werte bewusst getroffen wurde.

Da sich die Vorstellungen von Männlichkeit und Weiblichkeit immer weiterentwickeln und mit ihnen die Konzepte von Geschlecht, Familie und Elternschaft, stellt sich leicht das Gefühl ein, dass wir unsere Brücken auf Treibsand bauen. Was uns vor fünf Jahren noch richtig erschien, kann sich heute falsch anfühlen.

Wir sagen zu Hause nicht: »Ich will deine Wäsche nicht waschen, weil mir die patriarchalen Strukturen auf die Nerven gehen. Diese haben mich gezwungen, mir zu überlegen, wie ich Elternschaft und Beruf vereinbare, noch bevor ich überhaupt einen Beruf hatte. Und meine Arbeit hat nie so viel abgeworfen wie die deine. Ich musste also Teilzeitarbeit und die Versorgung der Kinder unter einen Hut bringen und bin stocksauer, weil die Gesellschaft das nicht zu schätzen weiß, genauso wenig wie du. Also: Wasch deine Unterhosen gefälligst selbst.« Und wir sagen auch nicht: »Ich habe keine Ahnung, was du meinst, wenn du sagst, ich müsste die Gefühle der Kinder stärker respektieren. Wenn ich in meiner Kindheit ein Gefühl geäußert hätte, das über Freude oder Ärger hinausging, hätten mich alle ausgelacht. Ich weiß eigentlich nicht, wie sich Emotionen anfühlen, geschweige denn die der Kinder. Und ich wünschte ja, ich könnte mit dir darüber reden, aber ich weiß nicht, wie, ohne dass ich mich dabei total nackt fühle.«

Und wenn wir darüber reden, ob wir vielleicht ein Kind haben wollen, dann setzen wir uns nicht hin und erzählen uns, was wir von unseren Eltern über die Mütter- und Väterrollen gelernt haben und wie uns das geprägt hat. Oder was wir in dem Kontext, in dem wir leben, unbedingt anders machen möchten.

Wir unterhalten uns eher über die mentale Belastung oder über die ungleiche Verteilung von Kindererziehung und Hausarbeit zwischen den Eltern. Das ist tatsächlich ein Thema, das in den Gesprächen, die ich mit Eltern führe, häufig aufkommt und hitzig debattiert wird. Es stimmt: Befragungen in allen Kulturkreisen zeigen, dass Frauen immer noch mehr als doppelt so viel Zeit in Hausarbeit und Kindererziehung investieren als Männer. Und das trotz des globalen Trends zur gleichberechtigten Familienstruktur, häufig auch entgegen unseren besten Absichten. Wenn wir dieses Problem in der eigenen Familie anschneiden, kommt meist der Troll unter der Brücke hervor, und der Streit, wer es am schwersten hat, geht los.

Da fällt es uns leichter, über das Gefühl zu reden, dass wir irgendwie … feststecken. Vielleicht sind wir an einem Punkt, an dem wir zwar wissen, dass da ein Abgrund klafft, aber keine Ahnung haben, wie wir darüber eine Brücke errichten sollen, weil wir keine Vorstellung haben, wie sie aussehen sollte. Deshalb ist es schwierig, darüber zu reden. Wir sprechen ja nicht nur darüber, wer die Wäsche macht oder wie man mit kindlichen Wutanfällen umgeht. Im Grunde genommen geht es um komplexe gesellschaftliche Geschichten über Macht und Ungleichheit, die unser ganzes Leben beeinflusst haben und so schwer aufzudröseln sind, dass wir einfach keinen Ansatzpunkt finden.

Das begegnet mir in meiner therapeutischen Praxis recht häufig. Väter, die nicht so sein wollen wie ihre Väter oder ihre Vorbilder für diese Rolle, die sie so lange als normal angesehen haben. Und doch verspüren sie den Druck, gleichzeitig für die Familie sorgen zu wollen. Sie wollen mehr mit ihren Kindern zu tun haben, aber finden es schwierig, der traditionellen und autoritären Vaterrolle zu entkommen. Ich habe viele Väter kennengelernt, die eine engere emotionale Bindung an die Familie und starke Brücken wollen, die aber die Sprache nicht sprechen, die nötig ist, um über den Abgrund zu finden. Und mir sind viele Mütter begegnet, die hin- und hergerissen sind zwischen dem Ideal der »guten Mutter« und ihrer Ablehnung der Selbstaufopferung, die ihre eigenen Mütter praktiziert haben. Sie kämpfen in der Folge mit Arbeit, Familie und ihren persönlichen Bedürfnissen und werden zur »Herrin des Hauses«, die unzufrieden ist, wütend und vollkommen ausgebrannt, die aber keine Zeit hat, irgendetwas dagegen zu unternehmen, weil sie zwischen beruflichen Terminen, Schultheaterstücken und Einkauf feststeckt. Ihr größter Wunsch ist es oft, dass jemand anders den Brückenbau für sie übernimmt. Sie hat schließlich genug zu tun.

Vielleicht geht das aber auch alles einfacher, als wir denken. Was wir brauchen, ist eine (einigermaßen) tragfähige Brücke, auf der unser Kind tanzen kann und deren Pfeiler in Liebe verankert sind. Es ist die Liebe, die uns zusammengebracht hat, die einen Rhythmus für unsere Familie vorgibt. Diese Form der Liebe hat nicht mehr viel mit den Pfeilen Amors zu tun, doch sie verbindet uns über alle Widrigkeiten hinweg. Genau diese Liebe wollen wir unseren Kindern geben – und wir wollen sie von ihnen haben. Leider ist die Liebe für viele Menschen ein schwieriges Thema.

Letztlich geht es einzig und allein um diese Liebe. Es geht darum, wie wir unsere Kinder in einem liebevollen Zuhause großziehen können und wie das in unseren Augen aussieht. Bonuspunkte gibt es dafür, dass wir uns vom Partner immer noch geliebt fühlen, auch wenn wir mit Kindersabber und Essensresten beschmiert sind und nur noch knurren können.

Ob Sie diesen Abschnitt nun mit Ihrem Partner oder Ihrer Partnerin (beziehungsweise den Co-Eltern) durchgehen oder nicht: Ich möchte Sie bitten, über die nächsten Fragen gemeinsam nachzudenken. Vielleicht ergänzen Sie die Liste noch um eigene Ideen, je nachdem, wie Ihr familiäres Arrangement aussieht. Vielleicht nehmen Sie sich ein paar Abende Zeit dafür. Oder Sie lesen die Fragen gemeinsam durch und verwenden sie als Grundlage für Ihr Gespräch. Selbst wenn Sie nicht als Paar zusammenleben, sondern eine freundschaftliche Beziehung pflegen, können Sie doch über die Geschichten reden, die Sie in Ihrem Elternsein beeinflusst haben und immer noch beeinflussen. Selbst wenn Sie Ihr Kind allein erziehen, sind die geschlechtsgebundenen Erwartungen und deren Auswirkungen auf Ihr Leben doch ein wichtiges Thema, auch wenn sie nicht die Ursache für Konflikte sind.

Wichtig ist auch hier, dass Sie zuhören, ohne ein Urteil zu fällen. Seien Sie neugierig auf das, was Ihr Gegenüber Ihnen zu sagen hat. Es gibt kein Richtig oder Falsch. Wenn Sie mehr übereinander erfahren, verstehen Sie sich ein wenig besser und verstärken damit Ihre Brückenpfeiler.

- Wie geht es Ihnen mit der Vorstellung, Mutter oder Vater zu sein?
- Welche Geschichten kennen Sie übers Mutter- oder Vatersein und darüber, was man in dieser Rolle zu tun hat?
- Welche Erwartungen weckt dies bei Ihnen?
- Folgen Sie bestimmten Rollenmodellen, wenn Sie an Ihre eigene Elternschaft denken? Passen sie zu dem, was Sie für Ihre Familie anstreben?
- Wenn Sie über das Geschlecht Ihrer Kinder nachdenken: Was fällt Ihnen dazu ein, was mit Ihrer Sicht auf Ihr eigenes Geschlecht zu tun hat? Möchten Sie, dass Ihr Kind irgendwie anders leben kann? Wenn ja, wieso?
- Wie geht es Ihnen mit dem Thema »Liebe«? Und mit der Frage, wie wir diese unseren Kindern am besten zeigen? Was brauchen Sie voneinander, um sich im Stress des Familienlebens geliebt zu fühlen?

Selbst wenn wir wissen, welche Brücken wir in der Familie bauen wollen, stoßen wir oft auf Hindernisse. Informationen zu Schwangerschaft und Geburt konzentrieren sich meist nur auf diesbezügliche Fragen. Auch entsprechende Serviceleistungen richten sich an Mutter und Kind. Die gesellschaftlichen Erwartungen an die Eltern sind tief verwurzelt. Väter und Mütter erleben kleine und große Unterschiede in ihrer Behandlung. Ein Beispiel aus dem Alltag: Ein Vater, der mit seinen Kindern auf dem Spielplatz ist, wird dafür anerkennend angelächelt. Bei einer Mutter scheint dies völlig normal zu sein – sie wird eher verurteilt, wenn sie dabei auf ihr Smartphone schaut und nicht dem Bild der »kümmernden Mutter« entspricht.

Große Unterschiede zeigen sich unter anderem bei der sogenannten Motherhood Penalty – der Tatsache, dass Mütter ein Leben lang (!) deutlich weniger verdienen als Nicht-Mütter.[41]

Strategien und Strukturen, die ein gleichberechtigtes Elternmodell fördern sollen, hinken ewig hinterher. Die wenigen Länder, die eine gleichberechtigte Beteiligung der Eltern in Familie und Beruf fördern, verbessern nicht nur die Arbeitsmöglichkeiten für Mütter, sondern auch die Beziehung der Eltern untereinander sowie die Beziehung zu deren Kindern. Wo derartige Förderungen bestehen, kann die Brücke über den Abgrund schneller fertiggestellt werden, und die Lebenszufriedenheit steigt, vor allem bei Frauen. Wir müssen diese Gespräche nicht nur zu Hause führen, sondern die Unterstützung der Gesellschaft einfordern, damit Familien wirklich herausfinden können, was für sie in ihrer speziellen Lage am besten funktioniert.

Wenn Sie also zu Hause sitzen und der Canyon Ihnen mal wieder unüberbrückbar vorkommt, sollten Sie wissen: Sie sind nicht allein. Auch wenn wir Wege finden, die unser Leben leichter machen, so hilft es doch, zu wissen, dass es enorme gesellschaftliche Hindernisse gibt, die uns den Brückenbau erschweren, an denen Sie nicht »schuld« sind. Wenn wir dennoch als Paar einen Weg finden, um sie zu überwinden, finden wir auch besser zueinander.

Der Umgang mit Konflikten

Manchmal reicht es schon, nur zu erwähnen, dass ein Gespräch sinnvoll wäre, schon kommt es zum Streit. Wir haben bereits im Verhältnis zu unseren Eltern und Bezugspersonen die Machtfrage gestellt, daher sollten wir dies auch für das Verhältnis zum Partner/zur Partnerin beziehungsweise zu unserem Co-Elternteil tun. Machtkämpfe stehen sinnvollen Lösungen nämlich meistens im Weg. Unsere Macht auszuspielen, bestätigt uns kurzfristig, langfristig allerdings lässt uns das in unserer Rolle erstarren (obwohl wir sie vielleicht gar nicht mehr wollen, wenn wir mal gründlich darüber nachdenken). Solche Auseinandersetzungen sind ein gefundenes Fressen für den Troll unter der Brücke.

Macht kann offen ausgeübt werden, beispielsweise wenn wir ein »Machtwort« sprechen oder verbieten, dass man unsere Maßnahmen untergräbt. Sie kann auch durch Ausgrenzung ausgespielt werden (»So wirst du das Baby nie beruhigen. Gib es mir.«) oder durch Rückzug (»Wenn sie nicht so wollen wie ich, dann mache ich es eben allein!«). Möglicherweise ist ein Partner auch weniger bereit, über Veränderungen oder Kompromisse zu sprechen, weil seine/ihre Position mehr Macht verspricht – ob dies der Person nun bewusst ist oder nicht. Das kann zu einem Bruch in der Beziehung führen, der sehr schwer zu kitten scheint.

Doch die meisten Erwachsenen, die gemeinsam ein Kind großziehen (ob nun als Paar oder in anderer Form), wollen Konflikte lösen, um ihr Kind (beziehungsweise ihre Kinder) zu unterstützen. Statt sich darüber zu streiten, wer recht hat und wer sich ändern muss, kann es helfen, den Troll als gemeinsames Problem zu sehen. Was braucht der Troll, damit er Sie beide über die Brücke lässt?

Stellen Sie sich den Troll als eine weitere Figur auf Ihrer Besetzungsliste vor: Er schützt Sie beide auf unterschiedliche Weise vor den Ungerechtigkeiten oder Konflikten, die Ihre Beziehung beeinträchtigen oder beeinträchtigt haben. Was muss der Troll von Ihnen beiden hören, damit er den Weg freigibt? Was müssen Sie voneinander hören?

Wenn Sie sich gegenseitig Ihre jeweilige Landkarte zeigen, kann das helfen, mit dem Troll fertigzuwerden, denn dann hören wir mit den Schuldzuweisungen auf und verstehen besser, wie wir gestrickt sind. Wir können unsere Unterschiede mit mehr Mitgefühl sehen und Lösungen auf unseren individuellen Stärken aufbauen. Der eine Partner mag sich für Hammer und Nägel begeistern, der andere ist fest entschlossen, Holz zu verbauen. Aber Sie werden nur gemeinsam eine tragfähige Brücke errichten können.

Der Brückenbau

Sobald wir diese Prinzipien verstanden haben, eröffnen sich ungeahnte Möglichkeiten. Wir können zu Hause eine Revolution auslösen. Wir entscheiden selbst, wie wir Eltern sein wollen und welche Grundlage wir für unsere Familie brauchen. Wir entscheiden, wie unsere Brücke und der Paar-Canyon aussehen sollen.

Die Fragen weiter unten dienen dem Einstieg ins gemeinsame Gespräch, damit Sie herausfinden, wie Sie all diese Maßnahmen umsetzen können. Vielleicht entscheiden Sie sich zuerst einmal nur für eine oder zwei Fragen, die Sie eine Stunde lang besprechen. Lassen Sie dabei die Dinge einfließen, die Sie in vorangegangenen Kapiteln gelernt haben: Ihre eigenen Erfahrungen und wie diese Sie und Ihre Beziehung (beziehungsweise Co-Elternschaft) beeinflussen. Diese Fragen sind auch interessant, wenn Sie Ihr Kind allein erziehen.

Ein paar Tipps vorweg: Versuchen Sie wieder ganz bewusst, einander zuzuhören, ohne ein Urteil zu fällen. Wir alle haben uns bestimmte Haltungen und Überzeugungen angeeignet, weil sie sich für uns richtig anfühlten und uns Kontrolle und Sicherheit gaben. Diese Ideen loszulassen oder zu korrigieren, fällt uns schwer, aber wenn wir als Paar oder Co-Eltern zu einem Kompromiss kommen, dann legen wir eine solidere Grundlage für unsere Kinder. Jeder von uns funktioniert anders. Häufig fühlen wir uns von Menschen angezogen, die ganz anders sind als wir. Wenn wir also frustriert sind, weil unsere Partnerin so ein ruhiger Typ ist, dann sollten wir uns klarmachen, dass sie vielleicht nur ein wenig länger braucht, um das, was wir sagen, zu verarbeiten, und möglicherweise von unserer Ungeduld genervt ist.

Vielleicht reden Sie erst einmal über das Reden selbst. Der Einstieg in solche Gespräche wird leichter, wenn Sie einander sagen, was für Sie wichtig ist, was Ihnen schwerfällt und was Sie sich erhoffen. Vergessen Sie nicht, sich während des Gespräches immer wieder zu versichern, wie es Ihnen beiden jetzt geht. Zum Beispiel: »Du bist jetzt total still geworden. Ich habe das Gefühl, du verabschiedest dich innerlich gerade von uns.« Oder: »Du hast jetzt viele Themen auf einmal angesprochen. Wäre es in Ordnung, wenn wir das etwas langsamer angehen ließen?«

Gesunde Kommunikationsstrategien tauchen in romantischen Komödien leider nie auf, aber sie sorgen definitiv für ein harmonisches Zuhause. Und es gibt sogar einen Extrabonus: Wenn wir sie zu einem Bestandteil unseres Familienlebens machen und unsere Kinder das bei uns sehen, werden wir ein Haushalt, in dem Neugier auf den anderen und Mitgefühl für die Erfahrungen Alltag sind.

Merken Sie, dass Ihnen das Ganze zu viel wird oder Sie frustriert, legen Sie eine Pause ein. Vergessen Sie nicht, dass wir alle die Tänze tanzen, die wir vor langer Zeit erlernt haben. Solche Dinge lassen sich nicht über Nacht lösen. Und wenn es schwerer wird, als Sie dachten, diese Gespräche zu führen, dann ist es vielleicht an der Zeit, eine objektive dritte Partei mit ins Boot zu holen, die Ihnen hilft, als Eltern weiterhin Teamarbeit zu leisten.

- Was möchten Sie Ihren Kindern vorleben? Im Hinblick auf Kommunikation, Geschlechterrollen, Stressmanagement, Work-Life-Balance und so weiter?
- Wie würden Sie sich wünschen, dass Ihr Kind in einer Partnerschaft seine/ihre Kinder erzieht?
- Welche Werte sind Ihnen als Elternpaar für Ihr Familienleben wichtig? Welche davon sind die Grundpfeiler Ihrer Brücke? (Werte sind jene Prinzipien, die Ihnen im Leben eine Richtlinie geben. Dabei kann es darum gehen, wie wir aufeinander zugehen, was für uns wichtig ist, wie wir uns zu Hause, in der Schule, bei der Arbeit verhalten wollen.)
- Was glauben Sie, sind Ihre elterlichen Stärken? An welchen Punkten sollten wir gemeinsam arbeiten? Wie können wir uns gegenseitig dabei helfen?
- Wie können wir auch in stürmischen Zeiten ein Team bleiben? Wie können wir uns gegenseitig daran erinnern, dass wir uns versprochen haben, genau das zu tun?
- Nachdem Beziehungen selten vollkommen sind und wir wissen, dass wir uns gegenseitig nerven und vor den Kopf stoßen werden: Wie können wir einander trotzdem unterstützen? Wie können wir einander den Raum und die Zeit zugestehen, die wir brauchen, um als Individuum für uns selbst zu sorgen? Was brau-

chen wir vom anderen, damit wir sicher sein können, dass wir einander wichtig sind, auch wenn wir uns mal auf die Nerven gehen?

Vereinbaren Sie jede Woche ein Date, nur für Sie beide, bei dem Sie erfahren, wie es dem oder der anderen geht, ohne zu verurteilen. Haken Sie nach, wie sich der oder die andere als Elternteil gerade fühlt, wie Sie die Brücke tragfähig machen und den Troll auf Abstand halten können.

Wenn Sie in einer Patchworkfamilie leben, ist es vermutlich sinnvoll, auch die anderen Erwachsenen, die sich mit Ihnen die Elternrolle teilen, in die Gespräche mit einzubeziehen. Denn so können Sie Wege finden, wie Ihr Familientanz immer schön im Takt bleiben kann.

Wie echte Veränderungen geschehen – langsam und stetig

Wenn ich diese Art Gespräche mit Eltern führe, kommt es häufig vor, dass ein Partner sieht, wo das Ganze hingehen sollte, aber frustriert ist, weil der andere nicht am selben Strang zieht. Vor allem, wenn es darum geht, die Hausarbeit und die Kindererziehung gleichmäßig auf beide Schultern zu verteilen. Oder wenn Erziehungsstile im Allgemeinen verhandelt werden. Denn in diesen Diskussionen geht es nie nur um Oberflächliches. Dahinter stehen viel grundlegendere Fragen, die nur selten gestellt werden. Wenn wir also der Partner sind, der auf einen Wandel hofft, dann verspüren wir oft Gegenwind, mangelndes Engagement oder gar eine innere Kündigung.

Veränderungen sind mühselig. Wenn sich jemand nicht darauf einlassen will, geschieht das meist nicht aus Dickköpfigkeit oder mangelnder Bereitschaft. Gewöhnlich hat es eher mit Angst zu tun: Angst davor, was es heißt, wenn man uns einen

Wandel vorschlägt; Angst davor, was es bedeutet, dass wir diese Verhaltensweisen überhaupt entwickelt haben; Angst davor, was passiert, wenn wir etwas nicht Vertrautes tun; Angst, alles zu vermasseln; Angst, dass wir so, wie wir sind, nicht gut genug sind.

Wir brauchen viel Geduld, um einen Wandel anzustoßen. Unten finden Sie fünf Gedanken, die Ihnen dabei helfen können:

1. Veränderung findet in winzigen Schritten statt

Jeder Wandel vollzieht sich langsam, allmählich und meist nicht so, wie wir uns das vorgestellt haben. Weil wir Veränderungen meist dann wollen, wenn es zu einer Krise kommt, legen wir die Messlatte dafür sehr hoch und sind frustriert, wenn wir das erhoffte Idealbild nicht erreichen. Setzen wir uns aber kleine Ziele, die auf ein größeres hinführen, können wir die Hoffnung aufrechterhalten, während wir den Wandel in die Wege leiten. Das lässt sich gemeinsam bewerkstelligen. Nehmen wir an, Ihr Ziel ist es, das Zu-Bett-Bringen gerechter aufzuteilen. Auf dem Weg dorthin müssen Sie sich gegenseitig unterstützen und mit einigem Gegenwind rechnen – untereinander, aber auch von den Kindern, denn kleine Menschen hassen Veränderungen genauso wie große.

2. Es geht nie nur um Sachfragen

Wenn wir eine Veränderung durchziehen, ist unser Herz nicht immer ganz dabei. Wir stehen rational voll hinter der Veränderung. Wir wollen sie unbedingt. Doch wenn es ernst wird, wiederholen wir wieder unseren alten Tanz. Das kleine Kind in uns meldet sich zu Wort und sagt: »Ich hatte es ja so viel schlechter.« Oder die Menschenfresserin kommt heraus und spricht ein Machtwort. Das ist verwirrend, aber starke emotionale Reaktionen sind ein Anzeichen dafür, dass Sie auf etwas gestoßen sind, das mit den Geschichten Ihrer Kindheit zu tun hat oder denen des Partners oder der Partnerin. Statt sich über Widerstände zu ärgern, sollten Sie gemeinsam neugierig sein und nachforschen, warum Ihnen der Wandel an diesem Punkt so schwerfällt.

3. Klare und wiederholte Kommunikation fördert den Wandel

Es kann eine Weile dauern, bis sich Wege etablieren, die für mehr Verständnis sorgen, die sich auch in stressigen Momenten bewähren und die uns schließlich so sehr in Fleisch und Blut übergehen, dass wir sie auch im Alltag einsetzen können. Wir müssen ein Thema oder Ziel mehrfach diskutieren, bevor es wirklich in unseren Köpfen und Herzen ankommt. Und selbst dann wird unser Verhalten häufig von Automatismen gesteuert, die dafür sorgen, dass wir wieder in eingeschliffene Muster verfallen, obwohl wir das nicht wollen. Vielleicht hört sich einer von Ihnen beiden an wie eine gesprungene Schallplatte, aber ein und dieselbe Idee auf viele verschiedene Situationen im richtigen Leben anzuwenden, braucht Zeit und eine ruhige, wiederholte Kommunikation. Da hilft es, zu sagen: »Weißt du noch, als du unser Kind [...] hast? Das war es doch, worüber wir gesprochen hatten!« Statt: »Was machst du denn da? Wir haben doch besprochen, dass wir das nicht mehr tun wollen!«

4. Hören Sie auf Ihr kleines Kind

Noch schwieriger wird es dadurch, dass das Kind in uns sowohl in der Beziehung zum Partner/zur Partnerin aktiviert wird als auch durch unseren Blick darauf, wie er/sie mit den Kindern umgeht. Das kann ein Gefühl der Dringlichkeit hervorrufen, das dafür sorgt, dass wir die ersten drei Punkte nicht beachten können. Denn dann reagieren wir aus unserer verletzlichen Baby- oder Kleinkindrolle heraus. Oder eine der Figuren aus unserer Besetzungsliste übernimmt, weil sie es als ihre Aufgabe ansieht, diese verletzlichen Anteile zu schützen. Wir fühlen uns vielleicht persönlich angegriffen, wenn wir sehen, dass unser Partner mit den Kindern auf eine Weise umgeht, unter der wir selbst als Kinder gelitten haben. Wie können wir es schaffen, wieder in die Rolle des ruhigen, neugierigen und geduldigen Erwachsenen zu kommen, wenn das Kleinkind in uns das Ruder übernimmt?

Wenn der Partner darüber Bescheid weiß, dann versteht er vielleicht, warum diese oder jene Verhaltensweise so eine massive Reaktion hervorruft. Und die Selbsterforschung, der wir uns unterzogen haben, trägt vielleicht dazu bei, dass diese jüngeren Anteile unseres Ichs sich gehört und verstanden fühlen. Langfristig führt das dazu, dass sie uns nicht mehr so einfach überfallen können. Geben Sie sich Zeit, diese Entwicklung passiert nicht von heute auf morgen!

5. Vergebung erleichtert den Wandel

Es ist wichtig, zu verstehen – und wir werden darüber noch in Teil IV sprechen –, dass wir unzählige Fehler machen werden, wenn wir uns verändern wollen. Wir werden das Gefühl nicht los, dass nichts vorwärtsgeht und immer alles schwierig bleiben wird. Aber wie sagten wir schon am Anfang des Buches: Wir sind ständig »im Aufbau«. Wenn wir einander vergeben können, wenn der andere Dinge tut, die wir nicht gern sehen, dann können wir den Wandel mit mehr Mitgefühl angehen. Und wir müssen auch lernen, uns selbst zu vergeben.

Wo stehen Sie jetzt?

Dieses Kapitel hat für Sie und Ihre Partnerin oder Ihren Co-Elternteil vielleicht schon eine Menge verändert. Möglicherweise haben Sie mehr Fragen als vorher. Oder Sie haben entdeckt, dass es Themen gibt, die Sie im Gespräch weiter vertiefen möchten. Vielleicht haben Sie eine Brücke entdeckt. Oder der Paar-Canyon ist immer breiter geworden, weil sich die Gespräche schwierig anfühlten.

Nehmen Sie sich Zeit, um herauszufinden, wie Sie all das verarbeiten und was es mit ihnen macht. Fragen Sie sich, ob Sie mit Ihrer Rolle glücklich sind. Unter Umständen finden Sie die Rolle selbst ganz in Ordnung, aber Sie wünschen sich mehr Anerkennung von Ihrem Partner oder Ihrer Partnerin. Oder Sie möchten Ihren Kindern etwas anderes vorleben.

Wir haben über die großen Themen gesprochen – historische Veränderungen und gesellschaftliche Rahmenbedingungen, die uns alle beeinflussen. Doch wir sollten nie vergessen, dass wir jederzeit eine einfache Holzbrücke errichten können, die unsere Landkarten verbindet, einfach nur, indem wir einander zuhören. Das ändert noch nichts daran, wie die Pflichten in der Kindererziehung aufgeteilt sind, aber zumindest versteht der Partner dann, warum es wichtig ist, dass er nachts gemeinsam mit Ihnen aufsteht, Sie fragt, wie Ihr Tag war, oder Ihnen zuhört, wenn Sie vom letzten Wutanfall Ihrer Kleinen berichten.

Allein die Fragen: »Was ist dir wirklich wichtig?« und »Warum?« schaffen eine Basis, auf der wir aufbauen können. Wir überbrücken den Abgrund nicht über Nacht. Möglicherweise brauchen wir dafür ein ganzes Leben. Aber immerhin können wir uns gegenseitig helfen, auf der Brücke zu bleiben und nicht abzustürzen oder aufzugeben.

Im nächsten Kapitel sehen wir uns an, wie andere Menschen Ihre Rolle als Eltern beeinflussen. Es geht um Menschen, die an Ihrer Landkarte mitgezeichnet, die vielleicht sogar das Papier geliefert haben.

9

Die Nebendarsteller

Nach einem guten Essen kann man fast jedem Menschen vergeben, sogar der eigenen Verwandtschaft.

Oscar Wilde

Eines höre ich von Eltern sehr häufig: dass das Elterndasein eine einsame Angelegenheit ist. Das klingt widersinnig, denn gerade Eltern sind ja so gut wie nie allein. Aber das moderne Elterndasein isoliert uns von anderen Menschen – sozial und emotional.

Das liegt meist an den Mythen über die Elternschaft, über die wir bereits gesprochen haben. Zum Beispiel: »Elternschaft ist etwas ganz und gar Natürliches, also muss ich alles allein hinkriegen.« Oder: »Ich bitte besser nicht um Hilfe, sonst denken die Leute noch, ich bin überfordert.« Und: »Meine Familie und meine Freunde finden meinen Ansatz als Elternteil falsch. Sie sollen nicht wissen, wie schwer mir all das fällt.« Einige dieser Mythen haben ihre Wurzeln im modernen Leben, das uns dazu zwingt, unsere Kinder hinter verschlossenen Türen zu erziehen, wobei der Druck ständig wächst. (Mehr dazu im nächsten Kapitel.) Manchmal aber sind auch unsere persönlichen Lebensumstände dafür verantwortlich, dass wir einsamer sind als andere Eltern. (Zum Beispiel als frischgebackene Eltern eines Babys, eines schwer kranken Kindes oder eines Kindes mit besonderen Bedürfnissen. Oder als alleinerziehende/r Mutter oder Vater.) Dann wieder haben wir es mit dem Wandel der Erziehungspraktiken zu tun, der sich seit unserer eigenen Kindheit vollzogen hat. Das gibt uns mitunter das Gefühl, dass wir mutterseelenallein Neuland betreten.

Aber wir Menschen sind soziale Geschöpfe. In der Vergangenheit hat man in allen Kulturen Kinder gemeinsam aufgezogen. Wenn wir unseren Kindern Liebe geben, brauchen wir auch selbst Liebe. Wir brauchen die Verbindung zu anderen Menschen.

Der Psychoanalytiker Wilfred Bion beschreibt dies in seinem Konzept des *Containing*.[42] Wir Eltern sind die »Container« für unsere Kinder. Wir absorbieren ihre ungefilterten Emotionen, verdauen diese für sie und geben sie ihnen in bekömmlicher Form zurück. Aber eben dieses Containing brauchen wir auch selbst. Wir brauchen Menschen, eine Gemeinschaft oder die Gesellschaft als Ganzes, die sich unsere »unverdaulichen« Emotionen anhören, sie annehmen und uns wissen lassen, dass sie akzeptabel sind. Dies macht uns frei, sodass wir uns weiterentwickeln und für uns geeignete Lösungen finden können. Leider haben wir dazu nur selten Gelegenheit.

Haben Sie je überlegt, ob Sie sich in der Hinsicht unterstützt fühlten, als Sie Ihr Kind bekamen? Oft merken wir gar nicht, dass wir immer seltener Besuch bekommen – oder mit steigender Kinderanzahl niemand mehr kommt.

Oder wir haben zwar Besuch, bräuchten aber unbedingt eine Dusche oder endlich mal freie Arme. Doch wir schlucken die Bitte um Hilfe hinunter, backen stattdessen Kuchen und bieten den Leuten Kaffee und Tee an. Manchmal haben wir viele Menschen um uns, die uns das Baby mal abnehmen und uns etwas zu essen machen. Aber wir fühlen uns einsamer denn je, weil sie uns sagen, was wir tun sollten und wie uns fühlen müssten, doch all die Ratschläge sind meilenweit entfernt von unseren Wünschen und unserer Wirklichkeit. Und wenn wir dann wirklich mal um Hilfe bitten, wird unsere Verzweiflung heruntergespielt und als normales Element der Elternschaft hingestellt, obwohl wir das Gefühl haben, dass unsere Welt zusammengebrochen ist.

Nebenbei gesagt: Wenn wir im elterlichen Dickicht des Alltagswahnsinns feststecken, nehmen wir häufig an, dass es andere leichter hatten, dass Eltern in der Vergangenheit oder in anderen Kulturen mehr Unterstützung bekamen oder bekommen. Doch Einsamkeit und Isolation sind schon lange Teil der Erfahrung als Hausfrau oder Hausmann, zumindest seit dem 19. Jahrhundert. Selbst in Kulturen, die viel für den Mutterschutz tun, die zum Beispiel Frauen rund 40 Tage Mutterschaftsurlaub ermöglichen, damit sie sich von Schwangerschaft und Geburt erholen können, merken Eltern bald, wie anstrengend es ist, wenn keine Unterstützung aus der Verwandtschaft kommt.[43] Einerseits sehnen wir uns also nach Unterstützung seitens der Familie, andererseits kann diese mit Schwierigkeiten verbunden sein. So fand eine internationale Studie heraus, dass die Schwiegermutter für die frischgebackenen Eltern in herausfordernden Situationen nicht unbedingt eine Hilfe war.[44] Die klassischen Schwiegermutterwitze haben also durchaus ihre Berechtigung.

Eltern wünschen sich Unterstützung, die sie tatsächlich als hilfreich empfinden. Sie brauchen nicht die Art von Hilfe, die von traditionellen Riten, staatlichen Einrichtungen, familiären oder sozialen Normen vorgeschrieben wird. Reale Bedürfnisse können sich je nach Familie und familiärem Hintergrund massiv unterscheiden. Wenn wir um Unterstützung bitten und die Erfahrung machen, dass die angebotene Hilfe nichts verändert, werden wir nicht so schnell wieder darum bitten. Noch schlimmer ist es, wenn man uns Vorwürfe macht, weil wir um Hilfe bitten – und dies kommt erschreckend häufig vor.

Als Eltern brauchen wir vieles, doch zwei Dinge sind besonders wichtig: praktische Hilfestellung und emotionale Unterstützung. Und wie wir in Kapitel 6 schon besprochen haben, katapultiert uns die Erfahrung, Kinder zu bekommen, zurück in eine Welt ursprünglicher, ja geradezu infantiler Bedürfnisse. Wenn wir Hilfe brauchen, denken wir automatisch zuerst an unsere Eltern oder Bezugspersonen. Und dann haben wir nicht unsere realen Bezugspersonen im Blick, sondern vielmehr unser Idealbild von ihnen.

Die verinnerlichten Eltern oder Bezugspersonen, die bis heute Ihren Tanzstil prägen, haben eine äußere Entsprechung, nämlich ihre Eltern oder Bezugspersonen im realen Leben. Wenn Sie jetzt einen Blick auf Ihre Karte werfen: Wo finden Sie darauf Ihre Eltern oder Bezugspersonen? Immer noch in Ihrem Zuhause, in dem Sie als Kind lebten? Oder in Ihrem jetzigen Umfeld? Oder irgendwo dazwischen? Vielleicht tauchen sie auf Ihrer Karte auch gar nicht mehr auf. Viele Eltern erziehen ihre Kinder ohne die Hilfe der eigenen Eltern. Doch wenn ein Elternteil verstorben ist, merken wir mitunter, dass sich das Elterndasein allein durch die Art und Weise verändert, wie wir uns an die Menschen erinnern, die uns selbst geprägt haben.

Im nächsten Abschnitt geht es um Großeltern, doch Ihre persönliche Erfahrung hat sich vielleicht gar nichts mit Ihren biologischen Großeltern zu tun. Gemeint sind ältere Menschen, die sich um Sie gekümmert haben, ob sie nun mit Ihnen verwandt sind oder nicht. Es ist auch irrelevant, ob sie heute noch zu Ihrer (erweiterten) Familie gehören.

Die Rolle der Großeltern

In der Vergangenheit haben sich Eltern meist an ihre eigenen Eltern oder die weitere Verwandtschaft gewandt, wenn sie bei der Kindererziehung Hilfe brauchten. Aber die Vorstellungen darüber, wie das Konstrukt »Familie« aussieht und was zur Kindererziehung gehört, haben sich in den vergangenen 50 Jahren stark verändert. Das gilt auch für unsere Beziehung zur Ursprungsfamilie und unsere Erwartungen an sie.

Die Globalisierung hat dazu geführt, dass Familien zum Teil über mehrere Länder verteilt sind. Auch die Kindererziehung als solche hat sich verändert, sodass es sich manchmal anfühlt, als würden wir in verschiedenen Welten leben, selbst wenn wir Nachbarn sind. Obwohl wir unseren Erziehungsstil oftmals mit unseren eigenen Bezugspersonen teilen oder die Tänze wiederholen, die man uns beigebracht hat, haben sich die dahinterstehenden Werte doch so sehr gewandelt, dass die Erziehungsstile sich von Generation zu Generation massiv unterscheiden.

Welche Geschichten kennen wir, die von Großeltern handeln? Nette alte Damen, die nach Minze duften und unseren Kindern zeigen, wie man auf seine Kleidung aufpasst? Ältere Männer im Tweedanzug, die den entschleunigten Freuden des Daseins wie dem Angeln oder Schreinern nachgehen? Liebevolle, warmherzige, grauhaarige Menschen, die hereinschneien und unsere Wehwehchen wegküssen oder die Wäsche für uns falten?

Entspricht dies Ihrer Erfahrung? Viele Großeltern sind sehr engagierte und hilfsbereite Familienmitglieder: In Großbritannien und Europa kümmern sich 40 Prozent der Großeltern regelmäßig um ihre Enkel, was ihnen ebenso Spaß macht wie den Kindern.[45]

Leider deckt sich dieses positive Bild nicht mit den vielen Geschichten, die Eltern mir im therapeutischen Setting erzählen. Ich höre immer wieder, dass Großeltern – aus den verschiedensten Gründen – nicht zur Verfügung stehen: entweder weil sie sich von der Familie zurückgezogen haben oder weil sie ihre Rente genießen wollen. Es kommt auch vor, dass die Großeltern zwar zur Verfügung stehen, jedoch zur Ursache von

Spannungen werden. Zum Beispiel Großeltern, die sich nicht von ihrer Mutter- beziehungsweise Vaterrolle verabschieden können, alles besser wissen wollen und einen Machtkampf anzetteln. Und dann gibt es da noch jene Großeltern, die wirklich ihr Bestes versuchen, aber nicht einsehen, dass sich die Kindererziehung mittlerweile verändert hat und dass wir andere Dinge von ihnen erwarten als jene, die für ihre eigene Kindheit und Erziehung grundlegend waren.

Wir wünschen uns manchmal, dass die Großeltern uns einen Teil der Bürde des Elternseins abnehmen. Doch die Realität sieht häufig so aus, dass unsere Eltern im wirklichen Leben und die verinnerlichten Eltern, die wir in unserem alten Kinderzimmer angetroffen haben (siehe Seite 77), viele unterschiedliche Emotionen in uns auslösen. Unseren Eltern geht es ähnlich. Sagen wir ihnen, dass wir unsere eigenen Kinder anders erziehen möchten, als sie es getan haben (zu einer Zeit, in der ihr Handeln die Norm war), ruft das schwierige Gefühle hervor. Denn unsere Eltern sind der Meinung, dass sie mit den Informationen und Fähigkeiten, die ihnen damals zur Verfügung standen, ihr Bestes gegeben haben.

Es ist daher wenig überraschend, dass sich in den Beziehungen zu unseren Eltern und Bezugspersonen in unserem Erwachsenenleben die Tänze wiederholen, die wir schon als Kind mit ihnen getanzt haben. Es gibt übrigens kulturelle Unterschiede: In Deutschland sind beispielsweise eher distanzierte Beziehungen zwischen Eltern und ihren erwachsenen Kindern üblich, in Norwegen freundschaftliche, in Israel ambivalente (Nähe und Konflikte zugleich), und in den USA haben wir es mit den am wenigsten harmonischen Beziehungen zwischen Eltern und ihren erwachsenen Kindern zu tun.[46]

- Welche Geschichten haben Sie über Großeltern im Kopf? Hat sich das verändert?
- Wie hat sich die Beziehung zu Ihren Eltern oder

Bezugspersonen verändert, als Sie selbst Eltern wurden? Hat sie sich überhaupt verändert?
- Hat Ihre Elternschaft Ihren Blick auf die eigene Kindheit verändert?
- Wie können Sie als Erwachsener in die Elternrolle hineinwachsen, wenn Sie immer noch irgendjemandes Kind sind? Inwiefern müssen Sie sich selbst verlieren, um in Ihrem Eltern-Ich anzukommen?
- Wo kann es zu Konflikten oder Differenzen zwischen Ihren eigenen elterlichen Werten und denen Ihrer Eltern kommen?
- Wie haben sich Ihrer Ansicht nach die Erwartungen an Eltern verändert, seit Sie ein Kind waren?
- Unter welchen Umständen haben Ihre Eltern/Bezugspersonen Sie erzogen?

Erinnern Sie sich, was wir über die verinnerlichten Elternbilder gesagt haben – und über das Baby-Ich, um das sie sich gekümmert haben?

Wenn wir unsere eigenen Kinder erziehen und uns mit unserem Baby-Ich beschäftigen, wird schnell klar, welchen Erziehungsstil wir gutheißen können. Aber was für uns in Ordnung war, ist es für unsere Kinder vielleicht nicht. Wir sehen unsere Erfahrungen vielleicht anders. In dieser Beziehung sind wir nicht mehr das kindliche Ich, sondern müssen zu Eltern heranreifen. Wir müssen unser Erwachsensein annehmen, und das ist keine leichte Aufgabe. Diese Beziehungen werden oft im Laufe der Zeit ausgehandelt, auch mit unseren Partnern. Manche Familien schaffen dabei enge und hilfreiche Beziehungen zu den Großeltern, andere stoßen auf neue Ebenen der Trauer und Verwirrung. Sie müssen von Neuem herausfinden, wo sie Grenzen ziehen und neue Beziehungen schaffen sollten.

Eines möchte ich hier ausdrücklich betonen: Sie müssen keine Gespräche mit Ihren Eltern oder Bezugspersonen führen, um die emotionalen Probleme des Kleinkindes in Ihrem Inneren zu lösen. Gespräche darüber, welche Art von Eltern Sie sein wollen und welche Kindheitserinnerungen das bei Ihnen geweckt hat, können für alle Beteiligten sehr schwierig sein.

Wenn Ihre Bezugspersonen noch am Leben und in Ihrem Leben präsent sind, wenn sie bereit sind, sich Ihre Erfahrungen, Sehnsüchte und Hoffnungen anzuhören, dann kann dies ein wichtiger Schritt hin zu einer gesunden Beziehung zwischen Erwachsenen werden, die auf gegenseitiger Unterstützung und der Einsicht in unsere (gemeinsame und unvollkommene) Menschlichkeit beruht. Aus verschiedenen Gründen aber sind unsere Eltern und Bezugspersonen vielleicht nicht in der Lage, diese Türen mit uns gemeinsam zu öffnen. Viele haben gelernt, dass man über Emotionen nicht offen spricht. Dann können wir vergangenes Leid nicht gemeinsam aufarbeiten – und sollten dies auch nicht erzwingen, da es zu neuen Verletzungen kommen kann. Wir sollten uns lieber überlegen, was wir brauchen, um mit der Sache abschließen zu können und uns selbst zu schützen.

Das ist eine Form der Trauerarbeit. Fokussieren Sie sich auf das Baby-Ich (Seite 76), und fragen Sie nach, was dieses Baby jetzt von Ihnen braucht. Das Versprechen, dass Sie von nun an für sich selbst sorgen werden? Ihre Führungsgestalt? Oder eine feste Umarmung? Vielleicht genügt es schon, ihm die folgenden Worte laut vorzulesen: »Es tut mir leid, dass du damals nicht bekommen hast, was du gebraucht hättest. Heute sind andere Zeiten, und jetzt, als Erwachsene(r), kannst du dir nehmen, was du brauchst.«

Erwachsene Geschwister

Als Erwachsene reden wir nur selten über diese Beziehungen und inwiefern sie uns beeinflusst haben. Doch die Beziehung zu unseren Geschwistern gehört vielleicht zu den dauerhaftesten überhaupt. Dabei verändern sie sich im Laufe des Lebens erheblich.[47] Das können enge, sehr nahe Beziehungen sein, aber auch feindselige – und alles dazwischen. Wenn wir das Gefühl haben, dass unsere Eltern sich in unsere Geschwisterbeziehungen eingemischt haben, zum Beispiel indem sie ein Geschwisterkind dem anderen vorzogen, kann es gut sein, dass wir als Erwachsene mit unseren Geschwistern nicht gut auskommen. Geschwister, die hingegen eine gute Beziehung zu den Eltern hatten, haben meist auch als Erwachsene eine gute Beziehung untereinander. In manchen Familien wurden die Kinder von den älteren Geschwistern erzogen – was umgekehrt dazu führen kann, dass wir schon in jungen Jahren Erfahrungen mit Elternschaft sammeln konnten.

Die Erfahrungen, die wir mit unseren Geschwistern gemacht haben, beeinflussen nicht nur unseren Charakter, sondern auch, wie wir zu unseren eigenen Kindern und ihrer Position in der Familie stehen. (So sind zum Beispiel Erstgeborene meist verantwortungsbewusster, aber geraten auch leicht in Stress. Letztgeborene Kinder hingegen entwickeln sich oft zu Rebellen.) Wenn wir sehen, wie unser kleinerer Sprössling seine ältere Schwester nervt, weil er möchte, dass sie mit ihm spielt, dann erinnern wir uns, wenn wir selbst in der Geschwisterfolge weiter oben standen, daran, wie aufdringlich uns das damals vorkam. Gehören wir hingegen zu den jüngeren Geschwistern, erinnern wir uns noch an das Gefühl, zurückgewiesen zu werden, und halten das größere Kind dazu an, sich dem kleinen zuzuwenden.

Wenn Sie keine Geschwister hatten, kann das auch Ihre Rolle als Elternteil beeinflussen, zum Beispiel in der Frage, ob

Sie für Ihr eigenes Kind Geschwister möchten oder ob Sie Geschwisterstreitigkeiten aushalten können.

- Wenn Sie Geschwister hatten, wie sehen Ihre Beziehungen zu diesen heute aus?
- Wie stark sind sie in Ihr Familienleben eingebunden?

So wie wir die Tänze wiederholen, die wir von unseren Eltern gelernt haben, spielen wir auch die Geschwisterbeziehungen nach in all den kleinen Dingen, die wir bei unseren Kindern ermutigen oder nicht. Weiten wir den Tanz aus auf alle Mitglieder unserer Verwandtschaft, werden wir bald feststellen, dass unsere Kinder in die Tänze hineingezogen werden, die wir mit unseren Geschwistern aufführen. Wenn Geschwister beispielsweise darüber streiten, wie sehr die Großeltern an der Erziehung beteiligt sind, dann ist das vielleicht ein klassischer »Das-ist-unfair«-Streit, der sich seit Jahrzehnten hinzieht.

Geschwister können zudem Unterstützung anbieten und als Tanten oder Onkel unseren Kindern eine wichtige Bezugsperson sein. Vielleicht haben unsere Kinder Spaß mit ihnen oder erwählen sie zu Vertrauten. Oder sie spielen den Puffer, wenn es zwischen uns und den Kindern Knatsch gibt. Und da es über Onkel und Tanten weniger Märchen und Fantasiegeschichten gibt, können unsere Kinder ihre ganz eigene Beziehung zu ihnen entwickeln.

- Wenn Sie Geschwister haben, wie war Ihre Beziehung, während Sie miteinander aufwuchsen? Und wie ist diese Beziehung jetzt?
- Wie beeinflussen Ihre Geschwister Ihre Kinder? Oder unterstützen Sie die Geschwister vielleicht sogar bei der Erziehung? Wenn ja, wie?
- Wenn Sie mehrere Kinder haben, was erhoffen Sie sich für deren geschwisterliche Beziehungen? (Halten

Sie kurz inne und fragen Sie sich, wie realistisch Ihre Hoffnungen sind. Oder melden sich schon gewisse Mythen zu Wort? Woher kommen diese Ideen?) Wie geht es Ihnen mit der Vorstellung, dass Sie diese Beziehungen stärken?

- Was finden Sie am schwierigsten an der Beziehung zwischen Ihren eigenen Kindern? Warum, glauben Sie, ist das so? Erinnern Sie diese schwierigen Momente an irgendetwas, was Sie selbst als Kind erlebt haben?

Das familiäre Gleichgewicht im Wandel

Eltern zu werden, kann unsere Beziehung zur eigenen Familie verändern – im Positiven wie im Negativen. Wenn wir versuchen, etwas anders zu machen als in unserer eigenen Kindheit, empfinden unsere Bezugspersonen oder die Menschen, die mit uns zusammen erzogen wurden, das häufig als Kritik, auch wenn wir zu ihnen einen guten Draht haben. Während unsere eigene Familie sich entwickelt und sich neue Bindungen bilden, erleben wir selbst und unsere Verwandten dies möglicherweise als Verlust der Ursprungsfamilie, die wir damit hinter uns lassen. Und während wir langsam ein erwachsenes Eltern-Ich herausbilden, kämpfen wir mitunter mit den Vorstellungen, die unsere Ursprungsfamilie von uns hat.

- Wie sah Ihre Rolle in der Familie aus, in der Sie aufwuchsen?
- Wie hat sich das mit der Zeit geändert?
- Fallen Sie manchmal in alte Rollen zurück? Wie geht es Ihnen damit?
- Wie würden Sie gern mit Ihrer Ursprungsfamilie umgehen?

- Wie beeinflusst Ihre Rolle in Ihrer Ursprungsfamilie Ihre Selbstwahrnehmung?
- Wie beeinflusst diese Rolle Ihre Vorstellungen von der Familie, die Sie jetzt schaffen wollen?

Hier ist ein Konzept aus der Familientherapie hilfreich, das erklärt, warum Elternschaft zu einem solchen Kampf ausarten kann. Wenn wir uns die Familie als System vorstellen, das sein eigenes Gleichgewicht, seine eigene Ordnung hat, dann trägt jedes Mitglied etwas dazu bei.[48] Unsere Familien schreiben Geschichten, in denen wir die handelnden Figuren sind, und das oft über mehrere Generationen hinweg. Diese Geschichten sind oft hilfreich, aber wenn wir erwachsen werden, stellen wir manchmal fest, dass die Rolle, die wir übernommen haben, mittlerweile nicht mehr für uns passt. Doch die Familie versucht häufig – unbemerkt –, uns in dieser Rolle festzuhalten, denn im Rahmen unserer Familiengeschichte ist das sinnvoll. (Das ist auch der Grund, warum wir uns manchmal wie Teenager benehmen, wenn wir Weihnachten zu Hause verbringen.)

Ein Wandel geschieht nur, wenn ein oder mehrere Familienmitglieder sich aus dem eingespielten Gleichgewicht lösen und es erschüttern. Das fühlt sich in dem Moment nicht gut an, doch die Familie kann sich um das nun entstehende Narrativ herum neu organisieren. Wir können unsere Familiengeschichte umschreiben, selbst jene Teile, die vor langer Zeit geschrieben wurden.[49]

Die Landkarte, die wir uns hier immer wieder ansehen, kann sehr alt sein und viele Generationen zurückreichen. Dementsprechend wurde sie immer wieder verändert. Zudem haben unsere Geschwister oder andere Familienmitglieder ihre jeweils eigene Version. Wenn wir einen anderen Weg einschlagen und zu unserer Familie sagen: »Guckt mal! Gehen wir doch in diese Richtung!«, dann machen sich unsere Angehörigen vielleicht Sorgen, dass wir uns verirren könnten und den Weg zu ihnen nicht wiederfinden.

Dabei werden neue Pfade auf verschiedene Arten sichtbar. Möglicherweise fragen wir unsere Kinder, was sie wollen, statt ihnen zu sagen, was sie tun sollen. Oder wir geben unsere Kinder in die Kita und bleiben nicht zu Hause, so wie unsere Eltern es getan haben. Oder wir ziehen vom Rest der Familie fort. Oder wir erziehen unsere Kinder in einer anderen Religion, einem anderen Land, einer anderen Kultur.

Wenn wir unsere Landkarte mit der des Partners abstimmen, dann verbündet sich unsere Familie vielleicht sogar mit dem Troll unter der Brücke, der dann laut schreit: »Das kannst du nicht tun! So machen wir das nicht!« Vielleicht geht es bei dem Sog zurück zur Familie ja gar nicht um unseren Erziehungsstil, sondern um die Veränderungen, die wir durchlaufen, seit wir selbst Eltern sind. Zum Beispiel, wenn uns die Familie nicht versteht, dass wir sie nicht ständig um uns haben wollen.

Wenn wir unsere eigene Familie aufbauen, mit neuen Tanzschritten experimentieren, den Haferbrei plötzlich anders zubereiten, einige Gespenster vertreiben, so manche Wand niederreißen, dann schaffen wir damit neue Pfade und schreiben neue Geschichten. Manchmal schließen sich die Menschen aus unserer Gegenwart und Vergangenheit an, wenn wir auf die Reise gehen. Manchmal müssen sie vorher sehen, dass wir uns nicht in Gefahr begeben, ehe sie selbst versuchsweise den einen oder anderen Schritt wagen. Manchmal müssen wir ihnen die Landkarte zeigen, mit der wir unterwegs sind. Und manchmal bleiben sie, wo sie sind, obwohl wir ihnen den hell erleuchteten Weg weisen. Es kann durchaus auf beiden Seiten zu Verlustgefühlen kommen, wenn wir uns in neue Rollen einfinden. In diesen Momenten kann es helfen, zu sagen: »Ich weiß, dass ihr euch Sorgen macht, ich könnte mich verlaufen. Aber ich will diese Dinge eine Weile ausprobieren. Ich verspreche euch, dass ich einen Weg zu euch zurückfinde, aber möglicherweise nur für einen kurzen Besuch.«

Vielleicht denken Sie jetzt darüber nach, wie es sein mag, Kinder zu erziehen, ohne Unterstützung von der Verwandtschaft zu haben. Eines der Themen, über die ich mit Eltern recht häufig spreche, ist die Tatsache, dass alle stets anzunehmen scheinen, die Familie stünde *grundsätzlich* immer zur Verfügung. Doch bisweilen brauchen wir nicht »die Familie«, sondern einfach andere Menschen. Oder wir müssen Wege finden, wie wir uns als Eltern etwas Gutes tun können, ohne von anderen unterstützt zu werden. Und das bringt uns unmittelbar zum nächsten Thema.

Das Dorf

Wenn Sie Ihren Blick nun auf Ihre Landkarte richten, zeichnen Sie um Ihr jetziges Zuhause herum eine kleine Gruppe von Menschen. Vielleicht nur eine oder zwei, vielleicht hat Ihr Dorf auch mehrere Einwohner. Oder Sie haben sogar mehrere Dörfer: Freundesgruppen, die sich im Laufe der Jahre um Sie herum gebildet haben, eine Elterngemeinschaft – eben all die Leute, die Sie fragen können: »Macht euer Kind das auch?« Sie können sich mit diesen Menschen hin und wieder die Kinderbetreuung teilen und wissen, dass da jemand ist, der Ihr Kind im Notfall vom Kindergarten abholen kann, wenn Sie irgendwo feststecken. Es sind die Personen, die Ihnen ein verständnisvolles Lächeln schenken, wenn wieder mal alles schiefgeht. In den hohen Wogen elterlicher Kämpfe ist dies manchmal der Rettungsring.

Vermutlich haben Sie den Spruch schon mal gehört: Es braucht ein ganzes Dorf, um ein Kind zu erziehen. Seit 2015 habe ich eine Online-Community für Eltern mit dem Titel

The Village. Hier geht es darum, dass Eltern sich gegenseitig unterstützen und im Auf und Ab des Elterndaseins Solidarität zeigen.

Doch auch unsere Freundschaften verändern sich, wenn wir Eltern werden. Alte Freunde sind plötzlich meilenweit weg, selbst wenn sie in der Nähe wohnen; vor allem, wenn sie in einer anderen Lebensphase stecken. Es kann Freundschaften enorm belasten, wenn eine Freundin Schwierigkeiten mit ihrem Kind oder mit dem Schwangerwerden hat und der andere das nicht nachvollziehen kann. Neue Freunde findet man nicht mehr so einfach.

Das mag auch daran liegen, dass wir gar nicht wissen, wonach wir bei Freundinnen und Freunden überhaupt suchen. Schließlich finden wir uns in die Elternrolle gerade erst ein. Unsere Identität wandelt sich fast so, als wären wir wieder in der Pubertät. (Wir kennen dies als »Muttertät« oder »Matreszenz« für Mütter und »Vatertät« oder »Patreszenz« für Väter.) Erinnern Sie sich noch, wie schwer es in der Pubertät war, neue Kontakte zu knüpfen? Dieses Gefühl sozialen Unwohlseins stellt sich manchmal auch bei Eltern ein. Vor allem, wenn sie ihre Aufmerksamkeit aufteilen müssen zwischen den Bedürfnissen des Kindes und dem Gespräch mit einer fremden Person, die ebenfalls auf ein Kind achten muss. Und so wie sich Bridget Jones über »diese arroganten Verheirateten« aufregte, so lernen Sie vielleicht auch »arrogante Eltern« kennen, bei denen scheinbar alles läuft wie geschmiert (»scheinbar« ist hier das zentrale Wort!), sodass Sie sich noch isolierter fühlen.

Und wie bei so vielen Dingen des Elterndaseins ist es auch hier so: Nicht nur Sie, sondern wir alle brauchen soziale Unterstützung dringender denn je, aber es fällt uns schwer, sie zu finden.

Wie im letzten Kapitel kann es auch hier echte Hindernisse geben, obwohl wir uns die größte Mühe geben, uns ein »Elterndorf« aufzubauen. Ein Paradebeispiel dafür ist die Covid-Pandemie, die Eltern ihres Dorfes beraubte. Aber es gibt auch subtilere Hindernisse, die wir nicht immer klar erkennen. So entspricht die Stadtplanung kaum je den Bedürfnissen von Kindern und Familien, was es für Eltern schwerer macht, gemeinsam Zeit zu verbringen.

Es kann also eine Weile dauern, bis wir überhaupt ein Dorf auf unserer Landkarte verzeichnen können. Vielleicht sieht es anders aus, als wir es uns vorgestellt haben. Aber wie als Pubertierende gewinnen wir irgendwann auch als Eltern mehr Sicherheit. Dann bildet sich rundum eine kleine Gemeinschaft, manchmal ohne dass wir es merken oder bewusst anstreben. Hoffentlich eine, die mit einem chaotischen Haushalt und übermüdeten Kindern zurechtkommt – und die Sie akzeptiert, so wie Sie sind.

Wo stehen Sie jetzt?

Nun nähern wir uns dem Ende von Teil III. Wir haben Ihre Beziehungen in Vergangenheit und Gegenwart unter die Lupe genommen. Wie sieht Ihre Landkarte mittlerweile aus? Vielleicht haben Sie jetzt eine genauere Vorstellung davon, was Ihr Leben als Eltern beeinflusst. Vielleicht erkennen Sie deutlicher, wer Sie als Erwachsener sind. Hoffentlich wissen Sie, wie Sie gewisse Dinge regeln wollen und welche Gespräche Sie führen müssen, damit Sie Ihre Landkarte so zeichnen können, dass sie zu Ihnen passt.

Trotzdem möchte ich hier noch einmal betonen, dass all diese Themen nicht einfach zu verarbeiten sind. Vielleicht haben Sie erst jetzt gemerkt, dass Sie sich isoliert fühlen und wie schwer es ist, solidarische Freunde zu finden. Vielleicht haben Sie sich zum ersten Mal gefragt, was Sie sich für Ihre eigene Familie wünschen und wie sich das von dem unterscheidet, was Sie selbst erlebt haben. Unter Umständen haben Sie zum ersten Mal darüber nachgedacht, wer diesen Weg mit Ihnen geht, oder Sie sehen den Weg erst jetzt richtig vor sich.

Bevor wir uns mit den kleinen Menschen in Ihrem Leben beschäftigen und deren Landkarten kennenlernen, sehen wir uns an, was sich in Ihrer Landkarte noch an Geschichten verbirgt, die Ihnen den Blick auf Ihr Kind verstellen. Ich meine die Geschichten unserer Gesellschaft, die Ihren Alltag mit Kindern beeinflussen.

10

Geschichten aus der Gesellschaft

In der Jugend war ich so,
dass ich allen gefallen wollte.
Bei jedem Jungen, mit dem ich ging,
passte ich mich seinen Ideen an.
Heute weiß ich, was ich weiß.
Und mache, was ich tu.
Und wenn du mich so nicht magst,
dann zur Hölle mit dir, mein Schatz.

Dorothy Parker

Vermutlich haben Sie ein Meer von Gefühlen erwartet, als Sie wussten, dass Sie Vater oder Mutter werden würden. Liebe. Freude. Staunen. Doch es gibt ein Gefühl, das gerade bei frischgebackenen Eltern schnell alles andere verdrängt; ein Gefühl, das zwischen den schönen Bildern von jungen Eltern, die ihrem Nachwuchs verzaubert in die Augen schauen, nicht auftaucht, das weder in Gedichten noch in Songs über Eltern und ihre Kinder besungen wird: das Gefühl der Nutzlosigkeit.

Wir haben bereits darüber gesprochen, dass die Elternschaft uns wieder in Kontakt mit den kindlichen, babyhaften

Anteilen unseres Ichs bringt. Wir beginnen, darüber nachzudenken, was das Erwachsensein ausmacht. Und wie wir uns darin wiederfinden, indem wir einige der Strategien offenlegen, die wir verwendet haben, um uns erwachsener zu fühlen. Doch da ist noch der klaffende Abgrund zwischen dem, was wir unter »guten Eltern« verstehen, und dem Gefühl, das wir als Eltern Tag für Tag haben.

Eltern zu sein, kann in unserem Leben alles, was uns als kompetente Erwachsene erscheinen lässt, infrage stellen. Wir sind mit den archaischsten Anteilen unserer Persönlichkeit konfrontiert und stehen fassungslos vor den elementarsten Grundfesten der Menschheitsgeschichte, wenn wir versuchen, uns in diese winzigen Geschöpfe einzufühlen. Es ist doch klar, dass wir uns verloren fühlen. Nichts kann einen superkompetenten und starken Erwachsenen schneller zu einem Häufchen Elend zusammenschrumpeln lassen als ein schreiendes Neugeborenes, das sich nicht beruhigen lässt.

Und weil wir dazu erzogen wurden, fähige und zielbewusste Erwachsene zu sein, suchen wir nach Wegen, wie wir dieses Gefühl wiederherstellen können. Was könnte da verlockender sein als kluge Ratschläge? Sie erklären, wie man umgeht mit dem rasenden Wutknäuel, in das sich ein Baby verwandelt, das sich nicht trösten lässt; mit der kreischenden, scheinbar knochenfreien Masse eines frustrierten Kleinkindes; mit dem hasserfüllten Blick eines Kindes oder mit dem brütend missbilligenden Starren eines Teenagers.

Wenn Sie einen Blick auf Ihre Landkarte werfen, werden Sie zwei Pfade ausmachen. Wunderschöne Pfade, goldgepflastert, hell erleuchtet, mit Wegweisern ausgesteckt, die Sie auf diese schönen Bahnen, denen Sie nur zu folgen brauchen, hinweisen. Auf diesen Pfaden sind viele Menschen unterwegs. Menschen erklären Ihnen, dass dies ganz sicher die richtige Richtung ist. Wenn Sie diese Wege einschlagen, stoßen Sie auf Straßenschilder mit Aufschriften wie: »Wir haben nur 18 Sommer mit unseren Kindern. Genießen wir sie.« Oder: »Fünf Fehler, die Sie beim Gespräch mit Ihrem Kind vermeiden sollten.« Sie marschieren also hoffnungsfroh weiter, merken allerdings, dass Sie ein klein wenig nervös werden. Aber Sie setzen Ihren Weg fort, und all die anderen, die auch auf diesem Pfad unterwegs sind, geben Ihnen das Gefühl, dass dies der richtige Weg ist. Doch während Sie gehen, spüren Sie, wie Ihre Anspannung steigt. Sie haben das Gefühl, alles falsch zu machen. Wahrscheinlich ist dieser Weg nicht der Ihre. Aber Sie bleiben auf diesem Pfad, denn immerhin ist es unverkennbar ein gangbarer Weg, und er könnte der richtige sein, schließlich behaupten das alle anderen. Und Sie wissen ja nicht, ob es noch andere Wege gibt.

Dann stecken Sie plötzlich fest. Sackgasse. Und Ihnen wird klar, dass Sie vom Weg abgekommen sind.

Willkommen in den Sackgassen – den Pfaden, auf denen Eltern ständig unter Druck stehen. Wir beschreiten meist zwei Pfade zur selben Zeit, ohne es zu merken. Laufen so lange, bis wir nicht mehr weiterkommen und nicht wissen, wohin wir uns wenden sollen. Vielleicht ist die Sackgasse Ihre persönliche Erschöpfung oder ein Kind, das diesen Weg nicht mit Ihnen gehen will. Vielleicht besteht die Sackgasse aber auch aus all den Dingen, die Ihr Leben außerhalb des Elternseins ausmachen. Diese Pfade scheinen Sie direkt zu Ihrem Kind zu bringen, aber meist führen sie Sie genau in die entgegengesetzte Richtung.

Die erste Sackgasse: Der Druck, perfekte Kinder zu erziehen

Der erste Pfad ist der Druck, Kinder so zu erziehen, wie es den Vorstellungen anderer entspricht. Haben Sie diesen Pfad bereits kennengelernt? Wir glauben, dass am Ende dieses Weges ein glückliches Kind steht. Tatsächlich führt er über allerlei Müllkippen, bestehend aus unseren Vorstellungen darüber, wie wir für unsere Kinder eben nicht unser Bestes geben.

Intensiv-Elternschaft ist ein Trend, der mit den Eltern der Babyboomer-Generation einsetzte – das erklärte Erziehungsziel war, dass Kinder sich optimal entwickeln und Erfolg haben sollen.[50] Da wir heute viel mehr wissen in Sachen Neurowissenschaft und darüber, wie die frühkindliche Bindung (die Tänze, von denen wir bereits gesprochen haben) die Gehirnentwicklung beeinflusst, haben Eltern immer mehr das Gefühl, dass bei jeder Kleinigkeit unglaublich viel auf dem Spiel steht. Alles, was wir tun, hinterlässt Abdrücke, denken wir. Und das Ergebnis unseres Handelns ist entweder ein perfektes Kind oder, wenn wir etwas verpfuschen, ein kaputtes.

Ich habe sehr viele Eltern kennengelernt, deren Angst noch verschlimmert wird, weil komplexe psychologische Forschungsarbeiten mittlerweile Eingang in den Mainstream gefunden haben. Schwangere fürchten, dass ihre Arbeitsbelastung das Gehirn des Babys so umpolt, dass es stressanfälliger wird. Eltern befürchten, dass sich ihr Baby vernachlässigt fühlen könnte, wenn sie es nicht bei jedem Laut sofort trösten, und dass dies ihre Beziehung ein Leben lang belasten könnte. Die Ängste verstärken sich oft bei Eltern, deren Kind auf sein drittes Lebensjahr zugeht, weil sie denken: »Ich habe alles verpatzt, und jetzt ist es zu spät. Ich habe mein Kind zum seelischen Krüppel gemacht.«

Es stimmt, dass unsere frühkindlichen Beziehungen prägend sind. Es stimmt auch, dass unsere frühen Erfahrungen die Gehirnentwicklung beeinträchtigen. Und es entspricht den Tatsachen, dass unser Gehirn plastisch ist. (Ja, genau, Ihr Gehirn ändert sich **in diesem Augenblick**!) Bindungen folgen einer Rhythmik, keiner Gebrauchsanweisung, denn Menschen und ihre Umgebung ändern sich ständig. Die kindliche Entwicklung ist ein äußerst komplexes Geschehen. Es existiert nicht eine einzige psychologische Studie, die elterliches Verhalten und kindliches Verhalten in eine zweifelsfrei bewiesene Ursache-Wirkung-Beziehung setzt. Dazu müssten einfach viel zu viele Variablen berücksichtigt werden. Nichts ist je in Stein gemeißelt.

Kinder – und grundsätzlichalle Menschen – sind komplexe Geschöpfe. Wir werden nie wissen, ob sie X tun, weil Y passiert ist. Menschen sind vielschichtige Wesen und werden von unendlich vielen Dingen beeinflusst. Wir werden nie alles verstehen.

Wir neigen als Eltern dennoch dazu, uns den Kopf zu zerbrechen, nicht wahr? Wenn ich streng bin bei der Schlafenszeit, wird mein Kind dann besser schlafen? Wenn ich einen Kaiserschnitt hatte, wird mein Baby deshalb Asthma bekommen? Wenn ich eine postnatale Depression entwickelt habe, wird mein Kind deswegen in der Schule verhaltensauffällig sein? Wenn ich mich von meinem Partner trenne, wird dann mein Teenager später Schwierigkeiten haben, eine Liebesbeziehung einzugehen?

Häufig werden uns Informationen zur kindlichen Entwicklung in genau dieser Form präsentiert. Das geht schon los, wenn wir Rat suchen in der Frage, ob wir schwanger werden wollen. Auch wenn wir als Erwachsene bisher ein ganz wunderbares Leben hatten, haut man uns plötzlich eine ganze Liste mit Dingen um die Ohren, die wir tun oder lassen sollten. Wenn Sie nur diesen Pfad einschlagen, dann wird alles gut gehen. Sicher gibt es Dinge, die bestimmte Wahrscheinlichkeiten erhöhen. Doch eine direkte Ursache-Wirkung-Beziehung lässt sich meist nicht nachweisen.

Wenn Sie also darauf beharren, dass Ihr Kind feste Schlafenszeiten einhält, *kann* es sein, dass es besser schläft – aber dabei spielen auch Dinge wie Temperament, Gene, Bildschirmzeit, Krankheiten, Körper- und Raumtemperatur, Sorgen, Ihre eigene Trennungsangst und Ihre eigene Schlafenserfahrung eine Rolle.[51]

Wenn Sie einen Kaiserschnitt hatten, ist es *möglich*, dass Ihr Kind später eher zu Asthma neigt, aber auch hier gibt es eine ganze Reihe anderer Einflussfaktoren. Und wir wissen heute noch nicht genau, woran das liegen könnte. Es gibt eine Anzahl verschiedener Theorien – von denen keine einzige voll überzeugt.[52]

Haben Sie unter einer postnatalen Depression gelitten, dann *mag* es sein, dass Ihr Kind später Verhaltensauffälligkeiten zeigt. Aber Menschen mit einer Depression betrachten manchmal auch einfach das Verhalten ihres Kindes als problematisch, obwohl es das gar nicht ist (wenn wir antriebsschwach sind und wenig Freude empfinden, kann beispielsweise ein aktives Kind eine echte Belastung darstellen).[53] Auch hier existieren andere Faktoren, die es zu berücksichtigen gilt, beispielsweise den eindeutigen Zusammenhang zwischen Armut und postnataler Depression sowie den ebenso klaren Zusammenhang zwischen kindlichen Verhaltensproblemen und einem von Armut geprägten Umfeld.[54] Eine postnatale Depression der Mutter kann sich auf das Verhalten des Kindes auswirken, daher sollten Eltern mit seelischen Problemen auf jeden Fall Zugang zu institutionellen Hilfen erhalten. Bestehen in einer Familie oder einer Gemeinde viele zusätzliche Stressfaktoren, dann sollte man sich auch der Gemeinschaft oder Familie als Ganzes annehmen.

Und ja, Ihr Teenager *könnte* später Beziehungsprobleme bekommen, wenn Sie sich von Ihrem Partner trennen – doch auch hier ist die Beweislage unklar. Denn die Beziehung, die Sie zu Ihrem Kind vor der Trennung hatten, beziehungsweise die Beziehung, die Ihr Kind zu beiden Elternteilen hatte, spielt ebenfalls eine Rolle. (Teenager, deren Eltern vor der Trennung ständig gestritten haben, sehen in der Scheidung meist ein positives Ergebnis.) Das kann einen positiven Blick auf Trennungen mit sich bringen, der das Kind später davor bewahrt, zu lange in einer belastenden Beziehung auszuharren.[55]

Es gibt viele mögliche Gründe und ebenso viele mögliche

Lösungen für die täglichen Probleme mit Kindern. Meist finden die Eltern durch den Versuch verschiedener Strategien heraus, was für die Familie funktioniert. Sie ändern sich ständig, und Ihre Kinder tun das auch. Häufig besteht der Prozess der Veränderung darin, dass Sie experimentieren, sich aus den unterschiedlichen Quellen mit Informationen versorgen und dann schauen, was funktioniert und was nicht. Manchmal ist es Teil des Wandels, zu akzeptieren, dass etwas nicht mit Ihren Erwartungen vereinbar ist. Und manchmal ist es sinnvoll, sich Hilfe bei Profis zu holen, die Ihre Familie kennenlernen und herausfinden, wie sie funktioniert.

Wie schaffen wir es, Irrwege und Sackgassen zu verlassen? Erstens müssen wir überhaupt merken, dass wir darauf unterwegs sind. Zweitens – und das ist ein bisschen schwierig – müssen wir erkennen, dass unsere Kinder mit uns auf diesem Pfad gehen. Wenn wir bessere Eltern werden möchten, versuchen wir im Normalfall auch, unsere Kinder zu optimieren. Das wiederum verhindert, dass wir sie so kennenlernen, wie sie tatsächlich sind. Dadurch steigt die Wahrscheinlichkeit, dass wir uns ständig um deren (vermeintliche) Fehler sorgen. Der Druck, perfekte Kinder erziehen zu wollen, trübt unser Verhältnis zu ihnen und beeinträchtigt unsere Reaktionen. Wenn sich jetzt beim Lesen unangenehme Gefühle melden, dann vergessen Sie nicht, dass dieser Pfad ein hell erleuchteter ist, der unglaublich einladend wirkt. Letztlich aber müssen wir herausfinden, wie wir den auf uns lastenden Druck verringern können, perfekte Exemplare der Gattung Mensch zu erziehen.

Stellen Sie sich folgende Fragen:

- Wenn Sie übers Elternsein nachdenken, was sehen Sie als dessen Ziel? Hier gibt es viele verschiedene Antworten!
- Worauf arbeiten Sie für Ihr Kind gerade hin? (Zum Beispiel nachts durchschlafen, beim Essen eine breite

Vielfalt akzeptieren, ruhig sein, klug sein und so weiter.)

- Woher kommen diese Vorstellungen?
- Machen sie Ihnen Druck?
- Gibt es alternative Vorstellungen, die den Druck verringern könnten? (Statt »Wenn ich mein Kind anschreie, schädige ich es für sein ganzes Leben« könnten Sie denken: »Wenn ich mein Kind anschreie, kann ich mich entschuldigen und ihm sagen, dass ich auch nur ein Mensch bin.«)
- Wie kann man Ihnen etwas Gutes tun? Was brauchen Sie, damit der Druck weiter nachlässt? (Beispielsweise der Gedanke: »Wenn ich bei allem, was ich tue, ständig daran denke, welche langfristigen Auswirkungen das hat, nimmt die Wahrscheinlichkeit, dass ich losbrülle, nur weiter zu. Ich versuche, mich auf das zu konzentrieren, was jetzt im Augenblick vorgeht. Wenn ich unter Stress anfange, herumzubrüllen, was brauche ich, um mich zu beruhigen?«)

Nur für den Fall, dass diese Vorstellungen Sie auf dem Perfektes-Kind-Pfad festhalten sollten: Eine sehr häufige Reaktion ist diese leise Stimme in Ihrem Hinterkopf (vielleicht Ihr innerer Kritiker), die sagt: »Ich verstehe, dass das für *andere* Leute schwierig sein kann. Aber ich werde es schaffen, dass *mein* Kind all diese Dinge hinbekommt, wenn ich mich nur genug anstrenge.« Warum eigentlich? Und was kostet Sie diese Überzeugung? Vielleicht nimmt sie darüber hinaus auch Ihren Kindern etwas?

Wenn Sie also auf diesem Pfad noch ein paar Handreichungen mehr brauchen sollten:

- Denken Sie über Ihre Ziele für Ihre Kinder nach: Wie sehen diese aus? Sind sie realistisch?

- Stehen diese Ziele vielleicht sogar im Widerspruch zueinander? Oder passen nicht zu dem Charakter Ihres Kindes? Oder zu Ihnen und Ihrem Charakter?
- Wenn Sie für Ihr Kind ein einziges Ziel auswählen müssten, das es unbedingt erreichen sollte, was wäre das? (Wenn Sie jetzt »Glück« sagen, dann würde ich mir das noch einmal überlegen. Niemand kann stets glücklich sein, und der Druck, allzeit glücklich zu sein, verstärkt nur unsere Anspannung. Realistischere Alternativen sind beispielsweise »Selbstakzeptanz« oder »das Gefühl, ein sinnvolles Leben zu führen«. Solche Eigenschaften steigern das Wohlbefinden.)

Wir rennen in Sackgassen, weil ihr Sog von den Menschen in unserer Umgebung und ihren Erwartungen verstärkt wird: ein missbilligender Blick, wenn Ihr Kind in der Öffentlichkeit weint. Ein stinkiges »Könnten Sie Ihr Kind bitte mal *beruhigen*?«. Ein Instagram-Foto einer ruhigen, lächelnden, scheinbar perfekten Familie im Partnerlook. Die Erkenntnis, dass offensichtlich jedes Kind in Ihrem Umfeld etwas tut, das Ihr eigenes Kind nicht hinbekommt. Oder einfach nur die Unmengen von Zielen, die Ihr Kind im Laufe seiner Erziehung erreichen soll. Es kann unglaublich schwierig sein, diesen Pfad zu verlassen oder gar die Richtung komplett zu ändern.

Ja, die Erziehung ist ein wichtiger Einflussfaktor, aber das gilt auch für unseren Charakter, unser Umfeld, unsere sonstigen Beziehungen und den Zugang zu neuen Informationen. Und wie wir im nächsten Teil des Buches erfahren werden, haben unsere Kinder eine Menge zu sagen, wenn es darum geht, was aus ihnen werden soll. Wie wäre es, wenn Sie – statt ein perfektes Kind heranziehen zu wollen – einfach **Ihr Kind** erziehen?

Die zweite Sackgasse: Der Druck, als Eltern perfekt zu sein

Und kaum haben wir den Perfektes-Kind-Pfad verlassen, finden wir uns auf dem zweiten wieder: dem Perfekte-Eltern-Pfad. Wir glauben, dass dieser Pfad uns zu elterlicher Kompetenz führt. Aber je länger wir darauf unterwegs sind, desto mehr merken wir, dass wir dabei nie an ein Ende gelangen und dass Kompetenz immer schwerer zu erlangen ist. Vielleicht zeigt sich da und dort mal ein Funke, aber es liegt immer noch ein ordentliches Stück Weg vor uns, auf dem sich immer mehr Hindernisse auftun.

Vielleicht wissen Sie gar nicht, dass Sie auf diesem Pfad unterwegs sind. Wenn ich mit meinen Klienten über Perfektionismus spreche, höre ich immer wieder: »Ich kann gar keine Perfektionistin sein, so viel, wie ich falsch mache.« (Anders gesagt: »Ich habe immer noch so vieles, was ich anstreben möchte. Ich werde meinen Erwartungen nie gerecht.«) Wenn Ihnen das bekannt vorkommt: Willkommen auf dem Perfektionismus-Pfad.

Wir schnappen Tag für Tag Unmengen (meist stark vereinfachte) Informationen über Schwangerschaft, Geburt, Erziehung, Kindesentwicklung und geistige Gesundheit auf, und das aus allen möglichen (und nicht immer seriösen) Quellen. Das kann bis zu einem bestimmten Grad hilfreich sein, doch es kann auch den Druck erhöhen. Wir gewinnen durch diese Informationsflut nämlich den Eindruck, es gäbe einen »richtigen« Weg – dieser »richtige« Weg ändert sich allerdings ständig. War in den 1980ern die Zielsetzung, Entwicklung und Intelligenz zu fördern, änderten sich die Ziele Mitte bis Ende der 1990er in die Richtung Selbstachtung, emotionaler Ausdruck und Verbundenheit. Dahinter steht immer die Idee, dass diese Ziele erreicht werden, indem wir unser elterliches Verhalten ändern. Unsere Aufgabe als Eltern ist also nicht nur, unsere

Kinder großzuziehen und anzuleiten, sondern wir sollen die kindliche Entwicklung fördern. Wir sind nicht einfach nur Eltern, wir sind die Schöpfer optimierter Erwachsener.

Wenn wir mehrere Kinder haben, fühlen wir uns hin- und hergerissen und haben den Eindruck, dass wir die Bedürfnisse von niemandem vollkommen erfüllen. So ist nun mal das Familienleben. Das hat auch damit zu tun, wie wir übers Elterndasein reden: Denn wenn wir jedermanns Bedürfnisse vollkommen erfüllen müssen, werden wir dabei nie »erfolgreich« sein.

Ein Beispiel: Wenn ich heute google »How ob e a good parent«, bekommen ich unzählige Seiten angezeigt. Beispielsweise steht da: »9 Schritte zu effektiver Erziehung«, »5 sinnvolle Fähigkeiten für Eltern«, »Die 10 Gebote guter Elternschaft« oder »50 einfache Wege, wie Sie fantastische Eltern werden«. Und ohne dass wir es bemerken, werden solche »Anleitungen« dann zu Zielen, an denen wir uns messen und festklammern – vor allem, wenn unser innerer Kritiker und unsere Sorgenmacherin eng zusammenarbeiten. Oder wenn die Liebende viel Bestätigung bekommt, sobald wir diese Ziele erfüllen.

Stopp. Wenn wir ein wenig nachbohren, dann stellen wir fest, dass eines der Gebote stets lautet: »Lieben Sie Ihr Kind bedingungslos.« Aber wie soll das gehen, wenn wir zum Beispiel selbst nie bedingungslose Liebe erfahren haben? Oder wenn es Dinge gibt, die wir an unserem Kind als echte Herausforderung empfinden? Wie setzen wir Grenzen und ermutigen es zu einem Verhalten, das wir akzeptabel finden, ohne ihm das Gefühl zu geben, nicht geliebt zu werden? Was ist Liebe denn überhaupt, wie äußert sie sich? Eine einfache Aussage wie »Lieben Sie Ihr Kind bedingungslos« zieht also einen ganzen Schwanz von Fragen und Unsicherheiten nach sich, der damit zu tun hat, was gute Erziehung ist und wie wir sie umsetzen können. Häufig fragen wir uns dann, ob das, was wir tun, in Ordnung ist.

Ich habe in vielen Gesprächen gemerkt, dass sich viele Eltern immer häufiger um die langfristigen Auswirkungen elterlicher Entscheidungen drehen. Alles, was nicht perfekt ist, führt zu Schuldgefühlen, Scham und Ängsten. »Ich habe mein Kind angeschrien, welche Folgen hat das?« Oder: »Meine Kinder schauen mehr fern, als sie laut Richtlinie sollten. Wie kann ihnen das schaden?« Und: »Mit meinem Kind zu spielen, langweilt mich zu Tode, aber ich möchte nicht, dass es sich zurückgewiesen fühlt. Wie mache ich das?«

Da die Informationen immer präziser und die Zugänglichkeit immer einfacher werden, haben wir auch immer mehr Möglichkeiten, etwas falsch zu machen. Dann kommt es zu Gesprächen mit Eltern wie diesen: »Mein Dreijähriger hatte einen Wutanfall, während ich auf Instagram etwas gelesen habe. Er hat einfach nicht aufgehört. Was mache ich in so einem Fall?« Oder: »Ich habe ›Nein‹ gesagt, aber dann gelesen, dass man das nicht soll. Wie kann ich das sonst regeln?« Hinter diesen Fragen steht die große Unsicherheit, um die es eigentlich geht: »Habe ich etwas falsch gemacht?« Oder: »Sind wir schlechte Eltern?« Und: »Wird mein Verhalten meinem Kind schaden?« Wenn wir diesen Pfad weitergehen, vermehrt das unsere Ängste, und wir bekommen das Gefühl, dass die Verantwortung, die wir als Eltern tragen, einfach zu groß ist. Es wird immer schwieriger, unsere Kinder als ganze Menschen zu betrachten und nicht als Aufgaben, die wir bewältigen müssen.

Und wenn wir uns dann eingestehen, diese Ängste zu haben, kommt der nächste Schritt der Angst: Beeinträchtigt das nicht die Gehirnentwicklung unserer Kinder, wenn wir unsicher sind und Angst haben? Schon sind wir wieder auf dem ersten Pfad.

Und auch auf dem zweiten Pfad wird der Druck durch andere Menschen und deren Erwartungen verstärkt. Wenn Ihnen die Flut von Mitteilungen aus Kindergarten oder Schule je zu viel war, wissen Sie, was ich meine. Auch hier erfordert es viel Kraft, diesen Pfad zu verlassen, sich genau anzusehen, was damit verbunden ist, und sich zu fragen, was für unsere Familie passt, ohne dass wir ständig auf den Perfektionismus-Pfad zurückfallen.

Was mir bei modernen Erziehungsratgebern auffällt, ist, dass es nicht nur die empfohlenen Strategien sind, die den Druck erhöhen, sondern dass uns zum Teil auch die gut gemeinten Ratschläge zum elterlichen Wohlbefinden überfordern.

Ein Beispiel ist die eigentlich sehr entlastende Formulierung der »ausreichend guten Eltern«, die der Psychoanalytiker Donald Winnicott 1953 prägte, als er über die »normale hingebungsvolle Mutter« sprach.[56] Das Konzept dahinter besagt, dass wir als Eltern unsere Kinder enttäuschen können, dass wir Fehler machen und akzeptieren sollten, dass sie, was uns angeht, keinerlei Illusionen haben. Tatsächlich *sollten* wir sogar Fehler machen, damit sie sich selbst als Individuum besser kennenlernen können und begreifen, dass es in Ordnung ist, Fehler zu machen und andere Menschen zu enttäuschen. Wenn wir uns den Kindern in unserer chaotischen Menschlichkeit zeigen, können auch sie beruhigt chaotische Menschen sein. Doch seit dieses Konzept in Buchtiteln und Memes in den sozialen Medien verarbeitet und in Online-Erziehungskursen verbreitet wird, hat es für neuen Druck gesorgt. Denn wie sehr dürfen wir als »ausreichend gute Eltern« unsere Kinder im Stich lassen? Und wie? Ist »ausreichend gut« nicht nur eine schäbige Rechtfertigung? Wie können wir auf perfekte Weise »ausreichend gute Eltern« sein?

Ein anderes Beispiel ist der sogenannte »Cycle Breaker«, also der »Zyklus-Durchbrecher«. Die Zyklen von Traumata zu durchbrechen, ist ein komplexes Konzept, das seit Jahren erforscht wird im Zusammenhang mit Kindheitstraumata, belastenden kindlichen Erfahrungen, rassistischen und Generationen übergreifenden Traumata. Aber das »Cycle Breaking«

ist mittlerweile sogar auf TikTok ein trendiger Hashtag: Wenn ich heute nach #breakingthecycle suche, bringt dieser Hashtag mehr als 50 Millionen Views.

Wir wollen die Zyklen vergangener Generationen durchbrechen, aber die Rolle des »Cycle Breakers« ist unglaublich hart.

Der Knackpunkt ist – und genauso vollzieht sich der Wandel, wenn Sie eine Therapie machen –, dass Zyklen sich verändern, aber durchbrochen werden sie fast nie. Wenn wir eine Sache ändern, finden wir bald eine neue, die wir auch ändern möchten. Unsere Kinder wachsen heran und brauchen je nach Lebensphase andere Dinge von uns. Unsere eigenen Lebensumstände verändern sich. Es ist ein wunderschöner Gedanke, dass wir unseren Kindern ein weißes Blatt Papier überreichen, auf dem sie ihre eigene Landkarte nach ihren Vorstellungen aufzeichnen können. Aber sosehr wir uns das auch wünschen, wir können unsere Erfahrungen und die Komplexität unseres Lebens nicht einfach ausradieren. Die Vorstellung, dass wir uns so massiv verändern könnten, ist nicht nur grob vereinfacht. Wir fühlen uns sicher auch als Versager, wenn wir unsere Automatismen stets wiederholen.

Erinnern Sie sich noch an den Plattenspieler, der in Ihrem imaginierten Zuhause im Wohnzimmer stand und zu Ihrem Tanz die passende Musik spielte (siehe Seite 111)? Ihre Reaktionsweisen, Ihr Kontakt mit anderen Menschen, die Art, wie Sie sich selbst und die Welt wahrnehmen – diese Dinge sind wie die Rillen in der Schallplatte. Wenn Sie denselben Song viele Jahre gespielt haben, rutscht die Nadel fast schon automatisch in diese Rille. Nehmen Sie Veränderungen vor, dann müssen Sie den Song schon ziemlich oft abspielen, damit er Ihnen in Fleisch und Blut übergeht – und wenn Sie fix und fertig sind, dann wird die Nadel wieder in die alte Rille rutschen, bis Sie den neuen Song so oft gespielt haben, dass diese Rille sich genauso tief eingegraben hat. Das ist kein Versagen, sondern ein Lernprozess.

Wenn Sie mit diesen Ideen etwas anfangen können, dann sehen wir doch mal zu, wie Sie den Perfektionismus-Pfad verlassen können. Vielleicht mithilfe der folgenden Fragen:

- Was sollten ideale Eltern in Ihren Augen tun? Machen Sie eine Liste.
- Wie fühlen Sie sich, wenn Sie sich diese Liste anschauen?
- Woher kommen diese Ideen bei Ihnen?
- Wenn Ihr Kind alt genug ist, fragen Sie es doch mal, was in seinen Augen »gute Eltern« sind. Vergleichen Sie Ihre Listen. Unterscheiden sie sich sehr?

Auch hier meldet sich vermutlich wieder das Stimmchen im Hinterkopf: »Gut, für andere Leute mag es in Ordnung sein, nicht alles hinzukriegen, aber ich werde mich krummlegen, um ein guter Vater / eine gute Mutter zu sein.« Dann fragen Sie sich doch mal: Wenn Sie den Druck, gute Eltern zu sein, einfach abwerfen könnten, was könnten Sie dann endlich tun? Fühlen? Sein? Wie würde sich Ihr Tag verändern? Und wenn Sie sich das nur schwer vorstellen können, dann lassen Sie sich Teil II dieses Buches noch mal durch den Kopf gehen: Warum machen Sie sich so viel Druck? Und was kostet Sie das? Rufen Sie vielleicht Ihre Führungsgestalt herbei. Vielleicht hat sie eine Idee, was Sie anders machen könnten.

Noch eine (unsichtbare) Sackgasse: Der Druck, sich nicht unter Druck zu setzen

Sobald Sie diese Pfade hinter sich lassen und sich fragen, wie Sie es nur hinbekommen haben, sich in diese Gegenden zu verirren, geraten Sie in eine neue Sackgasse: Sie besteht aus dem Druck, als Eltern keinen Druck zu empfinden.

Diese Sackgasse unterscheidet sich von den anderen beiden, hat aber mit vielen Dingen zu tun, über die wir bereits gesprochen haben. Sie entsteht aus Geschichten darüber, dass Elternsein etwas ganz Natürliches ist und demzufolge einfach sein müsste. Dass wir dumm dastehen, wenn wir zu verstehen geben, dass wir nicht zurechtkommen. Sie entsteht aus Mythen darüber, wie Kinder sich verhalten sollten. Daher lächeln wir Fremden im Supermarkt zu und zischen unser Kind an, nicht zu heulen. Die Sackgasse nährt sich aus all den anderen Geschichten, über die wir uns schon unterhalten haben: dass wir als Vater oder Mutter durch nichts zu erschüttern sind und immer Taschentücher dabeihaben. Dass wir coole, lässige Eltern sein müssen, die immer für einen Spaß zu haben sind. Dieser Weg entsteht aus unserer Erfahrung, von anderen Menschen kritisiert zu werden – oder aus der imaginierten Verurteilung, mit der wir uns selbst konfrontieren, wenn wir uns mit anderen Eltern vergleichen (ob nun im wirklichen Leben oder in den sozialen Medien).

Die Sackgasse kann auch tiefer liegende Gründe haben, die es uns schwer machen, unsere Gefühle zu zeigen. Oder sie entsteht aus ererbten Geschichten darüber, wie Kinder sich zu verhalten haben. Das führt dazu, dass wir unseren Kindern nicht von Angesicht zu Angesicht begegnen können. Wir schielen von der Seite auf sie. Wir leben mit ihnen, können aber keine Verbundenheit herstellen. Trotzdem bleiben wir auf diesem Pfad, weil wir Angst haben, uns völlig zu verirren, wenn wir uns unsere wahren Gefühle im Zusammenhang mit der Elternschaft eingestehen.

Erinnern Sie sich noch daran, wie wir in der Küche saßen, bei den Haferbreischüsseln, und über Macht nachgedacht haben? Oder an den Beginn dieses Kapitels, in dem es um Kompetenz ging?

Wir versuchen, ruhig zu bleiben, um das Gefühl zu haben, dass wir alles im Griff behalten. Wir brauchen dieses Gefühl und möchten, dass andere sehen, wie gut wir alles hinkriegen. Mitunter, weil wir keine Macht haben, nie welche hatten und/ oder weil wir uns ohnmächtig fühlen.

Wieso verhalten wir uns so?

Erstens, weil es beim Elternsein um Liebe geht. Und wie Sie mittlerweile wissen, ist die Liebe für uns komplizierter, als wir dachten. Eltern zu werden, lässt in uns die Erfahrungen, wie wir geliebt wurden und wie wir lieben, wieder hochkochen. Für Eltern sind Gefühle der Liebe – und Gefühle im Allgemeinen – zeitweise wirklich überwältigend. Daher fühlt es sich gut an, Maßstäbe zu haben, die »belegen«, dass wir »richtig« lieben und dass wir »gute Eltern« sind, auch wenn uns diese Maßstäbe unter Druck setzen.

Und zweitens sind Kinder einfach **Chaos pur**.

Wir fühlen uns ihnen gegenüber völlig hilflos, immer wieder und auf verschiedene Weise.

Kinder lassen die Illusion, dass wir alles unter Kontrolle haben, einfach zerplatzen. Wir versuchen immer wieder, ein Gefühl der Kontrolle herzustellen, Ordnung im Chaos zu schaffen. Wir gehen zum Schwangerschaftsyoga, führen Schlafregeln ein, wir üben Rituale und folgen Erziehungsratgebern, wir versuchen, die Kinder zu formen und zu prägen und ihnen buchstäblich **alles** zu geben, damit sie – wie wir oben schon sagten – optimale und optimierte Menschen werden. Und dann verrutschen sie im Mutterleib, und wir haben eine schreckliche Geburt. Dann kotzen sie auf den neuen Teppich und schmieren uns Erdnussbutter ins Haar. Sie beschimpfen ihre Oma und klettern über den Zaun des Pausenhofs. Sie kommen nicht zur ausgemachten Zeit nach Hause und sind mit Typen unterwegs, die uns gegen den Strich gehen. Sie schmeißen das Studium, und sie danken uns mit keinem Wort für unsere Unterstützung.

Wir können uns noch mehr anstrengen und noch mehr Erziehungsbücher lesen und neue Tipps ausprobieren und mit neuen Leuten reden, die uns neue Lösungen anbieten. Oder wir verabschieden uns von diesen erwachsenen Konzepten von Macht und Druck und lassen uns ganz bewusst auf das kindliche Chaos ein, um es besser zu verstehen.

Ich meine damit nicht, dass Sie nun in jeder Hinsicht die Zügel loslassen sollen. Wir können unser Umfeld, uns selbst und teilweise sogar unsere Pläne kontrollieren. Doch wir sollten uns bewusst machen, dass wir niemals andere Menschen kontrollieren können, auch nicht unsere eigenen Kinder. Doch wir können sie besser kennenlernen. Denn wir wollen keine optimalen und optimierten Kinder heranzüchten. Wir ziehen ganze, komplizierte und manchmal nervtötende, menschliche Wesen groß.

Genau diese menschlichen Wesen wollen wir im nächsten Schritt kennenlernen. Vorher aber noch ein kurzer Check:

1. Wie geht es Ihnen? (Wie hoch ist Ihre Herzfrequenz? Wie macht sich Ihr Energiepegel? Was spüren Sie in Ihrem Körper? Wie erleben Sie Ihre Emotionen? Sind Sie ängstlich, traurig, aufgeregt, neugierig oder sonst etwas?)
2. Was haben Sie aus Teil III mitgenommen? (Informationen, Ideen, Erinnerungen, Gefühle?)
3. Wenn Sie sich aus diesen Kapiteln etwas aussuchen dürften: Woran möchten Sie sich auf jeden Fall erinnern?

IV

Die Geschichten der Kinder

11

Instrumente für die Reise

Alle Erwachsenen waren einmal Kinder …
Aber nur wenige erinnern sich daran.

Antoine de Saint-Exupéry, *Der kleine Prinz*[57]

Nun ist es an der Zeit, Ihre Landkarte zusammenzurollen. Sehen Sie diese noch einmal an und überlegen Sie, wie weit Sie auf dieser Reise mittlerweile gekommen sind. Hoffentlich wissen Sie jetzt besser, warum Sie reagieren, wie Sie reagieren, kennen die Charaktere besser, die Sie geprägt haben, und auch die Menschen in Ihrem Leben, die Sie in Ihrem Elternsein beeinflussen. Vielleicht haben Sie ein klareres Gefühl dafür, wer Sie im Herzen sind und welche Art von Elternteil Sie sein wollen – einer, der ganz auf Ihrem Ich, Ihren Werten und Ihrem einzigartigen Leben gründet und nicht auf den Geschichten und Erwartungen Ihrer Umgebung.

Vermutlich haben Sie jetzt noch mehr Fragen als zuvor und fühlen sich vielleicht auch ein wenig wackliger auf den Beinen, denn Dinge, die lange Zeit gewiss waren, fühlen sich plötzlich unsicher an. Auf dieser Reise kann sich – wie es bei therapeutischen Prozessen üblich ist – durchaus das Gefühl einstellen, dass vieles durcheinandergewirbelt wurde, denken Sie nur an die Wäsche aus dem Wandschrank. Vielleicht müssen Sie kurz innehalten, um zu sehen, wo all das hinfällt, bevor Sie es wieder wegräumen können. Wenn Sie das Gefühl haben, dass alles durcheinandergeraten ist, denken Sie daran: Es ist total in Ordnung, wenn Sie das Buch eine Weile weglegen, bis Sie wieder eine klare Vorstellung davon haben, wie Ihre Landkarte aussieht und wie Sie sie neu schreiben wollen.

Halten Sie Ihre Landkarte griffbereit, wir brauchen sie vielleicht noch. Doch wir kehren noch nicht ins normale Leben zurück mit all den Alltagsroutinen, dem Geschirr in der Spüle, den Popos, die Sie abwischen müssen, oder dem Abendessen, das noch zubereitet werden muss. Wir lassen uns noch weiter auf dieses Abenteuer ein. Bitten Sie Ihre Führungsgestalt zur Unterstützung herbei, denn ich möchte, dass Sie nun eine ganz neue Landkarte zeichnen.

Normalerweise beschäftigen wir uns nicht mit dieser anderen Landkarte, denn wir verlieren schnell die Fähigkeit, ihr zu folgen, wenn wir älter werden. Als Kinder sehnen wir uns oft danach, diese Wege endlich hinter uns zu lassen und in die Erwachsenenwelt einzutauchen. Wenn wir dann erwachsen sind, legen wir unsere Landkarte über die kindliche und vergessen diese. Wollen wir unsere Landkarte neu zeichnen, orientieren wir uns eher an den Karten anderer Erwachsener. Wir schauen uns in unserer Umgebung um: Da sind die Landkarten, von denen wir glauben, dass sie den Freunden unserer Kinder gehören. Oder die unserer Kindheitsfreunde. Wir schauen auf die Landkarten in Erziehungsratgebern, oder wir erhaschen einen kurzen Blick auf die Landkarten anderer Leute im Fernsehen, in den sozialen Medien, in Filmen und Büchern.

Doch eines vergessen wir dabei manchmal: Unsere Kinder haben auch ihre eigenen Landkarten.

In den folgenden Kapiteln werden wir erfahren, wie wir uns in die Landkarten unserer Kinder einfühlen können – vor allem, wenn sie sich von unseren unterscheiden (was unvermeidlich ist), aber auch von der unseres Partners oder unseres

Co-Elternteils und von der anderer Kinder. Wie können wir uns einfühlen, wenn die Landkarte anders ist, als wir erwartet haben, anders als das, was die Gemeinschaft von den Kindern fordert, anders als das, was die Gesellschaft von ihnen verlangt.

Bevor wir uns auf den nächsten Teil unserer Reise begeben, möchte ich noch etwas klären, um keine falschen Erwartungen zu wecken. Sie denken jetzt vielleicht: »Endlich verrät Sie mir, was ich zu tun habe.« Das werde ich nicht. Und ich erkläre Ihnen auch, warum: Weil ich weder Sie kenne noch Ihr Kind.

Stattdessen werde ich Ihnen in groben Zügen schildern, was Kinder ausmacht, sodass Sie diese ein wenig besser verstehen. Aber die Wahrscheinlichkeit ist groß, dass Sie nach der Lektüre dieses Teils mehr Fragen haben als zu Beginn. Das ist okay. Nein, eigentlich ist es großartig. Denn wie wir in der Einführung gesehen haben, ist unsere Aufgabe als Eltern nicht, unsere Kinder zu formen, sondern nur, sie zu halten, sie zu unterstützen, wenn sie ihr magisches Selbst und ihre Persönlichkeit entdecken. Wir können ihnen ein solides Fundament bieten, auf dem sie sich ausruhen können, wenn das nötig ist.

In diesem Niemandsland, zwischen Ihrer Landkarte und der Ihres Kindes, brauchen Sie fünf Instrumente, die Ihnen dabei helfen, die Landkarten zu studieren.[58] Diese Instrumente können Sie auf Ihrer Reise durchs Elterndasein stets einsetzen – und nicht nur da, sondern auch in anderen Beziehungen. Sie scheinen recht simpel zu sein, wenn man so drüberliest, doch Sie werden feststellen, dass Sie üben müssen, wie man sie anwendet, um einen routinierten Umgang mit ihnen zu erlernen. Bestenfalls verändert sich in der Folge wieder einiges, und Sie müssen herausfinden, wie Sie diese Instrumente dem neuen Kontext anpassen können. Wir sind immer Anfänger.

Eltern-Tool 1: Wiedergutmachung

Wir verbringen viele Stunden mit unseren Kindern. Wie sollten wir da keine Fehler machen? Es ist unmöglich, zu vermeiden, dass wir Dinge tun, die wir eigentlich nicht wollten, oder Dinge sagen, die wir hinterher bedauern. Auch unsere Kinder werden sich nicht immer fehlerfrei verhalten.

Daher ist eines der hilfreichsten Instrumente, die wir in unsere Elternschaft (und letztlich in alle Beziehungen) einbringen können, die Fähigkeit zur Wiedergutmachung. Dadurch erobern wir uns ein Kraftfeld, das uns und unsere Familie schützt, vor allem in schwierigen Momenten der Auseinandersetzungen und fehlenden Verbundenheit. Je eher wir einsehen, dass wir fehlbare, chaotische, unvollkommene Menschen sind, und je mehr wir dies auch bei unseren Kindern akzeptieren, desto weniger Widerstand legen wir an den Tag, wenn wir unsere Fehler erkennen sollen. So wird es einfacher, schwierige Momente zu klären.

Wir müssen lernen, dass es in Ordnung ist, dass wir uns nicht immer einig sind und jemand uns das unverblümt sagt. Wir sollten fähig sein, zu uns selbst zu sagen: »Mist, das habe ich falsch gemacht.« Und: »Du hast das falsch gemacht, aber ich mag dich trotzdem.« Solche Brüche sind keine Fehler. Sie sind normal und *unverzichtbar*. Beziehungen entstehen nicht in den Momenten, in denen wir uns einig sind. Sie entstehen, wenn wir etwas wiedergutmachen.

Um die Fähigkeit zur Wiedergutmachung zu entwickeln, müssen wir Konflikte akzeptieren. Und mit »Konflikt« meine ich nicht das Offensichtliche – Streit, Gebrüll, weil uns etwas nicht passt. Unser Alltag als Eltern steckt voller Konflikte, die wir herunterschlucken oder denen wir aus dem Weg gehen. Konflikte mit uns selbst (»Ist es in Ordnung, wenn ich heute Abend ausgehe, obwohl mein Kind deshalb weint?«), Konflikte mit unseren Kindern (»Jetzt stell dich nicht so an, die Soße ist total in Ordnung. Iss einfach dein Abendessen.«) und Konflikte zwischen den Kindern, mit unserer Partnerin oder mit anderen Menschen.

Sich auf Konflikte einzulassen, stößt eine Reihe von Problemen an, über die wir bereits gesprochen haben. Diese passen leider nicht zu unseren Erwartungen oder den Geschichten über Elternschaft und das Familienleben, und wir stellen deshalb schnell uns selbst beziehungsweise unsere Kinder infrage. Vielleicht sorgt ein Konflikt dafür, dass wir zurück in unsere Sackgassen taumeln, die wir im letzten Kapitel erkundet haben. Dann sagen wir unseren Kindern nicht unmissverständlich, was Sache ist, weil wir dann keine idealen Eltern sind und keine perfekten Kinder, die stets miteinander auskommen. Unsere Einstellung zu Konflikten bildet sich durch die Tänze aus, die wir in Kapitel 6 kennengelernt haben. Familien, die an den argentinischen Tango gewöhnt sind, sind es gewohnt, sich in der einen Minute anzubrüllen, in der nächsten darüber zu lachen. Sind wir hingegen im irischen Volkstanz erzogen worden, empfinden wir schon die kleinste Unstimmigkeit als Katastrophe.

Auch unser eigenes Innenleben ist Teil der Elternschaft. Vielleicht meldet sich unser Kritiker und sagt: »Jetzt sieh nur, was du da wieder angerichtet hast.« Dann kommt der Floater und holt uns weg von diesen schwierigen Gefühlen der Scham, sodass wir so tun können, als wäre nichts passiert. Oder die Liebende erzählt uns, dass wir jeden Riss so schnell wie möglich kitten müssen, auch wenn das heißt, dass wir unsere eigenen Bedürfnisse ignorieren und der Konfrontation mit unserem Kind aus dem Weg gehen. Der besorgte Charakter versucht von Haus aus, jeden Konflikt zu vermeiden, während die Stoikerin über diesen kleinlichen Dingen zu stehen meint. Oder wir geben unseren Kindern die Schuld an dem Konflikt und projizieren unseren Kritiker auf sie. Sie allein sind schuld, so müssen wir uns wenigstens nicht mies fühlen.

Auch unsere frühen Erfahrungen mit Konflikten bringen wir ein. Vielleicht erinnert sich das Kind in uns daran, dass es für Kleinigkeiten bestraft wurde oder wie sehr es sich fürchtete, wenn im Haus Streit herrschte. Die Gefühle, die es dadurch in uns wachruft – zum Beispiel die Angst, dass unser eigenes Kind sich nun so fühlen könnte, wie es uns damals ging –, halten uns davon ab, Schwierigkeiten und Meinungsverschiedenheiten anzusprechen.

Wir können aus den verschiedensten Gründen Angst vor Konflikten haben. Doch das Vermeiden von Auseinandersetzungen führt dazu, dass sich diese Ängste an anderer Stelle zu Wort melden, zum Beispiel wenn wir unseren Partner anblaffen oder ein unangenehmes Körpergefühl entwickeln. Ist der Konflikt in vollem Gange, und eine Wiedergutmachung scheint uns unmöglich, dann liegt es häufig daran, dass wir nicht wissen, wo wir anfangen sollen.

Auch die Wiedergutmachung selbst fühlt sich schwierig an. Dabei geht es nicht nur um eine Reparatur des Schadens, sondern auch darum, dass wir den ersten Schritt machen müssen. Haben wir es mit dem salzigen Haferbrei autoritärer Erziehung zu tun (siehe Seite 94), dann fühlt sich jede Wiedergutmachung – also das Eingeständnis, dass wir etwas falsch gemacht haben – konträr zu allem an, was wir für richtig halten. Denn wir müssen zugeben, dass wir nicht die allwissende Autorität sind, sondern ein fehlbarer Mensch. Wir glauben vielleicht, dass das Angebot der Wiedergutmachung oder einer Entschuldigung uns unsere elterliche Macht nimmt und unsere Kinder danach keinen Respekt mehr vor uns haben.

Haben wir es hingegen mit dem stark gesüßten Haferbrei permissiver Elternschaft zu tun oder mit dem löffelweise verabreichten Brei der Helikoptereltern, dann sind Fehler überhaupt nicht akzeptabel, ob nun wir sie machen oder unsere Kinder.

Die Fähigkeit zur Wiedergutmachung zeigt uns, dass es Teil

der menschlichen Erfahrung ist, aus Fehlern zu lernen, statt ihnen aus dem Weg zu gehen. So wie unsere Kinder gehen lernen, indem sie immer wieder hinfallen, lernen wir uns und unsere Beziehungen besser kennen, indem wir etwas verkehrt machen. Wir als Eltern und unsere Kinder machen unzählige Fehler. Aber es ist unsere Aufgabe als Erwachsene, Wiedergutmachung anzubieten und unseren Kindern vorzuleben, wie diese aussehen kann. Denn so können unsere Kinder unserem Beispiel folgen, weil sie von uns lernen, dass man Verbundenheit wiederherstellen kann.

Wie aber sieht nun so eine Wiedergutmachung aus? Erstens müssen Sie dafür mit sich selbst im Reinen sein – dazu kommen wir in Kapitel 13. Zweitens müssen Sie Ihr Angebot so unterbreiten, dass es sich für Sie und für Ihr Kind richtig anfühlt. Sie werden in Erziehungsratgebern unzählige Vorschläge finden, wie man nach einem Streit mit seinem Kind wieder Frieden schließt. Diese Vorschläge enthalten gute Ideen, aber eine echte Wiedergutmachung kommt von Herzen, nicht aus dem Kopf. Ich persönlich bin aus Newcastle, dem rauen Norden Englands. Daher werden Sie von mir niemals Sätze hören wie: »Es tut mir so leid, dass ich wütend geworden bin. Das hast du nicht verdient. Manchmal fällt es Mama schwer, ruhig zu bleiben, und ich weiß, dass ich daran arbeiten muss. Vermutlich ist es beängstigend, wenn Mama schreit. Ich liebe dich sehr, und es tut mir leid, dass ich deine Gefühle verletzt habe.« Aber das ist auch in Ordnung, denn solche Sätze wären für mich absolut unnatürlich. Experimentieren Sie also ruhig ein bisschen. Überlegen Sie, was sich bei Ihnen zu Hause richtig anfühlt und eine Wirkung erzielt. Was würden Sie in solch einer Situation gern hören? Was möchten Sie erreichen? Vergessen Sie dabei nicht, dass Ihr Kind ein eigenständiges menschliches Wesen ist. Was für Sie stimmt, muss für Ihr Kind nicht zwangsläufig richtig sein. Tasten Sie sich heran. Aber vielleicht haben Sie ein paar Ideen, wenn Sie zunächst mal von sich ausgehen.

Ein wichtiger Teil der Wiedergutmachung ist Vergebung – auch für sich selbst. Das Elterndasein ist unbarmherzig und spielt sich vor dem Hintergrund verschiedenster widersprüchlicher Anforderungen ab. Daher ist es von entscheidender Bedeutung, Ihre Führungsgestalt zu bemühen, damit sie Worte des Mitgefühls für Sie findet, sobald Sie sich mit der Landkarte Ihres Kindes auseinandersetzen.

Wenn Sie dieses Instrument auf Ihre Reise mitnehmen wollen, stellen Sie sich folgende Fragen:

- Wie sehen Ihre Konflikte zu Hause aus?
- Warum nehmen Ihrer Ansicht nach diese Konflikte in Ihrer Familie diese Dynamik an?
- Wie stehen Sie zur Wiedergutmachung? Was erleichtert Ihnen eine Wiedergutmachung?
- Was brauchen Sie, um das Gefühl zu haben, dass ein Konflikt gelöst wurde? Was glauben Sie, braucht Ihr Kind? Oder andere Menschen in Ihrer Familie?
- Manchen Menschen fällt es schwer, zu akzeptieren, dass sie für die Wiedergutmachung verantwortlich sein sollen. Wie geht es Ihnen mit der Vorstellung, dass diese Teil Ihrer Elternschaft ist?

Eltern-Tool 2: Einfühlungsvermögen

Nun werden wir ein wenig rührselig. Die Wiedergutmachung ist Aufgabe unseres Erwachsenen-Ichs. Aber um uns auf unser Kind einzustellen, brauchen wir Einfühlungsvermögen. Wir müssen versuchen, uns daran zu erinnern, wie es war, ein Kind zu sein, daran, wie die Welt für Kinder aussieht. Denn was wir für die Unterschiede zwischen uns und unseren Eltern festgestellt haben, gilt auch für unsere Kinder: Sie wachsen in einer ganz anderen Welt auf als wir. Und wenn wir uns nicht dafür interessieren, wie das für sie ist, können wir sie nicht in ihrer Welt treffen und begleiten. Wenn wir uns Einfühlungsvermögen als Instrument aneignen, erhalten wir die Kraft, die Welt durch die Augen unseres Kindes zu sehen.

Das Erste, was Ihnen vermutlich auffallen wird, ist die Tatsache, dass sich aus der Kinderperspektive alles hoch über Ihrem Kopf abspielt. Wenn Erwachsene mit Ihnen reden, verstehen Sie vielleicht nicht so gut, was sie sagen, wenn sie sich nicht zu Ihnen herabbeugen. Und es passieren dauernd Dinge, die Sie nicht begreifen. Sie sind ganz in Ihr Spiel versunken und merken gar nicht, dass ein grantig dreinschauender Erwachsener neben Ihnen steht, weil Sie sich anziehen sollen. Vermutlich müssen Sie auch ständig auf irgendetwas warten – auf die Kindergruppe, auf den Spielplatz, aufs Essen. Und wenn Sie ungeduldig werden, werden Sie ausgeschimpft. Wenn es dann Essen gibt und Sie lieber etwas anderes hätten, heißt es: »Du kriegst, was alle kriegen. Und jetzt hör endlich auf, dich zu beschweren.« Und so scheucht man Sie einfach weiter: »Los, jetzt komm schon!« Außerdem müssen Sie ständig teilen, dabei behalten Ihre Eltern die Sachen, die sie toll finden – Handy, Schlüssel und Leckereien –, ja auch für sich.

Es passiert uns immer wieder, dass wir Kinder als kleine Erwachsene betrachten. Doch sie sind ganz anders als wir. Da ist zum Beispiel die Sache mit den Gehirnwellen. Bis zum Alter von etwa acht Jahren ist unser Gehirn im Theta-Zustand, in den wir als Erwachsene nur dann eintauchen können, wenn wir meditieren oder Tagträumen nachhängen. Kleine Kinder verlieren sich oft in ihren geistigen Welten – und dieser fließende Zustand tut ihnen (und uns Erwachsenen übrigens auch!) gut. Dabei wächst ihre Vorstellungskraft, was ihnen Selbstsicherheit gibt. Wir Erwachsenen aber reißen sie im Laufe des Tages immer wieder aus diesem Zustand heraus, hinein in die große, laute Welt, in der wir leben. Leider ist diese nicht besonders kinderfreundlich.

In Großbritannien und ähnlichen Kulturen, die viel Wert auf Individualismus legen, besteht zwischen der Welt der Erwachsenen und jener der Familien und Kinder eine Trennung, wie sie sonst auf der Welt nicht existiert. 2010 meinte Sir Al Aynsley-Green, der Kinderbeauftragte der britischen Regierung, dass Großbritannien ein kinderfeindliches Land ist.[59]

Unsere Kinder werden in unserer Erwachsenenwelt über die Erwachsenenlandkarten geschoben. Ein häufiges Beispiel dafür, wie die Erwartungen von uns Erwachsenen uns hindern, Dinge durch die Augen der Kinder zu sehen, sind die Ferien. Wir planen für unsere Kleinen alle möglichen Aktivitäten: Wir nehmen sie mit in den Vergnügungspark, um festzustellen, dass sie die ganzen Fahrgeschäfte laut und stressig finden. Viel lieber gucken sie den Enten auf dem Teich zu und sind am Ende des Tages so überreizt, dass sie uns anschreien – und wir haben das Gefühl, äußerst undankbare Kinder zu haben.

Unsere Kinder werden zu Projektionsflächen für unsere eigenen Bedürfnisse und Wünsche oder zu Objekten, die wir kontrollieren müssen. So zerren wir sie ständig in die Sackgassen der Erwachsenen-Erwartungen. Wenn sie dabei nicht mitspielen wollen, gelten sie als schwierig. Unterbrechen sie die Gespräche Erwachsener, hält man sie für ungeduldig. Stellen sie uns infrage, dann sind sie unverschämt und respektlos.

Diese Haltung durchzieht auch unsere Erwartungen ans Familienleben. »Spaß« ist etwas, das wir haben, wenn wir ohne Kinder sind, weil sie uns ja so viel Energie kosten. Ja, wir sehen immer wieder Saubermannbildchen von Familien mit blendend weißen Zähnen, die sich breit grinsend um ein Brettspiel versammelt haben. Doch nur selten finden wir Bilder von Familien, die einfach gemütlich miteinander abhängen. Die allgemein gültige Geschichte über das Elterndasein ist doch: Wir investieren so viel Energie in unsere Kinder, dass wir uns ohne sie von dieser Anstrengung erholen müssen. Natürlich brauchen wir auch mal Raum für uns selbst, doch wie wir bereits gesehen haben, werden diese Gedanken, dass Kinder anstrengend sind und nur die Momente allein erholsam sein können, für uns »normal«, auch wenn sie nicht zu unserer eigenen Erfahrung passen.

Wir als Eltern spüren ständig die Auswirkungen dieser Bilder, zum Beispiel wenn wir ein kleines Kind in einen »Erwachsenenraum« mitnehmen, ein Restaurant oder ein Museum. Selbst wenn sich das Kind ruhig verhält, ist der Druck auf die Eltern enorm, wegen der realen oder vermeintlich böse Blicke, die andere Leute uns zuwerfen und die sich unmittelbar darauf auswirken, wie wir mit unserem Kind umgehen.

Manche Menschen halten unseren Umgang für »Adultismus«, ein Begriff, der die Machtungleichheit zwischen Kindern und Erwachsenen beschreibt und die daraus resultierende Diskriminierung jüngerer Menschen. Es geht um die Erkenntnis, dass Kinder in der erwachsenenzentrierten Welt häufig an den Rand gedrängt werden.

Sie denken vielleicht, es sei weit hergeholt, bei Kindern von Diskriminierung zu reden, doch in England war es 2022 noch immer erlaubt, Kinder zu schlagen. Und die USA sind zwar der UN-Kinderrechtskommission beigetreten, haben sie aber immer noch nicht ratifiziert. Sämtliche Hilfseinrichtungen und -maßnahmen für Kinder – ob lokale Behörden, staatliches Gesundheitssystem oder Jugendzentren – werden in Großbritannien zusammengestrichen, was gerade die verwundbarsten unter ihnen am härtesten trifft. 2018 – also noch vor der Covid-Pandemie, dem Brexit und der Krise bei den Lebenshaltungskosten – untersuchte ein UN-Sonderberichterstatter Armut in Großbritannien. Seine Feststellung: Großbritannien sei zwar die fünftgrößte Volkswirtschaft der Welt, aber »Fazit ist, dass all das, was die britische Gesellschaft seit dem Zweiten Weltkrieg zusammengehalten hat, ganz bewusst abgebaut und durch ein rigoroses, wenig fürsorgliches Ethos ersetzt wurde«.[60] In Großbritannien lebten zwischen 2020 und

2021 insgesamt 27 Prozent der Kinder in Armut.[61] Das sind in einer Klasse mit 30 Schülerinnen und Schülern immerhin acht Kinder. Bei Alleinerziehenden und bei Familien, die zu ethnischen Minderheiten gehören, steigt dieser Anteil auf fast 50 Prozent an.

Eine der Idealvorstellungen, die wir für unsere Kinder hegen, ist es, dass sie glücklich sind. Und wenn sie traurig sind oder wütend, dann sollen sie bitte möglichst schnell wieder glücklich sein. Aber Kinder haben eine große Bandbreite von Gefühlen, genau wie wir Erwachsenen. Eines der schönsten Geschenke, die wir ihnen machen können, ist das Verständnis dafür, dass es nicht immer einfach ist, als Kind in unserer modernen Welt zu leben. Und ihnen erlauben, derartige Gefühle auszudrücken.

Sie können das Instrument »Einfühlungsvermögen« gut in Ihren elterlichen Alltag einbringen, wenn Sie zwei Ideen im Hinterkopf behalten.

Erstens sollten Sie als Eltern offen bleiben und sich die Erfahrungen Ihrer Kinder anhören. Sie sollten aufmerksam der Schilderung ihrer Wirklichkeit lauschen, ohne sie infrage zu stellen. Manchmal wird diese weder Ihren Erwartungen noch Ihren Überzeugungen entsprechen, aber wenn Sie sie trotzdem anhören, erhalten Sie Einblick in die Welt ihrer Landkarte. Und selbst wenn die Kleinen sich (noch) nicht gut mit Worten ausdrücken können, werden sie Sie durch ihr Verhalten an ihrem Leben teilhaben lassen – indem sie sich beispielsweise nach dem Druck im Kindergarten oder in der Schule austoben müssen oder schon auf Kleinigkeiten extrem gereizt reagieren.

Zweitens können Sie, wenn Ihre Kinder alt genug sind, nachhaken, wie sie die Dinge sehen. Das sind nicht die Fragen, die Sie Ihren Kindern üblicherweise stellen. Aber Sie können ein Gespräch eröffnen, indem Sie beispielsweise sagen: »Ich bin ja jetzt schon lange kein Kind mehr. Erzähl mal, wie das für dich so ist!« Oder: »Welche Unterschiede siehst du eigentlich zwischen deinem und meinem Leben?« Und: »Verrätst du mir, was dich gerade beschäftigt?« Manche Kinder finden solche Fragen nicht gerade einfach. Es liegt an ihnen, wie viel sie Ihnen erzählen wollen. Aber wenn Sie immer wieder Interesse an ihrer Sicht der Dinge zeigen, bleibt das Instrument lebendig.

Eltern-Tool 3: Zusammenarbeit

Wir haben viel über familiäre Dynamiken nachgedacht – darüber, wer in Ihrem Haushalt das Sagen hat, wer den Tanz anführt und welche Gespenster Sie geerbt haben. Aber wenn wir das Familienleben als Zusammenarbeit sehen und die Mitglieder der Familie als Team (auch wenn wir die Teamleiter sind), dann fällt es uns leichter, die Landkarten unserer Kinder zu studieren, ohne unsere Erwachsenen-Landkarten darüberzulegen. Das bringt uns auch der Zubereitung des Haferbreis näher, der »gerade richtig« ist: Die Kinder wissen, was man von ihnen erwartet, werden aber bei der Erfüllung dieser Erwartungen unterstützt.

Zusammenarbeit bringt unsere Bedürfnisse und die unserer Kinder sowie aller anderen Familienmitglieder gleichberechtigt zusammen. Das ist das Instrument, das wir brauchen, um all die Geschichten zu vergessen, um die Pfade zu verlassen, von denen wir im letzten Kapitel sprachen. Denn wenn wir als Team zusammenarbeiten und uns auf die einzelnen Mitglieder einstellen, dann müssen wir allen Mythen und Idealen den Rücken kehren. Das ist das definitive Aus für die ständigen Machtkämpfe mit unseren Kindern: Wir versuchen nicht, sie zu kontrollieren, akzeptieren aber auch nicht, dass sie über uns Kontrolle ausüben.

Auf diesem Weg müssen wir viel verlernen und neue Wege

der Kommunikation finden, vor allem, wenn unsere Kinder in die Schule kommen oder Teenager werden.

Wie Erwachsene brauchen auch Kinder Zeit, bevor sie ihrer inneren Erfahrung Ausdruck verleihen können. Das Wichtigste ist, dass wir da sind, wenn es so weit ist. Das ist vielleicht der schwierigste Part der Elternschaft – einen Schritt zurückzutreten und den Kindern den Raum zu lassen, bis sie bereit sind. Denn dieser Entwicklungsschritt vollzieht sich immer gerade dann, wenn Sie am wenigsten darauf vorbereitet sind. Eher, wenn Sie gerade die letzte Folge Ihrer Lieblingsserie anschauen, sich fürs abendliche Ausgehen zurechtmachen oder (ähm) wenn Sie gerade ein Kapitel zu Ende schreiben möchten.

Für Eltern kann das recht schwierig werden. Wenn ein Kind, das immer gut zurechtzukommen schien, auf einmal zerbrechlich wirkt, zu weinen anfängt oder aus heiterem Himmel aggressiv wird. Normalerweise wollen wir dann eine schnelle Lösung finden, statt einfach nur zuzuhören (was den Kindern dabei hilft, ihre eigene Lösung zu finden). Oder wir geraten in eine Auseinandersetzung, weil jeder Punkte sammeln will, statt den anderen zu verstehen. (Die Psychotherapeutin Philippa Perry nennt diese Reaktion »Faktentennis«.[62]) Manchmal brauchen wir eine Weile, bis wir in der Lage sind, innezuhalten und uns zu fragen, was unser Steppke uns eigentlich sagen möchte.

Es gibt ein wunderbares Tool, das sehr schnell ein Teamgefühl erzeugt: das aktive Zuhören. Es hilft uns, die Landkarte unseres Kindes besser zu verstehen und in seine Erfahrungswelt einzutauchen. Je öfter wir das aktive Zuhören mit unserem Kind üben, desto besser wird auch Ihr Kind lernen, wie es geht, und dieses Tool später auf andere Beziehungen übertragen können.

Aktives Zuhören ist genau das, was sich im Begriff schon ausdrückt: Sie hören ganz bewusst zu. Ich vergleiche das gern damit, dass man einen Scheinwerfer auf eine Person richtet und alle Ablenkungen ausblendet, um genau zu hören, was dieser Mensch zu sagen hat. Das ist eine der ersten Techniken, die man in der therapeutischen Ausbildung erlernt. Und es ist erstaunlich, wie sie unsere Kommunikation mit anderen Menschen verbessern kann. Es hört sich einfach an: Man muss Worte und nonverbale Signale wahrnehmen, wirklich hören, was gesagt wird, die Bedeutung verstehen und zurückspiegeln, was man gehört hat, ohne eine eigene Meinung oder ein etwaiges Urteil einfließen zu lassen.

Wie sieht das aus, wenn ein Kind etwas sagt? Nehmen wir einen Klassiker: »Das ist einfach nicht fair!«

Sie wenden sich dem Kind zu, machen klar, dass Sie sich nicht ablenken lassen (indem Sie Ihr Handy weglegen, sich vom Tisch abwenden, den Fernseher ausschalten), und bitten das Kind (in Ihren Worten), das näher zu erläutern: »Was ist nicht fair? Erzähl mal.« Oder Sie zeigen ihm einfach durch Ihre Körpersprache, dass Sie zuhören. Dann geben Sie ihm den Raum, zu reden, vielleicht garniert mit einigen ermunternden Lauten. Wenn dann der erste Dampf abgelassen ist, spiegeln Sie zurück, was Sie gehört haben: »Es ist wirklich unfair, dass Frau Löwe immer die ganze Klasse nachsitzen lässt, wenn nur einige Schüler den Unterricht gestört haben. Das ärgert dich einfach.« Sie geben also *nicht* Ihre Meinung zum Besten und suchen nach einer Lösung. (Ich weiß, es ist schwierig, nicht alles für unsere Kinder lösen zu wollen!) Sie legen eine Pause ein, lassen Ihr Kind weiterreden und über das Ganze nachdenken, damit es für sich zu einer Lösung kommt, bevor Sie ihm eine anbieten. Das geht sogar mit sehr kleinen Kindern, wenn Sie sich auf das einlassen, was sie uns erzählen wollen – das schafft häufig den Raum für sie, in dem sie selbst finden, was sie brauchen.

Diese Technik funktioniert nicht immer. Manchmal sagen wir: »Erzähl mir mehr!«, und unser Kind stapft stinksauer nach draußen, weil es einfach nicht reden will. Oder Sie fassen zusammen, was Sie gehört zu haben meinen, und Ihr Gegenüber schimpft: »Du hast überhaupt nichts kapiert.« Einfach weil es in dem Moment seine Wut loswerden muss. Manche Kinder finden diese Gespräche schwierig, vor allem den Augenkontakt. Dann ist es meist einfacher, nebeneinander herzugehen oder nebenbei irgendetwas zu tun. Auch hier können wir testen, was in unserer Familie am besten funktioniert.

Und dies ist eine Fähigkeit, die sich einfach anhört, aber im Familienleben *unglaublich* schwierig zu verwirklichen ist. Unsere Kinder fordern häufig unsere Aufmerksamkeit, bekommen aber nur ein »Hmm« oder »Ja, ja« oder »Gleich, mein Schatz« zu hören. Denn Kinder verbringen einen Großteil des Tages mit uns, und sie reden manchmal wirklich sehr, sehr viel. Doch wenn wir in den entscheidenden Momenten keine Zeit haben, fühlen sie sich nicht verstanden, und ihre Gefühle schwappen über. Gerade im Familienleben pilotieren wir manchmal durch den Tag, ohne *wirklich* zuzuhören, weil wir die Wäsche machen oder unbedingt zurück an unseren Laptop müssen oder rechtzeitig aus der Tür kommen wollen. Die Bedürfnisse unserer Kinder kollidieren häufig mit unseren Pflichten als Erwachsene. Und dann fällt es uns schwer, einfach liegen zu lassen, was wir gerade tun.

Aber wenn Sie es schaffen, in dieser wichtigen Situation innezuhalten und Ihr ganzes Augenmerk auf Ihr Kind zu richten, ist das, als würden Sie das Leben kurz auf Zeitlupe schalten. Das Seelengewitter verzieht sich schneller, und Sie können zusammen an einer Lösung arbeiten. Und wenn Sie gerade wirklich nicht zuhören können, dann stellen schon ein paar Minuten ungeteilter Aufmerksamkeit die Verbundenheit wieder her. Sollten Sie nicht zuhören können, keine Zeit haben oder doch wieder eine unerbetene Lösung anbieten, woraufhin Ihr Kind Ihnen ein »Du hörst wirklich NIE zu!« um die Ohren haut, dann können Sie immer noch auf das Instrument der Wiedergutmachung zurückgreifen.

Wenn Sie dieses Instrument der Zusammenarbeit beim Studium der Landkarte Ihres Kindes verwenden wollen, dann lade ich Sie ein, Antworten auf folgende Fragen zu finden:

- Was halten Sie von der Idee, als Familie zusammenzuarbeiten? Gibt es etwas, das Ihnen dabei Bauchschmerzen macht? Was könnte sich als Hindernis erweisen?
- Haben Sie je die Erfahrung gemacht, dass Ihnen jemand wirklich zuhörte? Wie war das für Sie?

Eltern-Tool 4: Grenzen setzen

Zusammenarbeit sollte immer einhergehen mit unserem vierten Instrument: Grenzen setzen. Normalerweise machen wir uns erst Gedanken über unsere Grenzen, wenn wir an uns selbst merken, dass diese verletzt werden: wenn uns beispielsweise urplötzlich der Geduldsfaden reißt, wir scheinbar grundlos in Tränen ausbrechen, merken, dass wir ständig mit zusammengebissenen Zähnen herumlaufen oder zusammenfahren, wenn unser Kind uns berührt. Das sind Momente, in denen wir Dinge sagen oder denken wie: »Niemand weiß zu schätzen, was ich für diese Familie tue.« Oder: »Ich habe genug von euch allen.« Oder: »Ihr seid so undankbar!« Und: »Ich weiß gar nicht, warum ich mir überhaupt so viel Mühe mache.« Vielleicht sagen wir auch gar nichts, laufen aber ständig mit einem miesen Gefühl durch die Gegend. Und auch wenn unser Kind seine Grenzen (noch) nicht spürt, kann es genauso »überlaufen« wie wir, wenn diese missachtet werden. Dann weint es, schreit oder tut, was manche Kinder eben tun: auf dem Boden liegen und komische Geräusche machen.

Wahrscheinlich ist Ihnen das Thema »Grenzen« schon häufiger begegnet. In Bezug auf Familien wird der Begriff meist in dem Zusammenhang verwendet, dass Eltern ihren Kindern Grenzen setzen sollten, vor allem, was deren Verhalten angeht. Aber Grenzen sind für jeden Menschen ein Puffer zwischen uns und der Welt. Sie schaffen Raum zwischen dem Punkt, an dem wir aufhören und die Welt um uns herum beginnt. Sie helfen uns, an dem festzuhalten, was wir sind. Sie erlauben uns, als einzigartige Wesen mit unseren jeweiligen Bedürfnissen in der Welt zu existieren. Und wir ziehen diese Grenzen ständig – für uns, für unsere Kinder und für die Familie.

Wenn es unser Ziel ist, den »gerade richtigen« Haferbrei zuzubereiten, dann heißt das, dass wir unseren Kindern klarmachen, was wir von ihnen erwarten oder was wir (und die Gesellschaft) als akzeptabel ansehen. Wir finden es meist einfacher, Grenzen um jene Dinge zu ziehen, die sich für uns sicher und klar anfühlen. Wenn wir beispielsweise sagen: »Gib mir die Hand, wenn wir über die Straße gehen.« Oder: »Steck die Finger nicht in die Steckdose.« Wenn unsere Kinder protestieren, weil wir ihrem Verhalten mit unseren Ge- und Verboten Grenzen setzen, dann gelingt es uns gut, diese Grenzen aufrechtzuerhalten, weil wir uns an die Gewissheiten halten können, dass wir mit dieser Grenze unsere Kinder vor Gefahren bewahren. Aber als Eltern treffen wir Tag für Tag unzählige andere Entscheidungen, die mit Grenzen zu tun haben. Häufig geraten diese dabei ins Wanken und ändern sich je nach Kontext.

Die tief verankerten Überzeugungen, was eine gute Mutter oder einen guten Vater ausmacht, verstellen uns den Blick darauf, welche Grenzen wir als Eltern ziehen wollen. Häufig hat das auch mit unseren Ideen von Macht zu tun und wer sie ausüben sollte. Die Eltern, mit denen ich zu tun habe, erzählen häufig, dass es für die ersten Wochen mit einem Baby unglaublich viele Ratschläge gibt: Man ermuntert sie, alles zu geben, jedes Bedürfnis zu erfüllen (auch wenn sie schon vollkommen erschöpft sind) und ständig präsent zu sein. Wenn die Kinder dann heranwachsen und lernen müssen, Bürger unserer Gesellschaft zu werden, dann trocknen diese Ratgeberquellen allmählich aus. Wir sind *richtig* gut darin, Eltern zu erzählen, wie sie ihre Kinder versorgen sollen. Wir sind deutlich weniger gut darin, Eltern zu helfen, klare Grenzen zu setzen. Und wir sind ganz schlecht darin, den Eltern zu erklären, wie sie am besten für sich selbst sorgen können.

Als Eltern werden viele Ansprüche an uns gestellt, dabei haben wir nur wenige Möglichkeiten, unsere Ressourcen wieder aufzufüllen. Es ist schwierig, sinnvolle Grenzen aufrechtzuerhalten, wenn Ihre Aufmerksamkeit an vier Stellen zugleich gefordert ist. (Und Kinder sind gut darin, eine durchlässige Grenze zu erspähen!) Kein Wunder also, dass Eltern immer wieder kurz vorm Burn-out stehen. Vor allem in Ländern, in denen die Intensiv-Elternschaft als Ideal zur Norm geworden ist.

Ein elterlicher Burn-out verbaut uns den Weg zu den Zielen, die wir erreichen wollen. Er beeinträchtigt nicht nur unsere mentale Gesundheit, indem er uns emotional und körperlich extrem erschöpft zurücklässt. Sondern wir sind in diesem Gefühl des Ausgebranntseins auch nicht mehr fähig, Freude an unseren Kindern zu haben. Wir gehen auf Abstand zu ihnen, um überhaupt noch über die Runden zu kommen, haben das Gefühl, dass wir alles nur noch vorspielen. Wir empfinden unsere Kinder nur noch als Belastung und finden diverse Gründe, um ihnen aus dem Weg zu gehen. Doch da unsere Kinder uns brauchen, stellen sie noch mehr Ansprüche. Das ist ein Teufelskreis, der in eine Depression führen kann: Wenn wir unsere Bedürfnisse nicht erfüllen können, haben wir keine Freude am Elternsein.

Häufig fangen Grenzen an zu wackeln, weil wir Angst vor Konflikten haben oder selbst nie Grenzen erlebt haben. Das ist vor allem dann der Fall, wenn die Liebende zu unserer Besetzungsliste gehört und wir diese Rolle ausfüllen, indem wir die Bedürfnisse anderer Menschen immer über unsere eigenen stellen.

Unsere Grenzen werden dagegen starr, wenn der Stoiker oder die Menschenfresserin die Hauptrolle spielt. Oder wenn wir Angst haben, jemandem zu nah zu kommen. In diesem Fall ändern wir die Grenzen auch nicht, wenn sich die Situation geändert hat: Dann halten wir zum Beispiel an der üblichen Schlafenszeit fest, obwohl das Baby Fieber hat und weint. Oder wir bestehen darauf, dass unser Kind seine Hausaufgaben macht, obwohl es gerade erfahren hat, dass seine beste Freundin an eine andere Schule geht.

Sie haben mittlerweile schon einige Instrumente zur Hand, die Sie zusammen mit der Grenzsetzung verwenden können. Die Wiedergutmachung verhilft Ihnen zu mehr Sicherheit, was die Grenzen angeht, die Sie für Ihr Kind und Ihre Familie ziehen. Der Einblick ins eigene Innere, den Sie sich mittlerweile erobert haben, hilft Ihnen, zu erkennen, warum es Ihnen mitunter schwerfällt, Grenzen zu setzen. Und wenn Sie Ideale und Mythen rund um das erwünschte Verhalten von Eltern und Kindern loslassen, erkennen Sie klarer, was Sie eigentlich wollen.

Sie können dieses Instrument auch zielgerichteter einsetzen, wenn Sie sich bewusst machen, dass Ihre Kinder eigenständige Menschen sind. Das klingt auf Anhieb selbstverständlich, aber wir vergessen es häufig, wenn wir mithilfe unserer Landkarte versuchen, aus ihnen schlau zu werden.

Es ist schwierig für uns, anzuerkennen, dass eine der wichtigsten Antriebskräfte unserer Kinder darin besteht, ganz sie selbst zu sein. Total und einzig nur sie selbst. Wenn Sie als Mutter diesen Menschen in Ihrem Körper getragen haben, dann kann diese Abnabelung – gerade die emotionale – erschütternd schwerfallen. Und gleichzeitig sehnen wir uns nach dem Tag, an dem unser Kind endlich für sich selbst sorgen kann, weil wir unser Leben vermissen. Wenn unser Kind so weit ist und signalisiert, dass es uns nicht braucht, dann fühlen wir uns verloren. Diese Gleichzeitigkeit der Emotionen kann überfordernd sein.

In den ersten sechs Monaten ihres Lebens merken Babys nicht, dass sie ein »Ich« sind, sie spüren nicht, dass sie von uns getrennt leben.[63] Besonders intensiv ist dieses Gefühl der Verbundenheit in den ersten drei Monaten, in denen Babys sich am liebsten so fühlen, als würden sie noch im Mutterleib sein. Im Laufe der Menschheitsgeschichte – selbst vor 50 000 Jahren – trug man Neugeborene immer in einem Tuch mit sich herum, und in einem Großteil der heutigen Kulturen ist die körperliche Nähe zur Haupt-Bezugsperson auch heute noch Normalität.[64]

Doch sobald sich das Bewusstsein ausbildet, ein eigenständiger Mensch zu sein, streben selbst Babys nach Unabhängigkeit. Wir als Eltern werden dann zum Referenzpunkt, zu einem sicheren Ort. Das ist von Kind zu Kind verschieden, manche suchen die Nähe der Eltern auch deutlich länger.

Als Eltern werden wir im einen Moment dringend gebraucht, aber dann gleich wieder zurückgestoßen. Dieses Hin und Her begleitet uns in der gesamten Kindheit und Adoleszenz unseres Nachwuchses. Wenn unsere Kinder Schritt für Schritt unabhängiger werden, brauchen sie uns einerseits, ärgern sich aber gleichzeitig darüber, weil sie schon groß sein wollen. Manchmal kennen wir diesen Konflikt sogar selbst aus dem Erwachsenenleben.

Wir haben bereits darüber gesprochen, dass unsere Bezugspersonen eine Art Zufluchtsort darstellen, als wir uns mit den verinnerlichten Elternfiguren beschäftigt haben. Aber während wir heranwachsen, kehren wir immer seltener dorthin zurück – wir sehen unser früheres Zuhause immer seltener. Wir prüfen hin und wieder, ob sie noch für uns da sind. Manchmal bringen wir die (metaphorische oder wortwörtliche) Schmutzwäsche nach Hause und hoffen, dass uns jemand hilft. Aber irgendwann ist der Moment erreicht, dass wir nur noch an Feiertagen nach Hause kommen.

Je gleichmäßiger unser Tanz verläuft, je tiefer unsere Kinder diesen Zufluchtsort verinnerlichen, umso seltener müssen sie zu uns nach Hause kommen. Sie müssen nur wissen, dass wir da sind, wenn sie uns brauchen. Dieses tiefe Vertrauen schafft Sicherheit.

Wenn wir begreifen möchten, dass unsere Kinder eigenständige Menschen sind, müssen wir das auch für uns selbst verstehen. Wenn wir Puffer um unsere Bedürfnisse aufbauen wollen, dann heißt das, dass wir unsere Bedürfnisse erst einmal erkennen und Wege finden sollten, um sie zu erfüllen.

Elternschaft kann brutal sein. Sie ist von einem emotionalen Auf und Ab geprägt, nicht nur für die Kinder, sondern auch für die Menschen in ihrer Umgebung. Wir brauchen also nicht nur eigene Grenzen, sondern auch Menschen, die uns helfen, sie aufrechtzuerhalten.

Außerdem haben wir vielleicht nicht nur ein Kind, um das wir uns kümmern müssen. Da sind möglicherweise ein Kleinkind und ein Baby, oder zwei ältere Kinder, oder ein Baby und ältere Kinder beziehungsweise Teenager. Ach ja, und dann ist da auch noch unser Job. Zudem wird gerade die Anfangszeit der Elternschaft häufig von finanziellen Problemen überschattet, oder wir müssen noch andere Familienmitglieder versorgen. Die Anforderungen rund um den Alltag mit kleinen Menschen sind immens.

Viele Eltern, mit denen ich rede, sind sehr auf ihre Kinder konzentriert und voller Schuldgefühle, weil sie angeblich nicht genug tun. Darüber vergessen sie völlig, etwas für sich selbst zu tun. Jede Entwicklungsphase bringt nicht nur neue Freuden, sondern auch neue Herausforderungen mit sich. Oft werden dabei körperliche Belastungen durch emotionale verdrängt.

Aus diesem Grund ist es überlebenswichtig, dass Eltern

rund um sich selbst Grenzen setzen. Dass **Sie** rund um sich selbst Grenzen setzen, dass Sie sich selbst etwas Gutes tun, nicht nur den Menschen um Sie herum. Lassen Sie sich von Ihrer Führungsgestalt helfen. Ich weiß, das ist leichter gesagt als getan, aber dieses Gute muss ja nicht unbedingt ein ganzes Wochenende für Sie allein sein. Legen Sie mal die Hand auf Ihr Herz und richten Sie den Blick nach innen. Nehmen Sie sich ein paar Minuten Zeit und tauchen Sie ein in Ihren Ort der Ruhe. Hören Sie *Ihre* Musik, nicht irgendeinen Disney-Soundtrack. Legen Sie sich auf Ihr Bett und strecken Sie alle viere von sich wie ein Seestern, während der Rest der Familie irgendwo anderweitig zugange ist. Machen Sie etwas, was Sie daran erinnert, dass es zwischen Ihnen und den kleinen Menschen in Ihrem Haushalt einen gewissen Raum und Abstand gibt. Dass Sie immer noch Sie sein dürfen.

Wir müssen nicht nur geben, sondern auch nehmen können. An diesem Punkt kommen die Erwachsenen in unserem Umfeld ins Spiel. Selbst wenn wir nur erzählen, wie es uns geht, und von unserem Gegenüber dann hören: »Oh ja, ich bin auch total erschöpft!«, kann dies unsere Stimmung heben. Dann können wir die Landkarten unserer Kinder lesen und den hellen Funken darin erkennen.

Eltern-Tool 5: Der Funke der Kindheit

Das letzte Instrument ist eigentlich kein Tool im klassischen Sinne, sondern vielmehr ein Licht, mit dessen Hilfe Sie die Landkarte Ihrer Kinder besser lesen können. Denn es erinnert Sie an die Wunder, die mit Ihrem Kind oder Ihren Kindern verbunden sind.

Mit der Schwangerschaft beginnt das Wunder: Ein echter Mensch wurde gezeugt und wird nach etwa 40 Wochen geboren. Ich weiß, dass das in jeder Minute ungefähr 21 Mal passiert, aber hey, es ist echt **ein ganz neuer Mensch**. Ein Mensch, der auf diesem Planeten lebt und diesen auf seine Weise verändern wird. Allein durch seine Existenz wird er den Lauf der Geschichte beeinflussen. Kinder kommen mit diesem Funken zur Welt, mit einer Flamme, die nur ihnen gehört. Und leider dämpft die Welt häufig diesen Funken.

Wissen Sie noch, wie es sich anfühlte, als Sie diesen Funken spürten? Vielleicht ruft die Erfahrung im imaginären Zuhause Ihrer Kindheit die Erinnerung wieder wach. Vielleicht wird Ihnen auch wieder bewusst, wie es war, als dieser Funke … gedimmt wurde. Oder als er sogar fast zum Erlöschen kam.

Eine unserer Aufgaben als Eltern ist es, unseren Kindern zu helfen, ihren Funken lebendig zu halten. Dabei hilft es, dass wir uns klarmachen, wie unsere Kinder sind, wenn sie ganz sie selbst sind. Nicht die Kinder, die wir erwarten. Nicht die Kinder, die uns die Gesellschaft als optimal hinstellt. Nur einfach sie selbst.

Gehen Sie gedanklich zurück zu dem Moment, in dem Sie erfahren haben, dass bald dieser Mensch in Ihr Leben treten wird. (Oder mehrere Menschen.) Vielleicht haben Sie zum ersten Mal ein Ultraschallbild gesehen. Möglicherweise fällt es Ihnen auch leichter, sich daran zu erinnern, wie Sie diesen Menschen zum ersten Mal im Arm hielten. Wissen Sie noch, wie Sie sich fühlten, mit allem, was Ihr Leben künftig verändern würde? Wie Sie in diesem Augenblick wussten, dass dieser neue Mensch Ihre ganze Welt auf den Kopf stellen wird? Ihnen war sicherlich noch nicht bewusst, *wie sehr* diese Veränderung Ihr Leben erschüttern würde, nur dass sie massiv ausfallen würde. Wir vergessen das so schnell, nicht wahr? Das Wunder, das wir spürten, als dieser neue Mensch in unser Leben und in diese Welt kam.

Und keine Sorge, ich will damit nicht sagen, dass Sie jeden einzelnen Augenblick genießen müssen. Denn das Elterndasein ist (wie bereits gesagt) beschwerlich und wird eher von gemischten Gefühlen geprägt als von steter Freude. Hier geht es nicht darum, dass Sie immer alles an Ihrem Kind großartig finden müssen. Mittlerweile wissen wir ja, dass wir Menschen – Erwachsene wie Kinder – fehlbar sind. Aber gerade an den schwierigeren Tagen fällt es uns leichter, uns auf die Welt unserer Kleinen einzustellen, wenn wir uns dieses Wunder wieder ins Gedächtnis rufen und an den Funken denken. Stellen Sie sich folgende Fragen:

- Wer ist Ihr Kind?
- Wie ist Ihr Kind?
- Wenn Sie jetzt über Ihr Kind nachdenken, was fällt Ihnen dann auf?

Beobachten Sie diese einzigartigen Individuen, die mit Ihnen zusammenleben, in den nächsten Tagen mal ein wenig. Vielleicht entdecken Sie ja etwas Neues.

- Was sehen Sie, was Sie vorher nicht auf dem Schirm hatten?
- Was glauben Sie, haben Ihre Kinder kürzlich gelernt?
- Wie haben sie sich in den vergangenen Wochen verändert?
- Was ist das Beste an ihnen, jetzt, in diesem Moment?

Wo stehen Sie jetzt?

Ich sagte bereits, dass ich Ihnen keine einfachen Antworten geben werde. Jetzt habe ich Ihnen auf einen Schlag fünf Werkzeuge mit weitreichender Wirkung vorgestellt, sodass Ihnen im Moment vielleicht der Kopf schwirrt. Einige dieser Instrumente erscheinen Ihnen möglicherweise fast schon banal, je nachdem, wie Ihre Landkarte aussieht und was Sie aus den ersten Teilen des Buches mitgenommen haben. Andere Tools haben Ihre Vorstellungen auf den Kopf gestellt. Möglicherweise sind Sie noch nicht überzeugt oder fragen sich, wie Sie all das in Ihrem Alltag umsetzen sollen.

Habe ich durch »neue Ziele« dem Besorgten oder dem inneren Kritiker neues Futter gegeben? Hören Sie eine Stimme, die sagt: »Okay, ich *darf* also keine Intensiv-Elternschaft betreiben, aber ich muss *unbedingt* Zusammenarbeit anstreben und Grenzen setzen. Und außerdem soll ich mich um mich selbst kümmern und mich entschuldigen und … Und wann sitze ich eigentlich einfach nur auf dem Sofa und gucke Netflix?«

Bitte machen Sie sich noch einmal bewusst, dass dieses Buch keine Rezeptsammlung ist. Die hier vorgestellten Instrumente sind keine Vorgabe, die Sie nach Vorschrift umsetzen müssen, um alles richtig zu machen. Es geht um allgemeine Prinzipien, die Sie ganz nach eigenem Ermessen auf Ihr Leben anwenden *können*. Was immer Sie auch lesen: Gehen Sie es locker an. Wenn es etwas gibt, das Sie aus diesem Kapitel mitnehmen sollten, dann die Tatsache, dass Sie nicht noch mehr für Ihr Kind tun müssen. Oft geht es nämlich nicht ums Tun und Machen. Wir müssen unsere Kinder nicht formen, sondern wir geben ihnen Halt, während sie die Welt entdecken.

Manche Dinge, die Sie bisher in diesem Buch gelesen haben, kommen Ihnen sinnvoll vor, andere weniger. Vielleicht legen Sie das Buch für eine Weile weg und führen einige Wochen später ein Gespräch mit Ihrem Kind, das Sie an etwas erinnert, was ich Ihnen hier vorgestellt habe, und es stellt sich ein Aha-Erlebnis ein. Oder Sie haben irgendwo anders etwas gelesen, und dieses Buch hilft Ihnen, das Gelesene auf Ihr Leben anzuwenden. Oder Ihr Partner spricht etwas an, und dann diskutieren Sie darüber, wie Sie mehr Zusammenarbeit leben können.

Und wenn gar nichts auf Sie zu passen scheint, ist das auch

in Ordnung. Hier geht es darum, dass Sie sich selbst besser kennenlernen und Ihr Kind so sehen, wie es wirklich ist. Vielleicht haben Sie einen anderen Weg gefunden, um das zu bewerkstelligen, haben andere Methoden angewandt. Die hier vorgestellten Instrumente sind immer hier. Nur für den Fall, dass Sie sie irgendwann einmal brauchen.

Wir stecken sie in die Tasche (puh – bei all dem, was wir mittlerweile eingepackt haben, ist es gut, dass unsere Taschen nur imaginär sind) und wenden uns dem zu, was uns zu dieser gemeinsamen Reise veranlasst hat: der Landkarte unserer Kinder.

12

Die Landkarten unserer Kinder

Wenn der Mensch, mit dem du redest,
nicht zuzuhören scheint, sei geduldig.
Vielleicht hat er ein bisschen Pelz im Ohr.

A. A. Milne, *Pu der Bär*

Was Sie als Erstes sehen, wenn Sie diese Landkarte betrachten, ist, dass darauf viel weniger verzeichnet ist als auf der Ihren. Wie viel es ist, hängt davon ab, wie alt Ihr Kind ist. Manche Pfade stechen ins Auge, andere sind noch kaum erkennbar.

Es kann auch Überschneidungen geben. Das Zuhause der Kindheit ist für Ihre Kleinen Ihr jetziges Zuhause, in dem Sie die Charaktere Ihrer Besetzungsliste kennengelernt haben. Sie haben möglicherweise schon herausgefunden, ob Ihr Kind ein paar eigene Figuren hinzugefügt hat. Vielleicht schwirren auch einige der Gespenster herum, denen wir in Teil II begegnet sind, auch wenn sie vielleicht transparenter sind als bei Ihnen. Und darauf sind auch strahlende Engel zu sehen.

Lenken Sie Ihre Aufmerksamkeit auf einige der Pfade, die in der Landkarte Ihrer Kinder aufscheinen. Durch diese Pfade können Sie verstehen, welche Art von Mensch Ihr Kind ist und warum es tut, was es tut.

Der Affengeist

Wenn Sie die Landkarte Ihres Kindes betrachten, werden Sie Pfade entdecken, die mitten durch sie hindurchführen. Schauen Sie noch genauer hin, erkennen Sie vielleicht einen kleinen Affen, den wir gleich genauer kennenlernen werden.[65]

Wir haben schon in Kapitel 10 darüber gesprochen, dass wir heute über Unmengen neurowissenschaftlicher Informationen verfügen. Vielleicht haben Sie auch schon einiges über das Gehirn gelesen, darüber, wie es sich bei Kleinkindern und Teenagern entwickelt. Aber zu verstehen, wie ein Gehirn funktioniert, vor allem, wenn es unter Stress gerät, hilft uns zu begreifen, warum Menschen so reagieren, wie sie reagieren. Kurz gesagt: Wir sind den Überlebenssystemen im Gehirn unserer Kinder – und in unserem eigenen – ausgeliefert.

Was nun folgt, ist eine enorme Vereinfachung neurowissenschaftlicher Fakten, denn unser Gehirn ist sehr viel komplexer und schwieriger zu ergründen als hier beschrieben. Am besten sehen Sie das Folgende bitte eher als Metapher, die uns helfen soll, zu verstehen, wie wir ticken.

Ihr präfrontaler Kortex, der Teil Ihres Gehirns, der direkt hinter Ihrer Stirn liegt, ist für unsere Exekutivfunktionen verantwortlich, also jene kognitiven Fähigkeiten, die für die Steuerung unseres Verhaltens zuständig sind. Wir können uns das vorstellen wie einen »Ältestenrat« unseres Geistes. Der präfrontale Kortex ist der vernünftige Teil unseres Ichs. Er trifft Entscheidungen, versteht das Konzept Zeit und Verantwortung, enthält unser Arbeitsgedächtnis, hilft uns beim Planen, reguliert unsere Impulse und mäßigt unseren emotionalen Ausdruck. Er macht uns flexibel.

Kleine Kinder haben aufgrund ihres Alters noch keinen Ältestenrat in sich. In den ersten Lebensjahren durchläuft unser Gehirn massive Veränderungen, weil einige Verbindungen immer besser abgestimmt werden, während andere aufgrund von

Nicht-Nutzung wegfallen. Unser Gehirn braucht 25 Jahre, um voll auszureifen, und unser Ältestenrat wird als Letztes fertig. Manche Menschen haben noch als Erwachsene Schwierigkeiten mit den Exekutivfunktionen.[66] (Dies kann auf Neurodivergenz, erbliche Faktoren, Vernachlässigung, konkrete Schädigungen, hohe Stresslevel und Armut zurückgehen. Jeder einzelne dieser Einflussfaktoren hat eine andere Auswirkung.)

Und dann ist da noch unser limbisches System, das sich wenige Wochen nach der Geburt entwickelt. Die wichtigen Bestandteile dieses Systems sind die beiden Mandelkerne: Amygdala (unser Alarmsystem) und der Hippocampus (er ist an der Gedächtnisbildung beteiligt sowie an der Kontrolle unserer emotionalen Reaktionen). Es ist wenig überraschend, dass Emotionen und Erinnerungen miteinander in Verbindung stehen, denn eine Erinnerung ruft mitunter eine starke emotionale Reaktion hervor. In den ersten Jahren unseres Lebens handeln und reagieren wir fast ausschließlich auf Grundlage unseres limbischen Systems. Dann gibt es eine Phase relativer Stabilität, bis das limbische System in den Teenagerjahren erneut übernimmt, weil es schneller wächst, als unser Ältestenrat Schritt halten kann. Das limbische System hat noch andere Komponenten. Hier an dieser Stelle ist für uns der wichtigste Punkt, dass dieser Teil des Gehirns unsere Stressreaktion regelt.

Denn hier leben auch die Menschenfresserin (unser Kampfimpuls) und der Besorgte (unser Fluchtimpuls). Der Floater ist bei Kindern schwach ausgeprägt, es kommt beim Abkoppeln von einer Situation eher zum Erstarrungsreflex – zum Beispiel, wenn Ihr Kind sich so steif macht, dass Sie es weder in den Buggy noch in den Autositz kriegen. Eine Verletzung der Seele führt nicht zum emotionalen Einbruch, sondern eher zum vollständigen emotionalen und körperlichen Zusammenbruch.

Unser Affe, die Amygdala, ist ständig wachsam und scannt das Umfeld wie ein Radargerät auf Bedrohungen. Das ist bei

Erwachsenen nicht anders. Die Informationen werden im Regelfall an den Ältestenrat weitergeleitet, sodass wir *eigentlich* ruhig bleiben sollten. Bei Kindern aber übernimmt der Affe, sobald sich eine Bedrohung zeigt. Und dabei ist es egal, ob unsere Sprösslinge im Kindergartenalter sind oder schon in der Lehre. Denn auf diese Weise können sie sich schneller in Sicherheit bringen: Sie müssen nicht überlegen, nur handeln. Allerdings ist nicht jede Bedrohung lebensgefährlich. Nicht alles, was sich bedrohlich anfühlt, ist es auch. Wenn Sie ein Kleinkind oder einen Teenager erziehen, haben Sie sicherlich schon gemerkt, dass der Affe mehrmals am Tag das Ruder übernimmt und zu extremen Reaktionen führt.

Zwischen der Kleinkind- und Teenagerphase finden unsere Kinder einfacher und schneller den Zugang zum Ältestenrat. Teenager aber durchlaufen eine Phase, in der ihr Gehirn massiv umstrukturiert wird. Der vernünftige Part des Gehirns ist noch in der Entwicklung, während die emotionalen Zentren im Gehirn nicht nur schnell heranreifen, sondern auch noch extrem aktiv sind. Dopamin beispielsweise, ein Botenstoff, der mit dem Streben nach Belohnung zu tun hat, erreicht seine maximale Ausschüttung in der Adoleszenz. Der Affe sitzt am Steuer.

Zu wissen, dass unsere Kinder Äffchen in Menschengestalt sind, hilft uns, sie besser zu verstehen, sodass wir folgende Eltern-Tools einsetzen können:

- Einfühlungsvermögen, weil sie von ihren Reaktionen genauso überwältigt werden wie wir
- Zusammenarbeit, damit sich ihr Ältestenrat besser entwickelt (mehr dazu im nächsten Kapitel)
- Grenzen, um das Gefühl zu lindern, dass es sich ständig um Notfälle handelt
- Mitgefühl, damit wir ihnen helfen können, ihren Funken lebendig zu halten

- Wiedergutmachung, wenn wir vergessen, dass wir mit einem Äffchen sprechen (oder selbst zum Affen werden) – manchmal haben wir es zu Hause eben mit lauter Äffchen zu tun

Mensch werden

Sie werden auf der kindlichen Landkarte nicht nur den Affen entdecken, sondern verschiedene Pfade, die zum Haus Ihres Kindes führen. Das sind jene Wege, auf denen sie zu dem Menschen werden, der sie sind. Am Ende eines dieser Pfade sehen Sie Ihr Zuhause aus Ihrer Kindheit und das Ihres Partners / Ihrer Partnerin am Ende eines anderen Weges. Wir haben uns bereits damit beschäftigt, dass Ihre eigenen Kindheitserfahrungen Ihren Nachwuchs beeinflussen. Es gibt auch Pfade, die in den Gespenstersumpf oder zu den Engeln führen. Manche sind gut erkennbar, andere müssen erst noch geöffnet oder angelegt werden. Und dann gibt es die Pfade, auf deren Wegmarken steht, was einen Menschen ausmacht. Pfade, die mit Ihrem Kind und seinen Gaben zu tun haben, mit Wegweisern wie »Temperament« und »Persönlichkeit«. Andere zeigen die kindliche Umwelt und deren Einfluss: »Mutterleib«, »finanzielle Situation«, »Konflikte« oder »Geschwisterfolge«. Wiederum andere Wege hängen mit dem Körper zusammen, in dem Ihre Kinder zur Welt kommen, und mit dessen Eigenschaften: »Ethnie«, »Geschlecht« oder »Beeinträchtigung«.

Erinnern Sie sich noch daran, wie wir am Gespenstersumpf darüber nachgedacht haben, dass unsere Reaktionen auf verschiedene Herausforderungen, beispielsweise Stress, mitunter ererbt sind? Es gibt verschiedene Möglichkeiten, wie unsere Beziehungen uns geprägt haben, wie wir uns selbst sehen und wie wir uns zu anderen Menschen in Beziehung setzen. Zudem haben wir unser Umfeld reflektiert.

Diese Vielschichtigkeit ist die Essenz des Menschseins. Wenn wir versuchen, unser Kind (und unsere Elternschaft) zu einer Reihe von Aufgaben zu vereinfachen, verlieren wir den Blick für diese Komplexität.

Die Psychologie als Wissenschaft des menschlichen Geistes und Verhaltens erobert sich ständig neue Einsichten hinsichtlich der Frage, wie wir werden, was wir sind. Wir verstehen jetzt, dass viele unserer Charakterzüge ererbt sein können, aber sie können auch durch Umwelteinflüsse an- oder abgeschaltet werden. Während unser Wissen zunimmt, verabschieden wir uns manchmal von alten Geschichten, die wir einst für Wahrheit hielten.

Es gibt also sehr viele Pfade, die wir uns genauer ansehen könnten. Ich möchte nun einen ganz bestimmten unter die Lupe nehmen, um zu zeigen, was unsere Kinder in die Beziehung zu uns einbringen.

Temperament

Auf diesem Pfad geht es um die Eigenschaften, die unsere Kinder von Beginn an einzigartig machen. Vor allem, wenn Sie mehrere Kinder haben, werden Sie feststellen, dass kein Kind je einem anderen gleicht. Das liegt unter anderem an seinem Temperament. Es gibt Debatten darüber, was »Temperament« eigentlich ist und wie es sich entwickelt. Ich würde es vorsichtig umschreiben als »angeborene Reihe von Charakteristika, die unsere Reaktionen beeinflussen«.

Unser Temperament bleibt über die Zeit vergleichsweise stabil, vor allem ab einem Alter von zwei Jahren, und das hat mit der Entwicklung unserer Erwachsenenpersönlichkeit zu tun. Unser Temperament bestimmt, wie tief wir unsere Emotionen empfinden (wie schnell wir frustriert sind, wie wir ein unangenehmes Gefühl erleben oder wie leicht wir uns trösten lassen); wie gut wir unseren Zustand regulieren können (wie leicht wir uns ablenken lassen, wie gut wir auf innere Routinen zurückgreifen können, wie gut wir uns an neue Situationen anpassen und wie schnell wir unter Überreizung leiden); und wie aktiv wir sind (wie impulsiv wir reagieren, wie schüchtern wir sind, wie viel wir lächeln und lachen und wie gesellig wir sind). Temperament und Emotionen sind nicht dasselbe, aber sie sind enge Verwandte: Unser Temperament bestimmt, wie wir unsere Emotionen ausdrücken. Traditionell geht man beim Temperament von verschiedenen Typen aus: »leicht zu haben« (die meisten Kinder), »wird lange nicht warm« und »schwierig« (was nur auf etwa zehn Prozent der Kinder zutrifft, auch wenn Ihnen Ihr Kind mehrmals am Tag schwierig vorkommt).

Wenn Babys also brav zu bestimmten Zeiten essen und schlafen, dann hat das oft gar nichts mit Ihnen zu tun, sondern wird von ihrem inneren Rhythmus gesteuert. Wenn Babys schwer zu beruhigen sind, liegt das oft an der angeborenen Schwierigkeit, unangenehme Gefühle zu ertragen. Und wenn manche Kinder kleine Partylöwen sind, während sich andere hinter den Beinen ihres Papas verstecken, dann liegt das an Unterschieden in ihrer angeborenen Geselligkeit. Wir geben uns manchmal selbst die Schuld dafür – oder unseren Kindern –, aber letztlich hat Ihr Kind keine Wahl. Es ist, wie es ist.

Und von diesem Pfad führen dann noch andere Wege ab, die sich auf das Temperament auswirken. Dazu gehören Genvariationen, epigenetische Faktoren (die beeinflussen, wie die Expression dieser Gene funktioniert), die Umgebung während der Zeit im Mutterleib und jene, in die wir hineingeboren werden. Wie bereits in Kapitel 4 angesprochen, interessiert man sich heute auch dafür, wie unser Temperament (vor allem unsere Stressreaktionen) beeinflusst wird von den Traumata der Eltern oder Vorgängergenerationen, und zwar sogar vor dem Zeitpunkt der Empfängnis. Einer der abgehenden Pfade führt also direkt zurück zu uns – denn wie sich das Temperament unseres Kindes ausdrückt, hängt davon ab, ob es zu uns und unserer Umgebung »passt«. Wenn ein Baby, das »nicht so schnell warm wird«, auf einen tiefenentspannten Elternteil trifft, dann ist dies eine einfache Verbindung. Wird ein solches Kind aber in eine laute, hektische Familie hineingeboren, dann wird es auf seine Umgebung eher kritisch reagieren.

Ihr einzigartiger kleiner Mensch

Eine Info findet sich leider nur selten unter den gängigen Erziehungstipps: Das, was bei einem Kind wunderbar klappt, ist bei einem anderen ein totaler Reinfall.

Während wir ein Kind mit einer liebevollen Umarmung trösten müssen, wenn es hingefallen ist, wird einem anderen kaum bewusst, dass es gestürzt ist.

Eltern, deren Kinder nicht in Schema F passen, muss man das nicht erklären. Wenn ihre Kinder krank oder beeinträchtigt sind, besondere Bedürfnisse haben oder einfach neurodivers sind, spüren die Bezugspersonen meist intuitiv, dass gängige Erziehungstipps nicht passen. Wir müssen uns von unseren Erwartungen und fixen Vorstellungen in puncto Kinder verabschieden und herausfinden, was für unsere Familie stimmig ist, selbst wenn es dem Mainstream der Erziehungsratgeber widerspricht. Ermahnt man ein Kind, das einen Wutausbruch hat, dann ist das vielleicht die verkehrte Strategie, wenn dahinter nicht ein Machtkampf steht, sondern die überwältigende Angst und Anspannung, die ein neurodiverses Kind in einer neurotypischen Umgebung erlebt. Dann sind oft auch sogenannte »sanfte« Erziehungsansätze unpassend, bei denen man die kindlichen Gefühle durch beruhigende Worte bestätigt. Wenn ein Kind in einem vollkommen dysregulierten Zustand ist, erlebt es dann nur noch mehr Druck und Stress.

An diesem Punkt zeigt sich meist, wie sinnvoll das Elterntool »Zusammenarbeit« ist. Wenn wir mit unseren Kindern zusammenarbeiten, verabschieden wir uns von bestimmten Erwartungen, wer sie sind und wer oder was sie werden sollen. Das heißt nicht, dass wir ihnen alles durchgehen lassen, wie jene Eltern, die den übersüßten Haferbrei kredenzen. Es geht nur darum, das Kind so zu sehen, wie es ist – als einen Menschen, der nicht die gleichen Fähigkeiten, das gleiche Wissen und die gleiche körperliche und emotionale Entwicklung besitzt wie ein Erwachsener.

So weit, so gut. Trotzdem wird es auf der Landkarte der Kleinen Pfade geben, die wir nie ganz erforschen werden. Sicherlich bringen wir eine gewisse Zeit damit zu, gewisse Pfade gründlich kennenzulernen – zum Beispiel die Interessen unseres Kindes. Und plötzlich kommen wir nicht mehr weiter, weil ein anderer Weg diesen blockiert, zum Beispiel die Freunde unseres Kindes (die dann vielleicht als einzige dazu eingeladen werden, diesen Weg zu erkunden, während wir nur noch gelegentlich mitkommen dürfen). Zudem verlaufen diese Pfade keineswegs immer gerade. Das ist Teil der kindlichen Entwicklung: zwei Schritte vor, einer zurück. Dann denken wir vielleicht, dass der Pfad der emotionalen Regulierung geruhsam und glatt verläuft, und plötzlich steht ein Teenager vor uns, und wir merken, dass uns noch einiges an Arbeit bevorsteht.

Woran denken Sie nun? Es kann schwierig sein, sich klarzumachen, wie viele Faktoren die Entwicklung und die Persönlichkeit eines Menschen ausmachen. Andererseits nimmt das den Druck von uns, über alles Bescheid wissen zu müssen. Stattdessen können wir den Blick auf das richten, was wir vor unserer Nase haben – und dabei am Gefühl des Staunens festhalten. So können wir unseren Kleinen helfen, ihren Funken zu schützen.

Was ist ein »Kind«?

Ich werde hier nicht allzu sehr ins Detail gehen und erklären, was Kinder in den verschiedenen Altersstufen und Entwicklungsphasen ausmacht. Dafür gibt es andere Bücher. Einige grundlegende Kenntnisse über die kindliche Entwicklung helfen Ihnen aber dabei, Ihr Kind so zu sehen, wie es ist, und seine Erfahrung zu verstehen, deshalb möchte ich das Thema zumindest anreißen und Sie dazu ermuntern, sich bei Interesse weiter zu belesen.

Dazu betreten wir mal wieder das Haus unserer Kindheit. Doch bevor wir die Tür öffnen, möchte ich, dass Sie sich drei Dinge überlegen, die Sie mitbringen. Denn wir treten nicht mit leeren Händen ein.

Kinder schleppen unseren Ballast mit

Ich weiß, ich habe dies schon mehrfach erwähnt, doch ich muss es erneut wiederholen, weil es so wichtig ist: Wir bringen immer unsere mentalen Altlasten in unsere Elternschaft mit ein. Und unsere Kinder müssen sie tragen. Sie müssen nicht nur alles tragen, was wir ihnen von uns selbst mitgeben, sondern auch alles, was sie selbst mitbringen und was wir ihnen an Idealbildern auflasten.

Sie sind die Träger unserer Hoffnungen und Erwartungen.

Wenn unser Baby endlich da ist, haben wir schnell das Gefühl, dass wir es kennen. Eigentlich haben wir aber nur dieses Idealbild von einem Baby, davon, was es tut, wie es sein wird und welche Gefühle es uns vermittelt. Unsere Babys und Kinder müssen irgendwann die Last unserer Enttäuschung ertragen, sobald uns bewusst wird, dass sie nicht unsere perfekten Idealkinder sind, sondern komplexe, reale, ganze Menschen.

Wir haben auch schon mehrfach über das Kind in uns nachgedacht, das sich zu Wort meldet, wenn wir unser reales

Kind bekommen. Dann wird unser reales Baby – und später Kind oder Teenager – diese jüngeren Anteile von uns selbst für uns »tragen« müssen. Man nennt diesen Prozess die projektive Identifikation, wir projizieren also Anteile von uns auf andere Menschen, die diese Teile aufsaugen, während wir auf sie reagieren (entweder so, wie wir uns das für unsere Kindheit gewünscht hätten, oder so, wie man tatsächlich auf uns reagiert hat). Kurz: Wir reagieren auf einen Teil von uns selbst, nicht auf unser reales Kind. Irgendwann merkt unser Kind vielleicht: »He, das bin ja gar nicht ich!« Dann wirft es die Teile ab, die wir ihm übertragen haben.

Ich weiß, das ist gar nicht so einfach zu verstehen. Anhand des folgenden Beispiels wird es vielleicht deutlicher: Stellen Sie sich vor, dass Ihre Eltern viel Stress hatten, als Sie noch klein waren. Sie waren das jüngste von vielen Kindern und mussten als Baby akzeptieren, wie der Alltag als Großfamilie ablief. Ihre Geschwister passten ab und an auf Sie auf, oder Sie lagen im Kinderwagen, während Ihre Eltern arbeiteten. Wenn Sie geweint haben, hatte niemand Zeit für Sie, also haben Sie schnell gelernt, dass es besser für Sie war, wenn Sie Ihre Tränen für sich behielten. Sie haben den traditionellen irischen Volkstanz erlernt. Was Ihnen darüber hinaus blieb, war das Gefühl, allein zu sein, weil niemand kam, wenn Sie weinten. Und dann werden Sie erwachsen und haben selbst ein Baby. Wenn Sie es im Arm halten, sagt etwas tief in Ihnen: »Dieses Baby soll sich *niemals* allein fühlen.« Also tragen Sie das Baby ständig mit sich herum und reagieren schon beim kleinsten Mucks. Sie ersparen ihm jedes unangenehme Gefühl, und wenn es weint, kommen Sie sofort angestürmt. Wenn Ihr Kind dann drei ist, oder zehn, oder 17, oder 30, bekommen wir zu hören: *»Jetzt lass mich doch endlich mal allein!«* Denn während Sie sich um dieses arme, vernachlässigte Kind gekümmert haben, dessen Bild Sie auf Ihr tatsächliches Kind projiziert haben, haben Sie völlig übersehen, dass es sich nie vernachlässigt gefühlt hat. Tatsächlich fühlte es sich eher erstickt von so viel Fürsorge.

Ihr Kind kann auch Anteile anderer Persönlichkeiten in sich tragen. Ihre verinnerlichten Eltern zum Beispiel oder jemand anderen aus Ihrer Besetzungsliste. Diese meinen Sie dann in Ihren Kindern zu sehen. Wenn sie weinen, hören Sie im Geiste ein »Du bist völlig nutzlos«. (Hallo, innerer Kritiker!) Oder: »Du hast mich im Stich gelassen.« (Hey, verwundete Seele!) Und dann reagieren Sie auf diese Anteile, ja, Sie holen sogar noch weitere Charaktere von Ihrer Liste zu Hilfe. (Die Liebende kommt, um auf den Kritiker zu reagieren, oder die Menschenfresserin soll die verwundete Seele ausmerzen.) Dieser Tanz wird mit der Zeit richtig kompliziert.

Vergessen Sie nicht: Es geht hier nicht darum, Zyklen zu durchbrechen. Es wird Zeiten geben, in denen Sie Erfahrungen, die Sie jetzt oder früher einmal gemacht haben, auf Ihre Kinder und auf andere Menschen projizieren. Unsere Ansichten, Erlebnisse, Stimmungen und so weiter wirken sich auf Ihre Kinder aus und verhindern manchmal, dass wir sie wirklich verstehen.

Aber wenn Sie die Geschichten aufdröseln, die Sie mitbringen, und Ihre alten und neuen Anteile entschlüsseln können, nehmen Sie Ihren Kindern eine große Last ab. Sie kennen dann diese Anteile von sich – daher müssen Sie sie nicht auf die Kinder übertragen. Wenn Sie sich dann noch mit Einfühlungsvermögen wappnen, können Sie entdecken, wer Ihre Kinder wirklich sind.

Kinder sind für Beziehungen geboren

Wir sind für Beziehungen geboren, sie sind unser Lebenselixier. Kinder beginnen den Tanz mit uns schon im Mutterleib. Alle Beziehungen, die unsere Kinder haben – zu uns, zu anderen Menschen und zur Welt um sie herum –, machen sie zu dem, was sie sein werden. Nicht nur jetzt. Sie werden ihr Leben lang von Beziehungen geprägt, so wie das auch für uns gilt. Wir sind ein fundamentaler Part ihres Lebens, doch es gibt auch noch viele andere Pfade, die sie beschreiten werden.

Selbst das winzigste Baby lebt in Beziehungen. Babys kommunizieren vom allerersten Tag an. Das »Gespräch« besteht darin, dass sie unseren Blick festhalten (das Gespräch beginnen) und ihn wieder loslassen (eine Pause einlegen). Sie weinen, um uns wissen zu lassen, dass sie sich nicht wohlfühlen.

Als Eltern ermutigen wir sie zur Beziehungsbildung, ohne dass wir es merken. Wir machen dies auf nonverbale Art, spiegeln dem Baby auf übertriebene Weise seinen Gesichtsausdruck zurück und schauen besorgt, wenn es Unwohlsein signalisiert. Wir kommunizieren intuitiv so, dass wir ihre Erfahrung verstehen, und helfen ihnen zu begreifen, dass sie tatsächlich existieren und Empfindungen und Erfahrungen haben. Mitunter machen wir das auch *expressis verbis*. Wenn ein Baby vor sich hin brabbelt, versuchen Eltern zu interpretieren, was es uns sagen will. Meist tun sie das in einer Art von Singsang.[67] Auf diese Weise gewinnen sie die Aufmerksamkeit des Kindes und führen es spielerisch in die Verwendung von Sprache ein. Diese Interpretationen verinnerlichen Kinder über Monate und Jahre, sodass sie sich bald einen Reim auf ihre Erfahrungen machen können.

Babys und Kinder lernen also durch ihre Beziehung zu uns. Und das ist keineswegs eine Einbahnstraße. Es geht vielmehr darum, Synchronie herzustellen – damit ist gemeint, wie geschmeidig der Tanz zwischen dem Baby und seinen Bezugspersonen verläuft. Kinder lassen sich ganz auf diesen Prozess ein. Sie nutzen die verfügbaren Informationen, experimentieren (in der Kleinkindphase quasi ununterbrochen) und passen ihre Erwartungen und Verhaltensweise entsprechend an. Sie lesen unsere Tanzschritte und gleichen die ihren an.

Obwohl wir als Eltern das Gefühl haben, dass wir hundert

Mal das Gleiche sagen, sind unsere Kinder Weltmeister darin, uns zu lesen. Sie sehen vielleicht nicht ein, warum sie sich die Zähne putzen sollen, nur weil wir sie dazu auffordern, aber ihre Sinne sind weit offen, wenn es darum geht, unsere Stimmung zu erkennen.

Das ist sinnvoll, wenn wir uns ins Gedächtnis rufen, dass Babys und Kinder die Nähe zu uns brauchen, um sich sicher zu fühlen. Selbst im Teenager- und Erwachsenenalter tanzen sie weiter mit uns, auch wenn sie längst neue Schrittfolgen erlernt haben. Weil sie wissen müssen, wie sie uns nah bleiben können, schauen Kinder hinter unsere äußere Fassade und spüren, was wir darunter tatsächlich fühlen. Auf diesem Weg finden sie heraus, wie sie von uns das Beste bekommen. Daher erstellen sie schon in den ersten Monaten ihres Lebens eine eigene Besetzungsliste – was die Psychotherapeutin Esther Bick die »zweite Haut« nennt[68], die eine Demarkationslinie darstellt. Wenn die Kinder das Gefühl haben, dass wir ihnen zu nah kommen, dann entschweben sie mit ihrem Floater, oder sie lassen uns ihre ungebremste Wut spüren, wenn wir sie nicht schnell genug füttern. Wenn sie heranwachsen, bilden sie neue Figuren aus, weil sie lernen, wie sie eine bestimmte Reaktion in uns auslösen können. Als Teenager experimentieren sie mit weiteren Gestalten und gehen andere zwischenmenschliche Beziehungen ein.

Es sind die regelmäßigen, gleichbleibenden Interaktionen mit uns und ihrer Umwelt, die den Tanz bestimmen, an den sie sich gewöhnen – und bestimmen, mit welchen Charakteren sie auf lange Sicht leben werden.

Dabei führen übrigens nicht selten die Kinder den Tanz an. Eine schöne Studie, für die man Eltern und Kinder miteinander spielen ließ, während man Aufnahmen von ihrem Gehirn machte, zeigte, dass die Gehirne von Eltern und Kindern sich aneinander »koppelten« – beim Spiel leuchteten die gleichen Hirnareale auf, vor allem im präfrontalen Kortex, was die gemeinsame Aufmerksamkeit, den Augenkontakt und die gemeinsamen Gefühle förderte.[69] Faszinierenderweise aber waren es häufig die Babys, bei denen diese Gemeinsamkeiten sich zuerst zeigten, die also das erwachsene Gehirn führten. Die Kinder nahmen vorweg, was der Erwachsene als Nächstes tun würde.

Je mehr wir unsere Eltern-Tools Einfühlungsvermögen und Zusammenarbeit heranziehen, desto eher können wir zulassen, dass die Kinder ihre Beziehung zu uns selbst prägen dürfen, dass sie uns wissen lassen, welche Art von Haferbrei sie gern hätten – damit wir auch unsere Schritte anpassen können, wenn nötig.

Kinder sind Stimmungsbarometer

Ob wir es wollen oder nicht: Wir bringen auch unsere Emotionen mit durch die Tür. Unsere Kinder sind auf der Welt, um unsere Signale zu entschlüsseln. Sie wissen, wie sie zu uns in Beziehung treten. Auch wenn sie das mitunter auf eine Weise tun, die diesen Signalen komplett zuwiderläuft. Die meisten Kinder beherrschen es viel besser als Erwachsene, »einen Raum zu lesen«. Wenn wir also nett und freundlich sagen: »Es ist Zeit zum Gehen«, dann spüren sie hinter diesen Worten unseren Ärger und sehen, wie wir die Kiefer aufeinanderpressen. Sie interpretieren unsere Frustration als Wut – und reagieren darauf. Sie kommunizieren die Emotion, die in ihnen aufsteigt, auf subtile, manchmal schwer verständliche Weise, oder sehr laut und sehr bestimmt.

Es ist oft so, dass wir herausfinden wollen, was »nicht stimmt«, wenn Kinder Ängste oder schwieriges Verhalten zeigen. Wir wollen eine Lösung finden. Aber manchmal verankern wir dabei das Problem zu fest in unserem Kind (und hoffen, dass wir eine Technik finden, um dagegen anzugehen).

Ja, manchmal brauchen unsere individuellen Kinder eine individuelle Unterstützung. Gleichzeitig aber sollten wir uns merken, dass Kinder oft das Stimmungsbarometer im Haus sind. Manche mehr als andere, aber für sehr sensible Kinder gilt das im Besonderen.

Auch wenn Kinder mit der Zeit belastbarer erscheinen, so saugen sie doch nach wie vor die Stimmungen aus ihrer Umgebung in sich auf. Diese fließen in ihr Verhalten ein oder äußern sich in körperlichen Symptomen wie Bauchschmerzen. Wie bei Babys und Kleinkindern hängt auch bei größeren Kindern beziehungsweise Teenagern das Gefühl ihrer Sicherheit von ihrer Nähe zu uns und anderen vertrauenswürdigen Menschen ab. Um uns nah sein zu können, müssen sie mitunter unsere schwierigen Aspekte ignorieren – was gelegentlich dazu führt, dass sie genau diese Aspekte verinnerlichen (das ist das Gegenteil der bereits erwähnten Projektion – man nennt es Introjektion). Manchmal leben sie diese Dinge sogar aus, fast so, als würden sie das für uns tun.

Diese emotionale Ventilfunktion betrifft nicht nur die Beziehung Ihrer Kinder zu Ihnen als Eltern, sondern auch ganz allgemein die emotionale Temperatur in Ihrem Zuhause.

Ein Beispiel dafür ist die Art, wie Kinder auf die Beziehung ihrer Eltern zueinander reagieren. Im Alter von sechs Jahren zeigen Kinder schon ein recht gutes Verständnis der verschiedenen Rollen in der Familie, daher werden sie manchmal in die Regulierung des »emotionalen Klimas« zwischen den Eltern verwickelt. Und selbst ohne offen ausgetragene Konflikte spüren Kinder die zugrunde liegende Anspannung beziehungsweise den Stress und reagieren entsprechend darauf. Das lenkt die Eltern vom eigenen Konflikt ab. Wenn ein Kind merkt, dass die Eltern öfter streiten, bekommt es beispielsweise Kopfschmerzen, oder es fängt regelmäßig an zu weinen, wenn es schlafen gehen soll. Das liefert den Eltern ein Problem, das sie gemeinsam lösen können (auch wenn das Kind sich dessen nicht bewusst ist), das könnte das Familienleben wieder stärker ins Gleichgewicht bringen.

Haben wir diesen Mechanismus verstanden, weitet sich unser Blickfeld, wenn wir das Verhalten unserer Kinder als problematisch empfinden. Auch wir leben in einem Kontext, der Stress erzeugen kann, und das wirkt sich auf die ganze Familie aus, sowohl als Gemeinschaft wie auch auf jedes einzelne ihrer Mitglieder. Das kennen wir alle – nach einem stressigen Tag sind wir viel gereizter und genervter, als wenn gerade alles rundläuft. Probleme bei der Arbeit können zu Konflikten in der Beziehung führen, obwohl es eigentlich keinen Grund für einen Streit gibt.

In der Familientherapie gibt es dafür einen schönen Leitsatz: »Die Person ist nicht das Problem. Das Problem ist das Problem.«[70] Wenn ein Familienmitglied eine schwere Zeit erlebt, und wir kommen zusammen, um das Problem (wir können es auch als den Troll unter der Brücke bezeichnen) gemeinsam anzugehen, dann finden wir gemeinschaftliche Lösungen, die nicht auf Schuldzuweisungen beruhen.

Im nächsten Kapitel werden wir uns das Zuhause Ihres Kindes ansehen. Bringen Sie gern Ihre Führungsgestalt mit. Wenn Sie dieses Zuhause betreten, haben Sie vielleicht schon ein Gespür dafür, welchen Tanz das Kind mit Ihnen lernt und welche Art von Haferbrei dort serviert wird. Eventuell haben Sie ja auch schon beschlossen, dass Sie mit Ihrer Familie – gemeinsam, Schritt für Schritt – daran arbeiten wollen, einige Dinge im Haus zu verändern.

Die Räume zu füllen, ist ein Prozess, der sich über mehrere Jahre hinzieht. Vergessen Sie nicht: Sie können jede einzelne Ecke im Haus zu jeder Zeit neu einrichten. Für den Augenblick aber begeben wir uns in die Küche, den Mittelpunkt jedes Hauses.

13

Die Vermessung unserer Gefühle

Wer das Herz eines Kindes erreicht,
rührt an das Herz der Welt.

Rudyard Kipling

Wenn wir nun endlich das Zuhause unseres Kindes betreten, passiert etwas Merkwürdiges. Es füllt sich mit allerlei Dingen: Spielsachen, Plastikzeug und einem Wäschekorb, der sich wie durch Zauberhand wieder füllt, kaum dass er geleert wurde. Und dieser Krach! Irgendwo ertönt ein schrilles Kreischen, durchbrochen von Lachsalven, und woanders lässt jemand einen Kassettenrekorder auf voller Lautstärke laufen. Wir kämpfen uns zur Küche durch, wobei wir uns an den Wänden abstützen müssen, weil der Boden wackelt. Denn in diesem Haus, in dieser Küche, in der so viel von unserem Familienleben stattfindet, haben wir – zumindest für einen Moment – unsere Erwachsenenwelt verlassen. Wir sind eingetaucht in einen Raum der Gefühle.

Hier begegnen uns die Vielschichtigkeit, das Chaos und die Magie des Familienlebens. Manchmal streichen wir diesen kleinen Menschen über die Wange, und das Herz platzt fast in der Brust vor lauter Staunen und Glück, dass wir dieses Geschöpf in unserem Leben haben und ihm zuschauen dürfen, wie es heranwächst und sich verändert. Dann wieder reden alle zugleich auf uns ein, im Hintergrund dröhnt die Titelmusik einer Fernsehserie, die Sie sich seit drei Wochen anhören müssen, und Sie stellen fest, dass Sie keine Milch mehr im Haus haben. Dabei wünschen Sie sich gerade nichts sehnlicher als einen Augenblick Ruhe – nur fünf Minuten –, ohne dass jemand etwas von Ihnen will.

Kinder sind heftig.

Wow, und wie heftig!

Und nicht nur das, denn diese Intensität der Umgebungsgeräusche und To-dos nimmt noch zu, weil diese kleinen Menschen zusätzlich in uns so intensive Gefühle wachrufen.

Also setzen wir uns erst einmal hin, in der Küche Ihres Kindes. Auch Ihre Führungsgestalt ist willkommen. Während wir kurz durchatmen, legt sich der Lärm etwas. Mittlerweile wissen Sie ja, wie es hier läuft, also ahnen Sie vermutlich, was als Nächstes kommt: Wenn wir den Wellenritt auf den intensiven Gefühlen unserer Kinder meistern wollen, müssen wir zuerst unsere eigenen Gefühle verstehen. Uns mit unserer emotionalen Landkarte vertraut machen. Damit wir ihren Gefühlen einen sicheren Raum bieten können, während wir gleichzeitig dafür sorgen, dass jemand dies für uns tut.

Wie wir zu Gefühlen stehen

Fangen wir damit an, wie intensiv Gefühle sein können. Sowohl die unserer Kinder, mit denen wir konfrontiert werden – und die manchmal ungebremst über uns hereinbrechen –, als auch unsere eigenen. Denn eine der schwierigsten Erfahrungen in der Familie ist, dass Gefühle manchmal echt ein **Riesending** sind.

Wir haben bereits darüber gesprochen, dass Kinder sehr starke Gefühle in uns auslösen können, weil sie unsere frühesten Erfahrungen in uns wachrufen. Das geschieht auf mehreren Ebenen. Da sind die Gefühle unseres Kindes und unsere Interpretation derselben. Dann sind da die Gefühle, die sich *in uns* zu Wort melden – und die mit dem kleinen Kind in uns zu tun haben, mit den von uns verinnerlichten Geschichten und mit dem, was wir im Moment fühlen. Und schließlich ist da noch unsere Reaktion auf all das.

Häufig erleben wir Gefühle in der Familie als überwältigend, weil uns niemand die Sprache der Emotionen gelehrt hat. Und doch ist emotionale Intelligenz die Grundlage für so vieles. Sie hilft uns auch in der Schule und am Arbeitsplatz, lässt uns solidere Beziehungen aufbauen und ermöglicht, dass wir mit den Anforderungen unterschiedlicher Situationen fertigwerden. Darüber hinaus sorgt sie für eine gute seelische und körperliche Gesundheit.

Emotionale Intelligenz wird zwar nicht überall gleich verstanden und definiert, doch zwei Komponenten spielen dabei immer eine Rolle: das Bewusstsein der eigenen Gefühle und die Frage, wie gut man damit fertigwird. Der Psychologe Daniel Goleman hat für die emotionale Intelligenz fünf grundlegende Dimensionen beschrieben:

1. wie sehr wir uns der eigenen Gefühle bewusst sind
2. wie gut wir sie in verschiedenen Situationen regulieren können
3. Einfühlungsvermögen (also die Fähigkeit, den emotionalen Zustand eines anderen Menschen zu erkennen)
4. soziale Fähigkeiten zum Aufbau von Beziehungen
5. die Motivation, weiterzulernen und sich zu entwickeln

Wir bauen also unsere emotionale Intelligenz im Laufe unseres gesamten Lebens weiter auf.

Ist diese Idee für Sie neu, wie für viele Eltern der Generation »Kinder soll man sehen, nicht hören«, dann fällt es Ihnen möglicherweise schwer, das Konzept zu verstehen. Denn für diese Generation galt nicht nur, dass Gefühle weder Akzeptanz noch Verständnis erfuhren. Man sprach meist gar nicht über sie. Gefühle wurden darüber hinaus ins Lächerliche gezogen, als unnötig abgetan oder komplett geleugnet. Es kann Arbeit erfordern, uns bewusst zu machen, wie wir zu unseren eigenen Gefühlen stehen.

Außerdem gibt es kulturelle Unterschiede in der Art, wie wir erzogen werden, Gefühle auszudrücken und zu verstehen.

Sollen wir uns ansehen, wie Sie zu Gefühlen stehen?

- Wie hat Ihre Umwelt darauf reagiert, wenn Sie als Kind Ihre Gefühle zeigten?
- Welche Gefühle waren Ihrer Ansicht nach im Zuhause Ihrer Kindheit nicht »erlaubt«?
- Welche Gefühle wurden gefördert?

Selbstverständlich wird das Ganze noch verkompliziert: zum Beispiel dadurch, dass wir manchmal keine Sprache erlernt haben, um Gefühlen Ausdruck zu verleihen, oder dass niemand diese Gefühle anerkannte. Vielleicht hat man uns sogar eingeredet, dass diese Gefühle etwas anderes sind. Oder man hat uns beigebracht, diese Gefühle umzudeuten, damit wir bekamen, was wir brauchten.

Ein klassisches Beispiel dafür sind die unzähligen Botschaften von Erwachsenen, die Kindern signalisieren, dass sie die Stärke ihrer Gefühle abschwächen sollten. Zum Beispiel, wenn sie zu einem weinenden Kind sagen: »Es ist ja alles gut.« Oder: »Große Jungs/Mädchen weinen nicht.« (Übersetzt: »Sei tapfer. Zeige deine Gefühle nicht nach außen.«) Eltern und Bezugspersonen reagieren oft auf diese Weise, um ihrer eigenen Scham und ihrem Verantwortungsgefühl die Spitze zu nehmen, weil sie diese emotionale Reaktion ausgelöst haben oder sie zumindest nicht verhindern konnten. Das hat mit ihren eigenen Landkarten und ihrer Scheu vor Konflikten zu tun. Wenn wir zu unseren Eltern beispielsweise gesagt haben: »Du hast das gemacht! Es war **dein** Fehler!« oder: »**Du** hast mir nicht zugehört. Ich habe dir ja **gesagt**, dass ich nicht möchte, dass das passiert«, haben wir vielleicht Antworten wie diese zu hören bekommen: »Es war nicht mein Fehler. Du kannst nicht mir die Schuld dafür geben. Es war eher *dein* Fehler.« Wir machen das häufig, nicht nur bei unseren Kindern, sondern auch bei Erwachsenen. Um uns von möglichen Fehlern loszusprechen, reflektieren wir den Tadel zurück auf die Person, die uns Vorwürfe macht. Leider wird uns das nicht nur von Eltern und Bezugspersonen vorgelebt, sondern auch vom Chef bei der Arbeit, von medizinischen Fachkräften, von Leuten, die im Licht der Öffentlichkeit stehen, und wichtigen Politikerinnen und Politikern dieser Welt.

Wir zweifeln also an unseren Gefühlen, und es fällt uns schwer, sie klar zu benennen. Zudem gibt es geschlechtsspezifische Unterschiede. So gilt Wut für Personen, die als Mädchen oder Frauen sozialisiert werden, als Unvernunft, Feindseligkeit, Anspruchsdenken, Nörgeln oder gar hormonelles Ungleichgewicht. Diese Denkweise wird verinnerlicht und löst Selbstkritik und Gefühle des Versagens aus, wenn diese Person tatsächlich Wut empfindet. Später wird daraus Trauer, die bei Frauen sozial akzeptierter ist. Für Menschen, die als Junge oder Mann sozialisiert werden, ist Trauer hingegen ein Tabu. Sie wird umgedeutet zu Sensibilität, Erschöpfung, Stress, Schüchternheit oder Zurückweisung. Verinnerlicht wird das Gefühl der Schwäche, Isolation und Verwirrung, garniert mit jeder Menge Selbstkritik. Was wiederum dazu führt, dass die emotionale Gemengelage in Wut oder Reizbarkeit umschlägt – Emotionen, die bei männlich sozialisierten Menschen eher akzeptiert werden. Diese grundlegende Prägung wirkt sich auf unsere emotionale Intelligenz aus: So zeigen Frauen meist mehr zwischenmenschliche Fähigkeiten und mehr Einfühlungsvermögen, während Männer eine höhere Stresstoleranz aufweisen. Und es wirkt sich auch darauf aus, wie andere unsere emotionale Intelligenz wahrnehmen: So werden die emotionalen Fähigkeiten von Frauen gewöhnlich überschätzt.

Das geschilderte Verhalten kann auch weit schädlichere Auswirkungen haben, die zu lebenslangen Schuldgefühlen und einer tief empfundenen Wertlosigkeit führen. Möglicherweise hat ein Kind einen emotionalen, körperlichen oder sexuellen Missbrauch erleben oder mitansehen müssen und wurde dafür verantwortlich gemacht. Es hat sich also selbst die Schuld gegeben. In der Folge fühlt es sich innerlich gebrochen, manchmal verletzen sich diese Menschen sogar selbst. Auch diese Erfahrung drückt sich auf unterschiedliche Weise aus. Bei Frauen führt die verständliche emotionale Belastung häufig zu einem Verhalten, das als Borderline-Störung diagnostiziert wird, bei Männern kommt es häufiger zu Diagnosen von antisozialem oder aggressivem Verhalten beziehungsweise zu Drogenmissbrauch. Der Unterschied scheint aber nicht darauf zurückzugehen, wie Emotionen empfunden werden. Es hat mehr damit zu tun, wie sie ausgedrückt und (von medizinischen Fachkräften) geschlechtsspezifisch interpretiert werden. Diese Vorurteile prägen auch die Art, wie unsere Emotionen von anderen Menschen wahrgenommen werden, je nachdem, welcher Ethnie oder sozialen Klasse wir angehören.

- Fallen Ihnen Beispiele ein, ob und wie sich dies in Ihrer eigenen Familie abgespielt hat? Hat man Sie davon abgehalten, bestimmte Gefühle auszudrücken? Oder hatten Sie das Gefühl, diese nur auf eine ganz bestimmte Weise ausdrücken zu können?
- Gab es Botschaften aus Ihrem sozialen oder kulturellen Kontext, die Ihre Einstellung zu und Ihren Ausdruck von Gefühlen betrafen?
- Und wie ist es heute? Gibt es etwas, das Sie daran

hindert, sich Ihrer Emotionen bewusst zu werden? Gibt es Signale von Ihrem Partner, von Kolleginnen, Ihren Freunden, Ihrem sozialen Umfeld oder der Gesellschaft, die bestimmte Emotionen tabuisieren?

Wie Sie sehen, sind Gefühle kompliziert. Sie sind schwierig zu empfinden und schwierig zu interpretieren.

Wenn man Ihnen die Sprache der Gefühle nie beigebracht hat, wie sollen Sie dann die Entwicklung emotionaler Intelligenz bei einem Kind ertragen, das seinen Gefühlen ungebremst Ausdruck verleiht?

Unsere eigenen Gefühle zu erkennen, zu interpretieren und auszudrücken, ist der erste Schritt, um Gefühle bei unseren Kindern zu erkennen, zu interpretieren und darauf zu reagieren. Aber es hilft auch anderweitig: zum Beispiel wenn wir Fragen beantworten, schwierige Gespräche führen und nach einem Streit versöhnliche Worte finden müssen.

Wie können wir das schaffen? Nun, wir können erst einmal tiefer eintauchen in den *gegenwärtigen* Moment.

Emotionen erkennen

Nach Lektüre der letzten Seiten wissen Sie vielleicht, ob und wie gut Sie Ihre eigenen Emotionen kennen (oder eben nicht). Häufig ist uns nicht bewusst, wie unglaublich viele Gefühle wir haben. Oder wir haben uns stets bemüht, sie zu ignorieren.

Wie also kommen Sie Ihren Gefühlen näher? Wenn wir sie als Botschaften sehen, die zwar von allen Menschen geteilt, aber trotzdem kulturell konstruiert werden, dann gehen wir das Verständnis unserer Gefühle mit mehr Offenheit an. Und wir sind neugierig, wie wir zu unseren Gefühlen stehen.

Zu diesem Zweck müssen wir zuerst einmal eine Sprache erlernen, die uns erlaubt, das, was wir fühlen, zu benennen. Aber selbst darüber herrscht keine allgemeine Einigkeit. Es gibt verschiedene Modelle, die jeweils unterschiedliche Vorgaben geben. Da gibt es zum einen die Basisemotionen (wie Angst und Glück), aus denen sich komplexere Gefühle zusammensetzen – wie durch die Mischung von Grundfarben im Farbkasten. (Verachtung entsteht beispielsweise aus Wut und Abscheu.) Manche Forscher gehen auch von emotionalen Clustern aus, die miteinander verknüpft sind (wie Enttäuschung und Bedauern). Innerhalb der einzelnen Emotionen gibt es dann Abstufungen in der Intensität (zum Beispiel von leichtem Entnervtsein bis hin zu tobender Wut). Eine jüngere Studie benutzte ein mathematisches Rahmenwerk, um 27 verschiedene emotionale Kategorien zu erarbeiten, von denen einige eng miteinander verknüpft sind (wie Angst und Furcht), andere hingegen überhaupt nichts miteinander zu tun haben (wie Ehrfurcht und Abscheu). Wie bereits erwähnt, ist auch der Kontext wichtig: Zum Beispiel fühlen sich Angst und freudige Erregung im Körper ähnlich an. Welches Gefühl wir identifizieren, hängt also von unserer Interpretation ab.

Gehen wir nun mal den Empfindungen in *Ihrem* Körper nach. Suchen Sie sich einen ruhigen Ort, an dem Sie nicht gestört oder abgelenkt werden. Setzen Sie sich bequem hin. Wenn Sie in einem betriebsamen Haushalt leben, nehmen Sie sich ein paar Minuten Zeit für sich, bevor Sie nach Hause zurückkehren. Oder Sie gehen in ein ruhiges Zimmer, während die Kinder fernsehen.

Nun richten Sie Ihre Aufmerksamkeit nach innen: Was fällt Ihnen auf? Das können körperliche Empfindungen sein wie ein leichter Schmerz, Hunger oder Müdigkeit. Lesen Sie nun erst noch ein bisschen weiter, damit Sie danach die Augen schließen und sich ganz auf sich selbst konzentrieren können.

Welche körperlichen Empfindungen sind mit Ihren Gefühlen verbunden? Und wenn Sie sich jetzt auf Ihr Innenleben konzentrieren, achten Sie darauf, was aufkommt. Manchmal erleben wir unsere emotionale Erfahrung als eindimensional, aber vielleicht verspüren Sie auch viele Emotionen gleichzeitig. Gewöhnlich richten wir unser Augenmerk nicht auf nur eine Sache. Gerade für Eltern spielen sich viele Erfahrungen simultan ab, sodass wir mit vielen Problemen zur selben Zeit beschäftigt sind: Was sagen wir morgen unserem Chef? Was gibt es zum Abendessen? Sollten wir nach dem Streit gestern noch mal ein Gespräch mit unserem Sohn anstoßen?

Wenn Sie ein oder zwei Gefühle benannt haben, erweitern Sie Ihren Fokus. Je länger Sie sitzen, desto häufiger kommt es vermutlich vor, dass Sie Gefühle bemerken, die Sie erstaunen. (Und dann reagieren Sie emotional auf diese Gefühle.)

Während Sie Ihre Gefühle benennen, überlegen Sie sich, woher Sie diese Benennung haben. Welche Signale im Körper helfen Ihnen, diese Emotion zu identifizieren? Ein Engegefühl in der Brust? Eine gewisse Wärme in der Bauchregion? Ein Prickeln am Hinterkopf? Wie haben Sie gelernt, diese Empfindungen zu deuten?

Versuchen Sie, das, was Sie wahrnehmen, nicht zu beurteilen. Leider neigen wir zu solchen Beurteilungen, vor allem, wenn wir gelernt haben, unsere Gefühle in etwas umzuwandeln, mit dem unser Umfeld besser zurechtkommt. Wenn wir Angst haben, meldet sich vielleicht unser innerer Kritiker mit Verachtung, was wiederum ein Gefühl der Scham auslöst. Im Buddhismus gibt es hierfür das Bild des zweiten Pfeils.[71] Der erste Pfeil, der uns trifft, ist die leidhafte Erfahrung, wie immer sie auch aussehen mag. Den zweiten Pfeil aber schießen wir auf uns selbst ab: Das ist unsere Reaktion auf die leidhafte Erfahrung. Diese haben wir teilweise unter Kontrolle. Wenn der zweite Pfeil mit Bewertungen, Ängsten, Peinlichkeit und Scham gespickt ist, dann vermehrt dieser unser Leid. Wenn wir hingegen den Schild der Akzeptanz, der liebenden Güte und des Selbstmitgefühls heben, dann müssen wir uns nur von der Verwundung erholen, die der erste Pfeil uns beigebracht hat.

Was sind Ihre ersten Pfeile, und welche zweiten Pfeile schießen Sie ab? Wo und wann haben Sie gelernt, so zu reagieren?

Wenn Sie sich Ihren Gefühlen noch nie auf diese Weise zugewandt haben, kann dies eine tief bewegende, mitunter verwirrende Erfahrung sein. Denn häufig benennen wir Gefühle falsch. Aber wenn Sie sich voller Neugier den Gefühlen Ihrer Kinder zuwenden, nutzt diese Neugier wahrscheinlich auch Ihnen selbst.

Sie können Ihrer emotionalen Erfahrung gut nachgehen, wenn Sie in Stille sitzen. Diese Situation ist für uns Erwachsene, gerade für uns Eltern, selten. Es ist aber wirklich hilfreich, diese Art von emotionalem Radar mehrmals am Tag anzuwerfen. Ich schlage meinen Klienten häufig vor, sich dafür bestimmte Punkte im Alltag zu suchen, zum Beispiel, wenn sie die Eingangstür hinter sich schließen oder ihre Küche betreten.

Erkennen Sie Ihre eigenen Gefühle auch, wenn Sie mit Ihrem Kind oder Ihren Kindern eine emotional hochgradig aufgeladene Situation erleben? Können Sie dann mit diesen Gefühlen so umgehen, dass Sie gleichzeitig die Gefühle Ihres Kindes erkennen und ihm helfen, sie auszudrücken? Und vielleicht sogar dann, wenn nicht nur ein Kind beteiligt ist?

Emotionen akzeptieren

Einer der Stolpersteine des Elterndaseins ist die Tatsache, dass wir Situationen zu rational angehen. Wir glauben, wir könnten unsere Probleme *durchdenken*. Aber das Elterndasein ist unglaublich körperlich. Wir müssen uns durch die Probleme hindurch *fühlen*. Und es muss uns – wie im Buch schon so oft erwähnt – klar sein, was uns daran hindert, Verbundenheit mit unserem Kind herzustellen. Nicht durch unseren Verstand, sondern indem wir uns auf das einstellen, was unsere Kinder fühlen: mit dem Eltern-Tool des Einfühlungsvermögens, das ich in Kapitel 10 vorgestellt habe. Es geht nicht nur darum, dass wir anwesend sind. Wir sind vielmehr bei ihnen. Wissen Sie noch? Einfühlungsvermögen gehört zu den entscheidenden Elementen der emotionalen Intelligenz. Brené Brown fasst dies wunderbar zusammen: »Um eine Verbundenheit mit Ihnen herzustellen, muss ich zuerst verbunden sein mit dem Teil in mir, der dieses Gefühl kennt.«[72] Wir müssen also fähig sein, mit jenem Anteil in uns selbst in Kontakt zu treten, der uns hilft, zu verstehen, ohne die Erfahrung des anderen zu überlagern.

Vermutlich kennen Sie schon einige der Hindernisse, die dabei auftauchen können. Das erste Hindernis auf dem Weg zur Erkenntnis der emotionalen Erfahrung unserer Kinder ist unsere eigene Stressreaktion. Wir müssen also unseren Affen kennenlernen. Wenn wir zu einer überschießenden Stressreaktion neigen (ob diese nun durch jüngere traumatische Erfahrungen, durch aktuelles, vergangenes oder von Vorgängergenerationen erfahrenes Stresserleben verursacht ist), dann liest unser Körper bestimmte Formen emotionalen Ausdrucks als Bedrohung, die wir auf jede erdenkliche Weise überwinden müssen. Wenn wir mit einer »Bedrohung« konfrontiert sind (wenn beispielsweise ein Kind Sie auf den Arm schlägt und Ihnen körperlichen Schmerz verursacht oder wenn Ihr Baby voller Begeisterung seine Stimme entdeckt und den ganzen Tag über lautstark quietscht, was Ihre Sinneswahrnehmung überfordert), dann übernimmt der Affengeist das Steuer, und unser Ältestenrat verabschiedet sich. Der Ältestenrat zieht sich immer dann zurück, wenn Sie müde, gestresst, mit Entscheidungen überfordert oder einfach nur hungrig sind. Wir Eltern erleben das häufig, wenn die Bedürfnisse unserer Kinder die unseren überlagern. Das gilt vor allem für die Müdigkeit. Eine Studie hat ergeben, dass nur eine Nacht Schlafentzug unsere Gehirnfunktionen so verändert, dass sich beispielsweise die Reaktion der Amygdala auf emotional negativ bewertete Bilder um 60 Prozent erhöht.

Wir reagieren auf eine »Bedrohung« unterschiedlich, je nachdem, wo wir uns gerade befinden, wie wir uns im Augenblick fühlen und wie wir als Kinder gelernt haben zu reagieren. Vielleicht versuchen wir, das Problem um jeden Preis zu lösen oder davor wegzulaufen (der Fluchtimpuls des besorgten Charakters). Vielleicht werden wir auch sarkastisch, schreien herum oder werden körperlich aggressiv (unser Menschenfresserinnen-Angriffsimpuls). Oder die Anspannung überwältigt uns urplötzlich, sodass wir nicht mehr denken können (der Erstarrungsreflex des Floaters). Wir lassen emotional die Jalousien herunter oder tun so, als würden wir uns um die Sache kümmern (die verwundete Seele stellt sich tot). Oder wir tun alles, um unser Kind zu beruhigen, ganz egal, was das für uns bedeutet (die Liebende beziehungsweise der Bambireflex).

- Kommen Ihnen diese Reaktionsmuster auf die Gefühle Ihres Kindes bekannt vor?
- Gibt es Unterschiede in Ihrer Reaktion auf Belastungen, je nachdem, in welcher Situation Sie sich gerade befinden? Was macht den Unterschied?
- Gibt es ein Reaktionsmuster, das für Sie »erste Wahl« ist?
- Woran liegt das Ihrer Ansicht nach?
- Haben Sie bereits Mittel und Wege gefunden, wie Sie diese automatische Reaktion umgehen und Ihren Ältestenrat herbeirufen können?
- Gibt es etwas, womit Sie Ihre Stressreaktion herunterregeln können? (Beispiele: tiefe Bauchatmung, wenn alles zu heftig wird. Kopfhörer, wenn es zu laut ist. Regelmäßige Pausen, in denen niemand Sie ansprechen darf. Jemand, mit dem Sie reden können, wenn der Sturm vorüber ist.)

Andere Hindernisse stammen aus unserer persönlichen Erfahrung in der Vergangenheit, zum Beispiel wenn sich das kleine Kind in uns meldet, sodass wir das Kind, das tatsächlich vor uns steht, nicht mehr sehen können. Andere Hindernisse haben mit der Hektik des Alltags zu tun oder mit der Sorge um andere Beziehungen. Und manchmal kommt alles zusammen. Zum Beispiel, wenn Sie mit Ihrem Kleinkind im Supermarkt beim Einkaufen sind (was an sich schon Stress bedeutet!). Sie sind hungrig, haben schlecht geschlafen und wollen so schnell wie möglich nach Hause. Das macht es an sich schon schwer, sich auf die emotionale Landschaft eines *beliebigen* anderen Menschen einzulassen. Ihr Kind aber ist hin und weg von all den schönen Sachen, die es haben will. Sie sagen immer wieder Nein, was Ihr Kind zunehmend empört. Eines der Hindernisse in dieser Situation ist, dass Sie nicht mehr viele Ressourcen haben, um noch einfühlsam zu reagieren. Dazu kommen noch andere Hindernisse wie die Blicke der Leute um Sie herum, deretwegen Sie Scham empfinden, weil man Sie offensichtlich verurteilt.

Ich möchte Ihnen noch ein Hindernis nennen, das in unserem Leben so allgegenwärtig ist, dass Sie davon garantiert nichts hören wollen. Eines, das uns den Blick auf die Gefühle unserer Kinder verstellt, aber auch Verbundenheit in anderen Beziehungen erschwert: Ihr Smartphone. Mittlerweile gibt es eine ganze Reihe von Studien, die zeigen, dass das Smartphone eine Barriere zwischen uns und unseren Kindern schafft.[73] Sie haben vielleicht schon mal von dem »Still-face-Experiment« gehört, das der Psychologe Ed Tronick 1978 eingeführt hat. Während dieses Versuches interagieren ein Elternteil und ein Baby beziehungsweise Kleinkind miteinander. Dann wendet sich der Elternteil ab, und wenn er sich wieder dem Kind zuwendet, zeigt er ein ausdrucksloses Gesicht. Selbst Babys im Alter von vier Monaten versuchen einige Minuten lang, die Aufmerksamkeit des Elternteils wieder auf sich zu lenken. Verändert sich der Ausdruck des Gesichts nicht, zeigen sie deutliche Anzeichen von Stress und ziehen sich schließlich vollkommen in sich zurück. Eine 2022 veröffentlichte Studie zeigt, dass die Verwendung eines Smartphones denselben Effekt hat wie das ausdruckslose Gesicht. (Puh, tief durchatmen, bitte.) Wenn Eltern angaben, ihr Smartphone häufig zu benutzen, dauerte es auch länger, bis Elternteil und Baby wieder Kontakt aufnahmen. Das Kind blieb aufgebracht oder zurückgezogen, reagierte mit geringerer Wahrscheinlichkeit auf die Eltern und interessierte sich weniger für Spielsachen.

Andere Studien zeigen, dass sich unser Verhalten unseren Kindern gegenüber ändert, wenn wir uns als Eltern oder Bezugspersonen kaum vom Telefon lösen können. Dies zeigte eine Studie, die Eltern beobachtete, die im Restaurant zum Smartphone griffen. Je versunkener sie in ihr Smartphone waren, desto höher die Wahrscheinlichkeit, dass sie auf die Versuche des Kindes, ihre Aufmerksamkeit zu erregen, genervt reagierten.

Wenn wir häufig am Smartphone hängen, dann geben unsere Babys oder Kinder ihr Bestes, um unsere Aufmerksamkeit zu erringen. Wenn wir ihnen unsere Aufmerksamkeit verweigern, zeigen sie ihren Kummer äußerlich (durch Wutanfälle, Aggressionen oder Ruhelosigkeit) oder innerlich (durch Weinen, Schmollen oder Rückzug). Je öfter unsere Kinder sich so verhalten, umso höher die Wahrscheinlichkeit, dass wir zum Telefon greifen, um unsere Reaktion auf ihr Verhalten zu überspielen. Ein Teufelskreis.

Vielleicht haben Sie bei der Lektüre dieses Buches schon den einen oder anderen Punkt entdeckt, an dem Sie etwas verändern möchten. Smartphones sind so beschaffen, dass wir sie zwanghaft nutzen. Vielleicht gab es in Ihrem Leben bereits Zeiten, in denen Sie sich völlig von Ihrem Telefon abhängig fühlten. Bevor Sie sich aber jetzt fragen, ob und wie sehr Sie Ihrem Kind damit geschadet haben, überlegen Sie lieber, wie

Sie etwas ändern können. Wir wollen schließlich keinen zweiten Pfeil abschießen.

- Wenn Sie über Ihr Kind nachdenken: Gibt es Gefühle, die Sie überrascht haben?
- Gibt es bei Ihren Gefühlen etwas, das Sie besonders schwierig finden?
- Wie fühlen Sie sich, wenn Sie positive Emotionen wie Begeisterung, Freude oder Liebe zeigen?
- Wie fühlen Sie sich, wenn Sie negative Emotionen wie Wut oder Leid ausdrücken?
- Gibt es Gefühle, mit denen Sie sich lieber nicht auseinandersetzen würden? Warum, glauben Sie, ist das so? Bereitet Ihnen das zusätzliche Schwierigkeiten? Wenn ja, welche?

Emotionsgeschichten

Gefühle sind ein Lebensbereich, in dem Geschichten uns wirklich helfen können.[74] Vor allem, wenn wir mit unseren Emotionen nicht sonderlich vertraut sind, kann eine Geschichte uns helfen, ein wenig auf Distanz zu gehen. Denn wenn die Gefühle so richtig hochkochen, kann mit etwas Distanz unser Ältestenrat das Wort ergreifen: Dann brauchen wir den Frontallappen des Gehirns, damit wir die puren Emotionen in eine komplexere Sprache übersetzen können.

Wenn unser Kind sich also fürchterlich aufregt, weil es seine Spielzeuglok verloren hat, können wir ihm folgende Geschichte erzählen: »Du weinst jetzt, weil du aufgeregt bist. Du hast deine Lok verloren.« Gerade wenn das Kind schon älter ist, geht es gern auf eine solche Geschichte ein, um ihr etwas hinzuzufügen oder sie zu korrigieren. Dann erzählt es die Geschichte so, dass sie wirklich dem entspricht, was das Kind erlebt und gefühlt hat.

Und wenn es gerade nicht um einen emotional hoch aufgeladenen Moment geht, können wir Geschichten auch verwenden, um mit unserem Kind über seine Gefühle zu sprechen. Zudem kann uns das auch selbst helfen, wenn wir über unsere Gefühle noch einiges zu lernen haben.

Fragen Sie doch mal Ihr Kind, was es im Körper empfindet: »Woher weißt du eigentlich, dass du wütend bist? Wie fühlt sich das im Körper an?« Oder erklären Sie ihm die Empfindungen in Ihrem Körper.

Eine sehr schöne Technik, die in der Therapie häufig Anwendung findet, ist es, Geschichten zu erzählen, die von den Gefühlen selbst handeln. So können wir unsere Emotionen beispielsweise zu Gegenständen, Tieren oder Charakteren werden lassen. Vor allem, wenn wir oder unsere Kinder vollkommen von einer Emotion absorbiert werden, kann es Raum zwischen uns und dem Gefühl schaffen, wenn wir auf diese Weise über sie reden. Bei kleinen Kindern können wir das Gefühl sogar malen: eine schwarze Wolke für Traurigkeit, ein rotes Feuerwerk für Wut. Bei älteren Kindern – und uns selbst – kann die Personifizierung von Emotionen als Charakter oder Figur helfen, mit dem Gefühl besser und kreativer ins Reine zu kommen.

Wenn unser innerer Kritiker den Mund gar nicht mehr hält und wir uns deshalb mies fühlen, können wir mit dieser Figur ein wenig spielen: Nennen wir sie doch »Stachelgurke« und behandeln sie so, als wäre sie einer der übellaunigen Charaktere aus einem Roald-Dahl-Buch. Oder wir bringen unsere Emotionen mit den Figuren zusammen, die wir schon kennen: Wenn unsere Wut die Menschenfresserin ist, dann können wir uns überlegen, was sie braucht, und so handeln, dass uns das in diesem Moment hilft. Wenn die Menschenfresserin die Erlaubnis erhält, ein Blatt Papier damit zu füllen, warum wir gerade so wütend sind, kommt vielleicht der Krieger zum Vorschein und findet eine Lösung. Oder die Liebende erinnert uns daran, dass wir doch eigentlich Brücken bauen und nicht alles kurz und klein schlagen wollten.

Wenn Sie diese Übung ausbauen wollen, können folgende Impulse helfen:

- Erinnern Sie sich an eine Erfahrung, die ein Gefühl in Ihnen wachruft – nichts Belastendes, sondern nur leichten Ärger oder etwas in der Art.
- Versuchen Sie, das Gefühl im Körper aufzuspüren. Wo sitzt es?
- Wenn dieses Gefühl ein Gegenstand oder ein Tier wäre, was wäre es?
- Wie würde es aussehen?
- Stellen Sie sich vor, Sie nehmen es aus Ihrem Körper heraus und halten es in der Hand. Wie fühlt es sich an? Ist es warm oder kalt? Schwer oder leicht? Weich oder hart?
- Macht es Geräusche?

Es gibt noch weitere Möglichkeiten, um mit diesem Gefühl zu experimentieren. Stellen Sie sich vor, Sie reden mit ihm oder fragen es, was es möchte. Sie können es auch schrumpfen lassen und in die Tasche stecken. Oder Sie hängen es gedanklich an einen Luftballon und lassen es davonschweben.

Märchen und Wirklichkeit

Wir haben schon über einige Mythen und Märchen gesprochen. Tragen Sie auch Geschichten mit sich herum, die davon handeln, wie Gefühle ausgedrückt werden sollten? Vielleicht gibt es unbewusste Vorstellungen, die verhindern, dass Sie akzeptieren, was direkt vor Ihrer Nase passiert.

Viele Eltern sagen mir, dass sie »alles richtig gemacht« haben, das Kind aber immer noch tritt, brüllt, weint, das Geschwisterkind zwickt oder auf dem Boden liegt und mit Armen und Beinen um sich schlägt. Manchmal ist der Grund für diese Verhaltensweisen, dass das Kind von seinen eigenen Emotionen überwältigt wird, und nichts von unseren gut gemeinten Ratschlägen dringt zu ihm durch. Oder vielleicht haben wir etwas *gesagt*, was beruhigend und einfühlsam sein sollte, aber aufgrund unserer eigenen Ängste, Ungeduld oder Sorgen war es nicht überzeugend. Und unser Kind, dieses kleine Emotionsbarometer, merkt das, ist noch verwirrter und versinkt im Gefühlschaos. Wir versuchen also, »das Richtige« zu tun, und setzen uns dabei selbst unter Druck, weil wir uns unbedingt daran erinnern wollen, was wir im Internet über solche Situationen gelesen haben, oder weil wir uns ohrfeigen könnten, dass wir die falschen Worte benutzt haben.

Schon wieder sind wir vom Verstand ausgegangen, nicht vom Gefühl. So haben wir dem direkten Kontakt von Mensch zu Mensch, den unser Kind – und auch wir – brauchen würden, ungewollt einen Riegel vorgeschoben.

Vielleicht haben wir auch falsche Erwartungen, wie unser »richtiges Verhalten« ausgehen sollte. Die Gefühle unseres Kindes haben uns aus dem Gleichgewicht gebracht. Vor allem, wenn wir unsere eigenen Gefühle immer unterdrückt haben und die Erfahrung nicht kennen, wie es ist, wenn ein Gefühl im Körper erscheint, wir uns darauf einlassen und es dann wieder abklingt. Viele Erwachsene, die bei mir in die Therapie kommen, sind erstaunt, was passieren kann, wenn sie aufhören, zu raten, was sie empfinden, oder ihre Empfindungen zu unterdrücken. Wenn sie ihre Gefühle kommen lassen und merken, dass – ganz ohne Anleitung und Interpretation – ihr Ältestenrat zurückkehrt, sodass sie ihr Problem lösen können, ohne völlig überfordert zu sein.

Was wir bei Kindern (und auch Erwachsenen) häufig tun: Wir erklären, interpretieren und bieten Lösungen an. All das belastet ihr ohnehin schon aufgepeitschtes Affengehirn zusätzlich und verlängert den emotionalen Wirbel. Da wir parallel dazu noch daran arbeiten, unsere eigenen Emotionen zu regulieren, und uns alles langsam ein bisschen zu viel wird, lassen wir uns gern ablenken. Wir kehren unsere Gefühle unter den Teppich oder schalten vollkommen ab. Das verwirrt unsere Kinder, ihr kleiner Affengeist gerät vollends durcheinander. Oder es sieht so aus, als sei das Gefühl endlich weg, nur um später wieder hereinzuplatzen, beispielsweise wenn das Kind vor dem Schlafengehen weint, Bauchschmerzen bekommt oder ein Geschwisterkind anbrüllt. Das kennen wir auch als Erwachsene. Wir meinen, ein Gefühl zu akzeptieren und zuzulassen, verändern aber nur seine Gestalt, ohne es zu merken.

Eine Verbindung auf dieser emotionalen Ebene herzustellen, heißt nicht, dass das Gefühl verschwindet. Meist wird es sogar noch stärker. Und je nach Kind (oder Erwachsenem) kann es eine Weile dauern, bis man sich durchgearbeitet beziehungsweise durchgefühlt hat – erst dann wird es vergehen. Dann erscheint wieder der Ältestenrat, und Sie können darüber sprechen, was passiert ist. So können Sie Ihrem Kind dabei helfen, seine Emotionen zu verstehen, also zu erkennen, was das Gefühl ausgelöst hat, es zu benennen und – wenn die Kinder älter werden – darüber nachzudenken, welche Gefühle die Menschen in seinem Umfeld in dieser Situation hatten.

Ich weiß, eigentlich bräuchten Sie mal eine einfache Lösung. Doch langfristig werden Sie merken, dass selbst kleine Kinder fähig sind, kreative Lösungen für Probleme zu finden, wenn wir ihnen nur den Raum geben. Manchmal dauert es Stunden oder Tage, bis Ihr Kind objektiver auf das Ganze blicken und Einsicht finden kann. Viele Familien müssen sich dann überlegen, wie sie die Gefühle und den Standpunkt der Kinder mit den Gefühlen und Ansichten anderer Menschen unter einen Hut bringen. Das hat mit Grenzen zu tun, die in der Familie geklärt werden sollten. Zum Beispiel mit Fragen wie: »Wie stehen wir dazu, dass man sich entschuldigt, wenn jemand etwas falsch gemacht hat?« Oder: »Was denken wir übers Teilen?« Und: »Wie wichtig sind uns gute Manieren?« Ich bin sicher, Ihnen fallen auf Anhieb weitere Beispiele ein.

Ein emotionaler Ausbruch fühlt sich endlos an, vor allem, wenn wir darauf »richtig« reagieren möchten. Aber Wutanfälle kommen und gehen wie Gewitter. Sie verfliegen viel schneller, als wir uns das vorstellen können.[75] Sie dauern nur dann länger, wenn wir das Gefühl haben, dass unsere Emotionen nicht verstanden werden oder dass eine andere Person sie nicht akzeptiert.

Unsere erzieherischen Ideale verhindern emotionale Verbundenheit auch dann, wenn wir glauben, dass diese Verbundenheit mit unseren Kindern sie davon abhält, traurig, wütend, frustriert oder aufgebracht zu sein. Kommt Ihnen das bekannt vor? Dann denken Sie zurück an all das, was wir über Gefühle bisher gelernt haben. Denn mit dieser Vorstellung, dass durch unsere Verbundenheit negative Gefühle nicht mehr vorkommen, ist die Idee verbunden, dass »Glück« die einzige akzeptable Emotion ist. Doch Menschen sind mehrdimensional. Manche von uns haben eine unglaubliche Bandbreite von Technicolor-Gefühlen in leuchtenden Farben – ob das nun an unserem Temperament, unserer Persönlichkeit, unserer Neurodiversität oder an den erweiterten Grenzen dafür liegt, was unsere Kultur für akzeptabel hält.

Ich höre immer wieder: »Aber ich gebe ihnen doch *alles*! Ich bin total ausgebrannt, aber sie sind immer noch nicht glücklich.« Wir haben bereits darüber gesprochen, was diese Art der Intensiv-Elternschaft den Eltern abverlangt. Tatsächlich haben unsere Kinder nur dann das Gefühl, dass sie ihre Emotionen ausleben dürfen, wenn sie sich mit uns verbunden und in unserer Gegenwart sicher fühlen. Sie müssen spüren, dass wir in Geist, Körper und Tagebuch genug Platz haben, um ihre Emotionen aufzunehmen. (Deshalb kommt es auch so häufig zum Tobsuchtsanfall im Bus, wenn wir vorher mit ihnen einen wunderschönen Moment totaler Verbundenheit erlebt haben.)

Und noch eines sollten wir uns in Bezug auf unsere Erwartungen merken: Wie wir in Kapitel 11 festgestellt haben, ist unsere Welt nicht gerade kinderfreundlich. Sie ist ja sogar für uns Erwachsene stressig. Unsere Kinder reagieren darauf auch mit Gefühlen. Wenn wir versuchen, all diesen Anforderungen gerecht zu werden, dann belastet das Körper und Geist.

- Kommt Ihnen das bekannt vor? Wie zeigt sich das in Ihrer Familie?
- Wenn Sie Revue passieren lassen, was Sie im letzten Kapitel über die kindliche Entwicklung erfahren haben – wie sehen Sie Ihre Erwartungen jetzt? Halten Sie sie für realistisch?

Wenn wir mehr über unsere Gefühle und die anderer Menschen lernen, werden wir unvermeidlich das eine oder andere falsch machen. Gerade für Eltern gibt es Millionen Gelegenheiten, bei denen wir mit unserem Kind nicht auf einer Wellenlänge liegen. Wenn Sie Ihre Fehler nicht akzeptieren können, werden Ihre Kinder Sie gnadenlos darauf hinweisen. Sollten Sie sich dann immer noch darum drücken, einen Fehltritt zuzugeben, geraten Sie in einen Kampf um die Schuldfrage, bei dem es immer Verlierer gibt.

Es gibt auch Zeiten im Familienleben, in denen wir alle aufeinanderprallen. Vor allem, wenn wir vor wichtigen Veränderungen oder unter Stress stehen, wenn Eltern Sorgen haben und die Kinder in ihrem Kopf nicht so präsent sind. Wir können diese Phasen der Zwietracht nicht immer vermeiden – das sollten wir auch nicht, denn wir wollen unseren Kindern ja das Gefühl geben, dass sie ein »ausreichend gutes« Leben mit »ausreichend guten« Eltern führen. Aber wir können unserer Familie (und uns selbst) helfen, solche Zeiten durchzustehen.

Wir sollten fähig sein, zuzulassen, dass wir uns selbst weiterentwickeln. Das Instrument der Wiedergutmachung einzusetzen, damit unsere Kinder lernen, dass auch wir fehlbare menschliche Wesen sind, die gelegentlich stolpern und nicht immer auf alles eine Antwort parat haben. Dadurch erlauben wir ihnen, selbst Fehler zu machen und zu verstehen, dass Fehler uns weiterbringen können.

Emotionen bejahen

Doch was fangen wir jetzt mit dieser Information an? Es gibt gewisse Techniken, die uns bei dieser emotionalen Arbeit unterstützen können: Vorbeugen, Containing, Wiedergutmachung und Abpuffern.

VORBEUGEN

Wenn wir uns auf Emotionen einlassen, vor allem unsere Stressreaktion besser kennenlernen, dann wird uns schnell klar, wie oft wir uns emotional überfordert fühlen. Ich verwende hier gern die Metapher vom Topf voller Wasser auf dem Kochfeld. Das Wasser steht für unser Nervensystem, die Wärme für die Stressfaktoren, denen wir ausgesetzt sind. Ist das Wasser kalt, ist das parasympathische Nervensystem aktiv (welches für Rast und Verdauung zuständig ist). Wir fühlen uns sicher, sind ruhig und entspannt. Alle unsere physiologischen Prozesse funktionieren reibungslos. Je höher wir die Hitze stellen, je mehr Stress wir erleben, desto schneller kommt das Wasser zum Kochen, bis es schließlich überkocht. (Dann tauchen wir ein in den bedrohlichen Zustand, in dem der Affengeist aktiv ist und das sympathische Nervensystem Kampf-, Flucht-, Erstarrungs-, Bambi- und Totstellreflexe steuert.) Frühere oder aktuelle Erfahrungen können dazu führen, dass bei manchen Menschen das Wasser immer leicht köchelt.

Wenn wir uns unserer Gefühle bewusst sind und regelmäßig Innenschau halten, können wir eher feststellen, wann wir kurz vorm Überkochen sind, und die Wärme herunterregeln.

Angesichts der Hektik des modernen Lebens und der Erwartungen, die wir an uns selbst haben, angesichts der Geschichten, die das Elternsein als Märtyrerdasein darstellen, kommt es häufig vor, dass wir es als absoluten Luxus betrachten, wenn wir etwas für uns selbst tun. Möglicherweise empfinden Sie das sogar als selbstsüchtig. Die Kinder kommen immer zuerst. Aber unsere Bedürfnisse zu erfüllen und andere darum zu bitten, uns dies zu ermöglichen, ist eine Form der Vorbeugung.

Je mehr Stress Ihr Körper erlebt, desto schwerer fällt es Ihrem Ältestenrat, auch in schwierigen Zeiten präsent zu sein. Viele Menschen reagieren überdurchschnittlich stark auf Stress. Dabei sind die Voraussetzungen für Wohlbefinden hinreichend bekannt. Genügend Schlaf, regelmäßige Mahlzeiten, Orte der Ruhe (vorzugsweise in der freien Natur) und gesunde Bewegung scheinen häufig außer Reichweite, dabei sind diese Dinge lebenswichtig. Vielleicht haben Sie bereits Techniken für sich entdeckt, mit denen Sie die Wärmezufuhr zurückdrehen können. Klassiker sind Meditation, Tanzen oder Laufen. Vielleicht räumen Sie aber auch lieber Ihre Sockenschublade auf, hören laute Musik oder drehen eine Runde auf dem Skateboard. Was immer funktioniert, ist gut und richtig. Sie müssen es nur finden.

Auf Vorbeugung zu setzen, heißt auch, dass Ihre Kinder lernen und verstehen, wie wichtig das ist. Wenn Kinder unter ihrem emotionalen Auf und Ab leiden, dann haben sie vielleicht die gleichen Schwierigkeiten wie Sie. Zu wenig Schlaf, weniger Bewegung, das Gefühl, zu Hause eingesperrt zu sein, ein zu niedriger Blutzucker – all diese Dinge können zu emotionalen Ausbrüchen führen. Die Notwendigkeit, einen ruhigen, stillen Ort zu haben, an dem wir abschalten können, wird häufig übersehen und vergessen. Dabei ist diese Tatsache so wichtig. Kinder und Erwachsene brauchen sichere Räume, um sich zu erholen. Für Ihre kleinen Kinder können Sie beispielsweise eine Kuschelecke einrichten, ältere Kinder brauchen Privatsphäre. Und für Erwachsene ist es lebenswichtig, sich regelmäßig kurz zurückziehen zu können, ohne dabei gestört zu werden.

Wenn Sie sehen, dass Ihr Kind in Konfliktzeiten Verbundenheit braucht, verirren wir uns schnell in den zuvor geschilderten Sackgassen. Wir empfinden Scham und fühlen uns schuldig, einmal mehr legen wir die Messlatte an uns selbst unglaublich hoch. Doch weil wir erschöpft sind, fällt es uns schwer, uns zu versöhnen. Und da unser Kind seine Unzufriedenheit darüber, wie wir mit seinem Verhalten umgehen, äußern muss, werden wir ungeduldig, was die Verbundenheit weiter erschwert.

Vorbeugung heißt auch, dass Sie sich an erste Stelle setzen. Wir können das Herz unserer Kinder nicht füllen, wenn das unsere leer ist. Das macht die Last nur noch schlimmer. Heben Sie sich also die »Selbstfürsorge« nicht auf für die Zeit nach dem Sturm. Machen Sie sie zum ersten Schritt auf dem Weg zur Problemlösung. Aus diesem Grund sind die Kapitel im Buch auch in der Reihenfolge angeordnet, wie sie hier stehen. *Sie* kommen immer zuerst. Wenn Sie sich selbst verstehen, werden Sie Ihr Kind besser begreifen. Wenn Sie sich selbst Liebe schenken, dann fällt Ihnen das auch bei den Kindern leichter.

Eine der besten Vorsorgetechniken ist tatsächlich das, worum es in diesem Buch ständig geht: Lernen Sie sich selbst kennen. Fragen Sie sich, ob Ihre Erwartungen der Wirklichkeit entsprechen. Akzeptieren Sie das Chaos und öffnen Sie sich fürs Unvollkommensein.

CONTAINING

Jetzt schalten wir die Wärmezufuhr ganz aus und legen einen Deckel auf unseren Topf. Containing heißt, dass wir im Laufe der kindlichen Entwicklung eine Art »Kokon« um die Gefühle unserer Kinder legen. Wenn Gefühle überkochen, dann schafft das Containing für die Kleinen ein Gefühl der Sicherheit, weil jemand, der größer und zuverlässig ist, diese Gefühle für sie hält. Auch hier geht es weniger um das, was wir tun, sondern darum, wie wir uns dabei fühlen.

Wie immer müssen wir deshalb zuerst mit unseren eigenen Gefühlen ins Reine kommen. Vielleicht rufen wir in diesen Momenten unsere Führungsgestalt dazu, die uns helfend den Arm um die Schulter legt. Oder wir schaffen es, ihre Eigenschaften zu übernehmen, um uns selbst zu unterstützen. Wenn das Wasser im Topf zischt und brodelt, dann verwenden wir am besten eine der Methoden, die die Wärmezufuhr schnellstens unterbrechen. So könnten Sie sich beispielsweise bewusst machen, dass Sie in Sicherheit sind. Sagen Sie sich: »Dies ist kein Notfall.« Oder: »Ich bin sicher.« Sie können dieses Gefühl der Sicherheit auch Ihrem Körper vermitteln, indem Sie die Ausatmung verlängern und dabei die Handflächen aneinanderlegen und sich auf Ihre Fußsohlen und deren Kontakt zum Boden konzentrieren. Solche einfachen Maßnahmen können jede Art von Stress sofort lindern. Wenn das Wasser dann wirklich überkocht und die Kinder toben, dann hilft es manchmal, sich einfach auf den Boden zu legen, die Augen zu schließen und die Handflächen nach oben zu drehen. Sie geben sich ganz der Situation hin und laden die Kinder stumm ein, sich Ihnen anzuschließen. (Vorsicht, das kann dazu führen, dass allerhand kleine Menschen auf Ihnen herumkrabbeln und sich kaputtlachen.) Oder Sie müssen Energie ablassen (was sonst oft durch Schreien geschieht), indem Sie kurz herumzappeln, einen tiefen Seufzer ausstoßen oder die Hände heftig ausschütteln.

Wir wissen nicht immer genau, was unser Kind gerade braucht. Oft liegen wir dabei mit unserer Einschätzung falsch. Machen Sie sich klar, dass Ihre Kinder Sie vielleicht nur dazu bringen wollen, sie emotional zu halten. Man nennt das auch »Co-Regulation«. Sie brauchen Ihre innere Erwachsenen-

Ruhe, um den Sturm in ihrem Inneren zu beruhigen. Denn schließlich sind unsere Kinder emotionale Barometer (siehe Seite 284), wissen Sie noch? Kinder lernen durch Co-Regulation, wie sie sich selbst regulieren können. Solange sie noch klein sind, »benutzen« sie uns oft auf diese Weise. In den frühen Schuljahren beherrschen sie die Selbstregulation dann schon besser. Und nach der Adoleszenz haben sie dann wirklich gelernt, wie es geht (was auch von anderen Stressfaktoren abhängt). Wenn Sie dafür sorgen, dass Ihr Körper ruhig bleibt, genügt dies mitunter schon, um den Sturm für alle Beteiligten vorübergehen zu lassen. Ist Ihr Kind schon größer, können Sie es in einem ruhigen (!) Moment fragen, was es in solch stürmischen Augenblicken braucht.

Manchmal brauchen unsere Kinder aber auch mehr als Containing. Manchmal wollen sie geradezu aufgesogen werden, zumindest für eine kurze Zeit, bis ihre Gefühle sich gelegt haben und sie ihre Probleme selbst lösen können. Und das sagen sie nicht selten auf krasse Weise: Sie blaffen uns an, dass sie uns hassen, dass sie am liebsten eine andere Familie hätten oder sich wünschen, sie wären nie geboren worden. So starke Gefühle sind für Kinder zu viel. Hinter solchen Ausbrüchen steckt ein Hilferuf: »Kannst du das bitte von mir wegnehmen?« Wenn wir das unfair finden und uns verletzt fühlen, sagen wir schnell Dinge wie: »So redest du nicht mit mir!« Oder: »Das meinst du doch nicht wirklich.« Auf diese Weise geben wir ihnen diese Gefühle nur zurück. Aus unserer Sicht haben wir unsere Kinder damit zum Verstummen gebracht, aber losgeworden sind sie diese Empfindungen damit nicht.

Manchmal ist es besser, solchen übermächtigen Gefühlen für eine gewisse Zeit freien Lauf zu lassen. Die Kinder toben zu lassen (hier hilft vielleicht das Instrument der Zusammenarbeit), ohne viel zu sagen. Wir warten, bis der Sturm sich gelegt, der Affe sich beruhigt hat, und bieten ihnen dann eine Umarmung oder einfach nur unsere stille Präsenz an. Meist fließen dabei Tränen, oder unsere Kleinen sind von ihrem Ausbruch völlig erschöpft. Sind unsere Kinder später bereit dazu – und das kann Stunden oder Tage dauern –, dann sprechen wir noch einmal über die Situation und hören ihnen aktiv zu. Damit rufen wir den Ältestenrat zu Hilfe, sowohl für uns als auch für unsere Kinder, und das Problem kann ohne weitere Gefühlsausbrüche gelöst werden.

WIEDERGUTMACHUNG

Wir haben uns mittlerweile nicht nur einmal vor Augen geführt, dass wir vieles falsch machen. Wir stolpern in unserem Tanz. In solchen Momenten leistet uns das Instrument der Wiedergutmachung wertvolle Dienste. Es hilft uns, unsere Irrtümer zu erkennen und auch die chaotischen Seiten unserer Kinder zu akzeptieren. Da wir uns gedanklich immer noch in der Küche aufhalten und einen Topf Wasser auf dem Herd haben, der überkochen kann, könnte man die Wiedergutmachung mit einem Lappen vergleichen, mit dem wir das übergekochte Wasser aufwischen.

Wichtig ist, dass Wiedergutmachung nicht immer direkt nach einem Konflikt erfolgen muss. Wir können dieses Instrument Tage später einsetzen. Manchmal genügt eine einmalige Anwendung nicht. Oder wir machen Fehler bei der Versöhnung – vor allem, wenn wir eine andere Sicht auf das haben, was geschehen ist. Aber wenn wir im Hinterkopf behalten, dass Konflikte unsere Trolle unter der Brücke sind, dann können wir uns besser darauf konzentrieren, wie wir gemeinsam den Riss in unserer Brücke ausbessern können.

Möglicherweise müssen Sie dazu bei sich selbst ansetzen, indem Sie sich selbst vergeben. Wir stellen an uns als Eltern sehr hohe Anforderungen. Das kann uns körperlich stark belasten. Wir gleichen vielleicht ab und an unser Defizit aus, tanken aber nie richtig voll, sodass wir uns wieder als ganze

Menschen fühlen. Ich schlage vor, dass Sie die dazu nötige Selbstfürsorge – ein Abendessen außer Haus, ein Spaziergang allein – als notwendige Instandhaltungsarbeiten betrachten. Darüber hinaus müssen wir Mittel und Wege finden, wie wir uns regenerieren können: eintauchen in eine tiefe Ruhe, in der Geist und Körper einfach abschalten. Vielleicht müssen Sie sich dazu einige Minuten in einen stillen, abgedunkelten Raum zurückziehen. Oder Sie besorgen sich eine Schlafmaske und Ohropax und machen ein Nickerchen. Wichtig ist, dass Sie Momente der Stille in Ihren aktiven Tag bringen.

ABPUFFERN

Dies ist vielleicht der wichtigste Schritt, denn nun holen wir die Packung mit den Grenzen aus dem Küchenschrank. Einen Kokon bieten oder Wiedergutmachung betreiben heißt nicht, dass Sie zum Punchingball werden. Es ist manchmal nicht leicht zu erkennen, wann die Grenze des erlaubten Ausdrucks kindlicher Gefühle überschritten wird. Wenn der Affengeist bei Kleinkindern zuschlägt, dann tut er das häufig auf eine höchst »affenartige« Weise: Sie schlagen, kratzen, spucken, beißen. Größere Kinder werden häufig verbal aggressiv, manche auch körperlich. Wo Sie die Grenzen ziehen, hängt von Ihrer individuellen Situation ab. Dafür sind verschiedene Faktoren ausschlaggebend: beispielsweise das Alter Ihres Kindes, wie sicher es sich in der Situation fühlt – und wie sicher Sie sich fühlen, ob Sie die Möglichkeit haben, sich körperlich zurückzuziehen, wie Sie zu dem Geschehen stehen, ob Sie andere Kinder schützen müssen und wie überwältigt Ihr Kind von seinen Gefühlen ist. Die entscheidende Frage ist, ob die Packung »Grenzen« aufgerissen wird und Sie sich wütend, ungeduldig oder selbst überfordert – oder gar gefährdet – fühlen. Dann müssen Sie die Linie dessen, was Sie noch akzeptabel finden und was nicht mehr, deutlicher ziehen. Die Menschen in Ihrem Umfeld ziehen diese Linie vielleicht anders als Sie. Darüber werden wir in den Brückenbauertreffen noch einmal sprechen – ohne dabei ein Urteil darüber zu fällen, wie die Emotionen des Affengeistes sich für uns anfühlen.

Wir müssen uns also Gedanken über unsere Grenzen machen. Es ist wichtig, dass wir uns darüber bewusst werden, was wir brauchen, um uns als ganze Menschen zu fühlen. Aber wir brauchen auch einen Gesprächspartner, um die Gefühle ausdrücken zu können, die die Stürme, die über unser Zuhause hinwegfegen, in uns auslösen. Denn »Kokonbildung« ist ein hübsches Wort, aber es kann unglaublich schwierig sein. Wir brauchen andere Menschen zur Co-Regulierung, damit wir auch um uns einen Kokon spinnen können. Und wir brauchen Wiedergutmachung für uns selbst.

Ist diese Sicht auf Gefühle für Sie neu? Wenn ja, könnte dieses neu gewonnene Verständnis an sich schon ein Puffer für Ihr emotional geladenes Familienleben sein?

Wir sitzen immer noch in der Küche. Stellen wir uns vor, dass wir alle Eltern-Tools anwenden, die wir kennengelernt haben, um die Temperatur herunterzuregeln und festen Boden unter den Füßen zu bekommen. Wir werden uns nun noch damit beschäftigen, wie wir unseren inneren Konflikten mit Mitgefühl begegnen können, Wiedergutmachung für uns selbst leisten und uns für die Zusammenarbeit mit den verschiedenen Mitgliedern unserer Familie öffnen. Es geht darum, dass wir unserer eigenen Erfahrung mit Empathie begegnen und uns erlauben, uns das zu holen, was wir brauchen, um diese Elternsache hinzubekommen. Und vielleicht schaffen wir es auf diese Weise, unseren eigenen Funken wieder anzufachen.

14

Familiengeschichten

Hättest du lieber gleich ein Abenteuer oder möchtest du zuerst Tee trinken?

J. M. Barrie, *Peter Pan*

Wir haben nun zweifelsfrei nachgewiesen, dass das Elterndasein kein Zuckerschlecken ist. Sie sind wahrscheinlich gestartet mit der Vorstellung, dass Elternschaft eine Einbahnstraße ist. Ein verantwortlicher Elternteil prägt ein formbares Kind. Sie dachten, dass Sie dabei früh eine solide Grundlage schaffen müssen. Damit ist die Sache dann erledigt, und Sie können sich anderen Dingen zuwenden.

Jetzt, da wir fast am Ende angelangt sind, wissen wir, dass Menschen chaotisch sind, Familien noch chaotischer, und dass Elternschaft eine lebenslange Beziehung mit einem oder mehreren Kindern ist, an der noch viele andere Menschen beteiligt sind.

Wir können also die Landkarte Ihres Kindes noch nicht weglegen, weil wir noch nicht explizit über diese anderen Leute geredet haben. Bevor wir also das Haus wieder verlassen, begeben wir uns ins Wohnzimmer und schauen, wer sich dort herumtreibt. Vielleicht sitzen Ihr Partner / Ihre Partnerin oder die Geschwister Ihres Kindes auf der Couch. Sie entdecken möglicherweise auch noch andere Familienmitglieder, die für Ihr Kind wichtig sind. Wo stehen sie? Greifen wir auf einige Ideen aus Kapitel 8 zurück, wo wir über unsere Partnerschaft gesprochen haben. Vielleicht hilft uns das, besser zu verstehen, wie wir als Familie funktionieren.

Der Familientanz

Was Familien angeht, kennen wir unzählige Geschichten. Die wirkmächtigste ist wahrscheinlich die von der glücklichen Familie. Obwohl es noch viele andere Geschichten gibt, die wir aber lieber für uns behalten – unsere eigene Familiengeschichte zum Beispiel, zu der auch Streit, Herzschmerz und Zwänge gehören.[76]

Einige Kapitel früher haben wir uns mit dem Bindungstanz auseinandergesetzt, den Sie mit Ihrem Co-Elternteil beziehungsweise Ihrem Partner erlernt haben. Und wir haben darüber gesprochen, dass Ihre Kinder in diesen Tanz hineingezogen oder zwischen Ihnen und Ihrem Partner hin und her geschleudert werden.

Möglicherweise tanzen viele Menschen mit Ihrem Kind, innerhalb einer Familie können die Schrittfolgen recht kompliziert sein. Sollten wir uns nicht fragen, ob und wie die einzelnen Familienmitglieder miteinander Schritt halten?

Manche Familienmitglieder tanzen einen Paartanz. Zu einem Familientanz zusammenzufinden, fällt ihnen offensichtlich schwer. Oder einige Familienmitglieder tanzen Walzer miteinander, aber sobald eine andere Person – ein Elternteil oder eines der Kinder – die Tanzfläche betritt, kommen alle aus dem Takt und stolpern über die eigenen Füße.

Allein die Vorstellung, die ganze Familie in einen Rhythmus zu bringen, kann sich schwierig anfühlen. Wie sollen wir denn eine gleichbleibende Beziehung zueinander aufbauen, wenn das Leben so hektisch ist? Vielleicht haben wir uns vorgenommen, Walzer zu tanzen, aber dann gibt es Ärger in der Arbeit, die Großeltern werden krank, wir ziehen um, oder wir hatten einfach nur eine schlechte Nacht – schon haben wir das Gefühl, alle Schritte verlernt zu haben.

Meistens (keineswegs immer) streben wir Menschen als soziale Wesen einen gleichbleibenden Rhythmus an. Doch weil das Leben nicht stehen bleibt, können andere Mitglieder der Familie oder unserer Gemeinschaft einen neuen Rhythmus einbringen, den nicht alle sofort verstehen.

- Wenn Sie zusammenfassen, was Sie jetzt über die Bindungstänze wissen, und auf die bekannten Sackgassen achten: Wie würden Sie (und Ihr Co-Elternteil, falls anwesend) das Ziel Ihres Familientanzes formulieren?
- In welchen Momenten haben Sie das Gefühl, dass Ihre Familie aus dem Takt gerät? Gibt es noch etwas, das Sie wissen müssen, um einen gemeinsamen Rhythmus zu finden?

Vielleicht ist ein wenig Unterstützung beim gemeinsamen Tanz hilfreich. Es ist nämlich gar nicht so einfach, die unterschiedlichen Bedürfnisse der einzelnen Familienmitglieder zu verhandeln und zu überlegen, wie sich unsere anderen Verpflichtungen so in die Schrittfolgen integrieren lassen, dass unsere Kinder einen (vergleichsweise) stetigen Rhythmus erleben.

Es kann auch Zeiten geben, in denen wir ganz exklusiv nur mit einem Familienmitglied tanzen wollen. Vor allem, wenn Sie nicht nur ein Kind haben, kann es von entscheidender Bedeutung sein, sich Zeit zu nehmen. Das ist schwierig umzusetzen, wenn es widersprüchliche Bedürfnisse zu berücksichtigen gilt. Oder wenn Sie niemanden haben, der sich in der Zwischenzeit um das andere Kind beziehungsweise die anderen Kinder kümmert. Haben Sie die Instrumente aus Kapitel 11 griffbereit, können Sie jedoch mit den einzelnen Mitgliedern der Familie kurze Momente einer stärkeren Verbundenheit einführen. Sie können Ihrer Tochter zur Schlafenszeit aktiv zuhören, wenn sie etwas über ihre Freundin erzählt; nachhaken, wenn sich Ihrem Sohn ein neues Interessengebiet erschließt; den kindlichen Funken entfachen, um mit Ihrem Kind zu spielen; etwas mit Ihrer Tochter gemeinsam erleben. Es müssen nicht immer *große* Abenteuer sein, um unsere Kinder dort zu treffen, wo sie gerade stehen. Manchmal genügt es schon, wenn wir herunterschalten, zuhören und uns auf ihre Gangart einlassen.

Brücken bauen innerhalb der Familie

Wenn Ihre Kinder schon größer sind, können Sie sie an den Gesprächen darüber beteiligen, was sich auf der Brücke abspielt. Gemeinsame Werte, Erwartungen und Hoffnungen zu haben, die Sie mithilfe des Tools »Zusammenarbeit« herausfinden, kann rund um Ihre Familie eine Grenze kreieren. Das hilft Ihnen als Gemeinschaft, Ihre Integrität zu wahren und an dem festzuhalten, was Ihnen allen wichtig ist.

Um solche Gespräche am Laufen zu halten und den Brückenbau (sowie die Instandhaltung) zu einem Familienprojekt zu machen, können Sie regelmäßige Familiensitzungen vereinbaren. Der Charakter dieser Sitzungen wird sich verändern, wenn Ihre Kinder heranwachsen. Es tut gut, zu wissen, dass Sie regelmäßig zusammenkommen. Dieser Termin gibt Ihnen die Gelegenheit für Reparaturarbeiten und zum Austausch über Erfahrungen. Das erinnert Sie nicht nur daran, dass Sie eine Familie sind, sondern auch daran, dass diese Familie aus lauter einzigartigen Individuen besteht.

So eine wöchentliche Familienversammlung ist wie eine

tragende Säule für den familiären Bau, in dem jeder – auch die Kleinsten – eine Stimme hat und entscheiden kann, wie diese Familie funktioniert. Und dabei geht es nicht um alltägliche Dinge wie Mahlzeiten oder darum, wer welches Kind wann wohin chauffiert. Sondern darum, dass man seinen Missmut äußern darf, über wichtige Dinge redet und über mögliche Veränderungen entscheidet. Es dreht sich alles darum, wie Sie als Familie sein wollen und was Sie tun, wenn alles schiefzugehen scheint. Was wiederum nicht heißt, dass Sie sofort Lösungen finden müssen – manchmal reicht es auch, wenn Sie nur aktiv zuhören, akzeptieren, dass manche Dinge schwierig sind, und darüber reden, wie Sie gemeinsam mit allem fertigwerden und füreinander da sind.

Vielleicht möchten Sie die nachstehenden Fragen als Einstieg für solche Gespräche nutzen, aber erfahrungsgemäß müssen Sie hier ein wenig experimentieren. Die Fragen werden sich im Laufe der Zeit verändern, sie hängen von den einzelnen Familienmitgliedern und deren Bedürfnissen sowie Veranlagung ab. Es ist sinnvoll, sich zumindest eine Frage zu stellen, die mit Grenzen zu tun hat. Dann ist es Teil Ihres Familienmeetings, zu klären, dass Sie alle unterschiedliche Bedürfnisse haben und dass es wichtig ist, diese (auch Ihre eigenen) zu erfüllen. Auch Fragen darüber, wie Sie miteinander reden, sind sinnvoll, denn sie erlauben Ihnen, herauszufinden, welche Art der Kommunikation jede einzelne Person in der Familie sich wünscht. Hier kommen einige Vorschläge, die aber wie gesagt stark variiert werden können:

- Was ist dir jetzt, in diesem Augenblick, wichtig?
- Was, glaubst du, sollte für uns als Familie wichtig sein?
- Wo decken sich die beiden Punkte? Wo unterscheiden sie sich?
- Glaubst du, wir müssen etwas verändern?

- Was brauchst du jetzt gerade?
- Wie können wir ein Team bleiben, wenn schwierige Zeiten auf uns zukommen?

Sie haben mittlerweile einiges über Ihre Kinder und sich selbst gelernt. Wenn Sie also Ihre Kinder zusammen mit einer anderen Person erziehen, dann wäre es vielleicht sinnvoll, mit dieser Person über einige der Dinge zu sprechen, um die es in diesem Buch geht.

Vielleicht über die Gespenster, mit denen Sie im Moment zu kämpfen haben. Oder Sie bitten die Co-Person darum, Sie (liebevoll) darauf hinzuweisen, wenn eines der Gespenster das Wort an sich gerissen hat, ohne dass Sie es merken. Oder Sie reden darüber, wie Sie künftig den Haferbrei für Ihre Familie zubereiten möchten und wie Sie das neue Rezept umsetzen könnten.

Wenn Ihre Kinder älter werden, geht es beim Familienmeeting auch darum, wie Ihre Entscheidungen sich auf sie ausgewirkt haben. Je nachdem, wie alt Ihre Kinder sind, könnten Sie die Ideen mit ihnen besprechen – vor allem, wenn Sie etwas ändern wollen. Vielleicht fällt es Ihnen schwer, dieses »Etwas« zu benennen. Damit wären wir wieder beim Thema Konfliktvermeidung und Eingeständnis der eigenen Fehler. Damit wird die Zusammenarbeit in der Familie gestärkt. Denn auf dieser Basis können Sie Gespräche darüber führen, wie und was Ihre Kinder über das Familienleben denken. Laufen die Dinge gerade nicht so gut, fallen diese Gespräche mitunter recht schmerzhaft aus. Also denken Sie an das Instrument der Wiedergutmachung, rufen Ihre Führungsgestalt zu Hilfe und hören Sie genau hin, ob sich Ihr innerer Kritiker wieder einmischt.

Wenn einige Familienmitglieder einen komplizierten Tanz miteinander aufführen, dann sollten Sie vielleicht den Raum schaffen, in dem sie ihre dicksten Emotionspakete – Wut,

Groll, Frustration – ohne negative Bewertung loswerden können, ohne dass die Person, die als Ursache für diese Gefühle wahrgenommen wird, das mitbekommt. Leider stehen Ihnen da wieder mal einige Geschichten im Weg: »Nie die Autorität des Partners untergraben.« Oder: »Geschwister müssen einander immer lieben.« Und: »Es ist nicht loyal gegenüber den anderen Kindern, wenn man nur dem Frust von einer zuhört.« Um die Wiedergutmachung zwischen verschiedenen Familienmitgliedern zu fördern, können Sie auf die Grundprinzipien zurückgreifen, die Sie sich im letzten Kapitel erarbeitet haben. Sie können Ihrem Kind oder Partner erlauben, munter draufloszuschimpfen, damit der Affengeist Dampf ablassen kann. Dann kann der Ältestenrat übernehmen und Ihnen das Instrument des Einfühlungsvermögens an die Hand geben.

Manchmal werden Sie als Eltern selbst zur Brücke zwischen anderen Familienmitgliedern. Sie halten sie, sodass sie die Auseinandersetzung wagen können. Und Sie brauchen dann auch die Menschen um sich herum, die Sie halten, wenn die Belastung zu groß wird und Sie selbst als Brücke einzustürzen drohen.

Im Grunde versetzen diese Räume der Kommunikation und Zusammenarbeit uns in die Lage, den Trollen gemeinsam entgegenzutreten. Diese Räume sind kompliziert. Sie stellen sich die Familienmeetings gerade vielleicht vor wie Geburtstagsfeiern mit Kakao und Keksen, harmonisch, lächelnd, in einer Umarmung endend. Ich warne Sie vor: Sie werden sich inmitten von zornigen Kleinkindern, beleidigten Achtjährigen, einsilbigen Teenagern oder einem geistig abwesenden Partner wiederfinden. Vielleicht wünschen Sie sich ein Zwiegespräch mit Ihrem Kind, und dann noch ein Familienmeeting, doch die Tage rinnen Ihnen nur so durch die Finger, und Sie haben kaum Zeit, mal durchzuatmen, geschweige denn solche Gespräche zu führen.

Vergessen Sie nicht: Hier soll nichts idealisiert werden. Wir wollen nur Gelegenheiten für Gespräche und Verbundenheit schaffen. Das ist im Alltag nicht leicht. Das Familienleben ist eine echte Herausforderung. Wenn Probleme auftreten oder wir mit jemandem nicht zurechtkommen, kann es dauern, bis wir zumindest zu einer relativen Harmonie zurückfinden – und damit meine ich Wochen und Monate, nicht Stunden oder Tage. Wir haben Schwierigkeiten, kauen unsere Probleme durch und sind dann total genervt voneinander. Das liegt häufig daran, dass wir einfach nicht verstehen, was wirklich los ist, oder uns nicht verstanden fühlen. Dann irgendwann geht uns ein Licht auf, eine Lösung zeigt sich, und wir können aufeinander zugehen, weil wir uns selbst und den anderen plötzlich besser begreifen. Manchmal müssen wir die Chaosphasen mit Mitgefühl und Geduld überstehen, um zu unserer Verbundenheit zurückzufinden.

So schreiben wir die Geschichte unserer Familie – eine, die kein Märchen ist und in der jedes Familienmitglied der Held sein darf.

15

Kinder können Landkarten

Wir können die Welt nicht retten, indem wir nach den Regeln spielen, denn die Regeln müssen sich ändern. Alles muss sich ändern, und das muss heute anfangen.

Greta Thunberg

Unsere Reise geht langsam zu Ende. Mit müdem Kopf und (hoffentlich) wachem Herzen kommen wir ans Ziel, und ich möchte Sie an eines Ihrer Eltern-Tools erinnern: den Funken der Kindheit. Kinder sind von Natur aus gute Landkartenzeichner. Die Landkarten, die wir gemeinsam erforscht haben, sind bloß ein winziger Teil einer sehr großen Welt.

Wir ziehen nicht nur Kinder groß, die in unserem Zuhause zu Erwachsenen werden. Wir ziehen Menschen groß, die ein Teil der großen, zuweilen bösen Welt werden.

Wir machen uns als Eltern manchmal Sorgen darüber, wie unsere Kinder sich anderen Kindern gegenüber benehmen. Teilen sie? Sind sie nett? Zeigen sie gute Manieren? Entschuldigen sie sich, wenn sie etwas getan haben, von dem wir finden, dass sie es besser unterlassen hätten?

Aber wie passen sie nun in diese globale Gemeinschaft, die

wir geschaffen haben? Ist ihnen unser Planet wichtig? Haben sie ein Bewusstsein ihrer Umwelt gegenüber? Achten sie auf die Dinge und Menschen um sie herum? Wissen sie, wie anders und wie ähnlich sie den Menschen auf dieser Welt sind?

Die Welt verändert sich, schnell und manchmal auf erschreckende Weise. Wir haben festgestellt, dass die Erziehung von kleinen Menschen eine gigantische Aufgabe ist. Wir haben ihre Gefühle und die unseren in den Blick genommen. Wir helfen ihnen, sich als ganze und chaotische Menschen wahrgenommen zu fühlen, und erlauben ihnen, unser ganzes, chaotisches Selbst zu sehen.

Aber was geben wir noch an sie weiter? In welche Welt haben wir sie eingeführt? In das weite Land und die Ozeane, die sich auf unserer Landkarte erstrecken? Das Beste für unsere Kinder zu wollen, ist manchmal gleichbedeutend damit, das Beste für unsere Gemeinschaft und die Welt zu wollen – wenn wir das zulassen können.

Häufig betrachten wir das Elternsein recht isoliert. Die Aufgaben, die wir haben, die Botschaften, die wir aussenden. Aber Menschen sind soziale Geschöpfe, und die Art, wie wir leben, widerspricht manchmal unserem zutiefst menschlichen Bedürfnis nach Verbundenheit und einem Leben in der Gemeinschaft. Kinder zu haben, ist die beste Gelegenheit, das zu verändern. Wir können andere Menschen einladen, sodass wir voneinander lernen können. Elternschaft findet häufig hinter verschlossenen Türen statt, manchmal geradezu geheimnistuerisch, wenn wir uns dafür schämen, wie wir diese kleinen Menschen erziehen und dass wir ständig Fehler machen. Aber wenn wir uns vorstellen, dass wir Weltbürger erziehen, fällt es uns vielleicht leichter, unsere Türen zu öffnen und unsere Geschichten miteinander zu teilen.

Kinder zu haben, ist mitunter der erste Punkt in unserem Erwachsenenleben, an dem wir uns eine Pause von der modernen Welt genehmigen und uns fragen, was es sonst noch gibt.

Wir fühlen uns vielleicht erstmals in der Lage, einen Gang herunterzuschalten und die Magie zu entdecken, die in der Welt unserer Kinder so präsent ist. Sie bringen uns häufig so viel mehr bei als wir ihnen. Die Welt durch ihre Augen zu sehen – diese Lektion können wir wirklich von unseren Kindern lernen.

Pausen einlegen – und Druck rausnehmen

Ich weiß, dies ist ein Buch übers Elternsein, und wir haben uns eingehend mit den verschiedenen Schichten Ihres Ichs beschäftigt. Wir haben Ihre Beziehungen unter die Lupe genommen und vieles über Kinder – speziell Ihre Kinder – erfahren. Und jetzt verlange ich auch noch, dass Sie über die ganze Welt nachdenken? Und das ohne Druck?

Mein allerliebstes Zitat über das Leben als Eltern stammt von Dr. Charles Raison: »Eine Generation zutiefst liebender Eltern verändert das Gehirn der nächsten Generation, und mit diesem die Welt.« Sollten Sie aus diesem Buch nur mitnehmen, dass Sie versuchen, ein klein wenig besser zu verstehen, wo Ihre Kinder stehen, dann ist das mehr als genug.

Wenn wir über all diese Dinge nachdenken, dann können wir den Wandel in kleinen Schritten vorantreiben – und das hilft nicht nur unseren Kindern, zu lernen, wie sie kritisch und mitfühlend denken. Es verbindet uns auch mit jenen Dingen, die dem Leben einen Sinn geben.

Den Blickwinkel erweitern

Wenn wir darüber nachdenken, welche Welt wir unseren Kindern hinterlassen, ergreift uns oft Panik. Klimawandel, Regierungskrisen, globale Konflikte, Ungleichheit, der technologische Wandel, Krieg, Menschen- oder Drogenhandel, dazu die Instabilität der Finanzsysteme, der mangelnde Zugang zu staatlichen Dienstleistungen, geschlechtsspezifische Gewalt – diese Themen rauben uns manchmal nachts den Schlaf. Es ist einfach zu schrecklich, nicht wahr? Wieso sollte man in solch eine Welt noch Kinder setzen?

Entweder beschäftigen wir uns intensiv mit diesen Dingen, fühlen uns ohnmächtig, oder wir lenken uns ab.

In diesem Buch ging es immer wieder darum, wie wir die Dinge langsamer angehen können, uns aber unerreichbare Ziele setzen und beschämt sind, wenn wir sie nicht erreichen. Mit unserem Platz in der Welt ist das ganz ähnlich. Wir nehmen uns beispielsweise vor, alles Menschenmögliche zu tun, um in unserem Haushalt einen Beitrag gegen den Klimawandel zu leisten. Dann werfen wir eine Milchflasche in die falsche Tonne und fühlen uns als Versager, die nichts auf die Reihe bekommen.

Doch wie wir wissen, machen alle Eltern Fehler und sind chaotische Wesen. Genau wie Kinder. Diese Akzeptanz können wir auf andere Lebensbereiche ausweiten. Zu wissen, dass wir immer wieder ins Stolpern geraten, aber trotzdem langsam vorankommen, kann schon genug sein. Wir müssen nicht alles auf einmal hinbekommen. Für den Anfang reicht es vielleicht, wenn wir durchdenken, in welche Richtung wir überhaupt gehen wollen, welche Werte und Ziele wir verfolgen und weitergeben möchten.

Unsere Kinder, diese magischen und neugierigen Geschöpfe, werden uns all das in ihrem eigenen Tempo beibringen. Sie werden ihre eigenen Geschichten lernen. Vor allem, wenn sie ins Teenageralter kommen und anfangen, eigene Werte und Überzeugungen sowie eine eigene Identität zu entwickeln.

Unsere Kinder werden die Welt verändern. Diese Generation – die Generation Alpha – nahm 2010 ihren Anfang, im selben Jahr, in dem das iPad der ersten Generation herauskam und Instagram gegründet wurde. Wenn man die Trends fortschreibt, die für die Generation Z und die Millennials bestimmend sind, werden unsere Kinder schneller erwachsen werden, aber länger bei uns leben als frühere Generationen. Wir werden also für lange Zeit ihre Eltern sein. Diese Generation wird weltweit vernetzt und ethnisch diverser sein als jede vor ihnen. Viele junge Menschen engagieren sich sozial und sind politisch aktiv. 20 Prozent der Kinder zwischen fünf und neun Jahren haben schon mal bei einer Demonstration mitgemacht.[77] Möglicherweise ist dies auch die Generation, die über Vorurteile hinauswächst und Menschen nach ihren persönlichen Eigenschaften beurteilt, nicht nach ihrer Zugehörigkeit zu einer sozialen Gruppierung.

Sie werden immer wieder unsere Ansichten als Erwachsene herausfordern. Wir werden als Familie lernen müssen, was für jedes einzelne Mitglied wichtig ist – und damit für uns alle. Wir Erwachsenen mögen uns darüber empören, ihnen den salzigen Haferbrei auftischen und absolut nicht verstehen können, was unsere Kinder erleben, denken und fühlen. Aber wie die Komikerin Wanda Sykes so schön sagte: »Der Knackpunkt ist: Kinder haben es einfach drauf … Wenn Sie es nicht kapieren, wenn Sie auf irgendwelchem Scheiß bestehen … dann hören Sie sich einfach alt an, und das war's. Diese Kids surfen im 5G-Netz, während Sie sich noch bei AOL einwählen.«[78]

Die Generation Alpha ist bestens darauf vorbereitet, Autoritäten herauszufordern, sowohl zu Hause als auch außerhalb. Wir sollten uns schon mal daran gewöhnen, öfter sagen zu müssen: »Ich weiß es nicht, aber wir können es ja gemeinsam herausfinden.« (Und ganz ehrlich: Heute können schon Fünfjährige dank Siri und Alexa Informationen finden …)

- Welche Geschichten trägt Ihr Kind Ihrer Meinung nach mit sich herum, die von anderen Menschen in seinem Umfeld stammen? Denken Sie an Geschichten über die Welt und die Menschen, die darin leben.

- Glauben Sie, dass einige der Geschichten sich mit anderen beißen? (Zum Beispiel: Ihre Kinder kommen zu Hause gut miteinander aus, haben aber aus Büchern, Filmen und von ihren Freunden gelernt, dass jüngere Geschwister lästig sind und dass man sich nicht mit ihnen vertragen muss. Oder: Ihre Familie lebt vegetarisch, und Sie haben mit Ihrem Kind schon oft über Tierwohlfragen gesprochen. Doch beim besten Freund Ihres Kindes kommt nur Fleisch auf den Tisch.)
- Worüber müssen Sie noch nachdenken oder reden, um die Gedanken, Überzeugungen und Ideen zu klären, die hinter den Geschichten stecken, die Ihr Kind nach Hause bringt?

Kleine Schritte

Im letzten Kapitel haben wir uns mit der Familienbrücke beschäftigt. Es ging darum, wie man gemeinsame Werte oder Richtlinien definiert, damit die Familie weiß, was allen Mitgliedern wichtig ist. Dabei geht es um die Beziehungen zu Hause und um die Art, wie Sie miteinander umgehen möchten.

- Möchten Sie diesen Werten etwas hinzufügen, das damit zu tun hat, was in der Welt draußen passiert? Und wie wollen Sie als Familie in dieser großen Welt leben?

Einige dieser Werte sind Ihnen vielleicht vollkommen klar. Beispielsweise hinsichtlich der Themen Wohltätigkeit, Engagement in der Gemeinde, Gastfreundschaft und Mitgefühl. Dinge, die Sie für selbstverständlich halten, haben Sie auch für Ihre Familie eingeführt.

Möglicherweise wurde dieser Wertekanon nicht ausdrücklich formuliert, aber Sie haben klare Vorstellungen davon, wie

Sie in dieser Welt leben wollen – Vorstellungen, die Sie von Ihrer Familie, Ihren Freunden und anderen Einflussfaktoren übernommen haben. Vorstellungen, wie Sie behandelt werden wollen und andere behandeln möchten (egal, ob es um Menschen, Tiere, Pflanzen oder Mineralien geht).

Das müssen keine komplizierten Bekenntnisse sein. Allein kann niemand von uns die Probleme der Welt lösen. Aber wir können Wege finden, um in der Familie darüber zu sprechen. Wir müssen unsere Kinder auch nicht »belehren«, wie sie mit jenen Fragen umgehen sollen, die uns wichtig sind. Kinder haben einen untrüglichen Sinn für Gerechtigkeit. Sie suchen sich ihre eigene Mission – und häufig müssen wir sie dabei nur unterstützen und uns von ihnen zeigen lassen, welche Schwerpunkte für sie wichtig sind.

Was können Sie als Familie tun, um mehr über die Welt in Erfahrung zu bringen und Veränderungen anzustoßen? Vielleicht lesen Sie zu diesem Zweck gemeinsam ein Buch. Wir haben das Glück, in einer Welt zu leben, in der sich viele Bücher mit Fragen von Ungleichheit und fehlender Gerechtigkeit auseinandersetzen. Wenn es Ihnen wichtig ist, die Natur besser kennen und schätzen zu lernen, könnten Sie zusammen etwas anpflanzen oder sich im Wald oder auf einer Wiese hinsetzen und gemeinsam beobachten, was um sie herum passiert. Oder Sie legen ein Familiengelübde ab wie: Wir essen montags kein Fleisch. Oder Sie sammeln Geld für eine Wohltätigkeitsorganisation. Seien Sie offen für Gespräche – für Fragen über die Unterschiede zwischen den Menschen und warum das für Ihr Kind von Bedeutung ist.

Was zu uns gehört und was zu ihnen

Wir haben bereits darüber nachgedacht, wie schwierig es ist, unsere Gefühle und Erfahrungen von denen unserer Kinder zu trennen. Was passiert mit uns und den Kindern, wenn sie uns auf Ungereimtheiten in unserem Wertekanon hinweisen? Oder wenn sie mit ihrem offenen Geist merken, dass wir an manchen Stellen kleinlich sind?

Können wir akzeptieren, dass sie zu völlig anderen Schlussfolgerungen gelangen als wir, wenn es um politische Einstellungen, Verhalten und Überzeugungen geht?

Wenn wir unsere Kinder als gleichberechtigte Menschen ansehen, achten wir ihre Meinung genau wie die unsere. Sie mögen nicht so viel Erfahrung haben wie wir, aber dafür sehen sie die Welt mit frischem Blick. Sie werden von den Botschaften beeinflusst, die wir und andere Menschen in ihrem Umfeld aussenden, aber sie haben ihre ganz eigene Meinung. Und sie werden in dieser Welt anders leben als wir – weil sie andere Menschen sind.

Es gibt immer wieder Zeiten, in denen uns das sauer aufstößt. Unseren Kindern zu erlauben, ihren Ärger zu zeigen, obwohl wir selbst diese Erfahrung nicht gemacht haben, kann unser ganzes Weltbild verändern. Das ist nicht immer leicht, denn wir werden dazulernen und alte Muster vergessen müssen, um ihre Verschiedenheit akzeptieren zu können. Doch wenn wir das hinkriegen, haben wir vielleicht das Glück, dadurch den Funken der Kindheit neu zu erleben, den wir selbst schon vor vielen Jahren verloren haben.

Ein letztes Mal ein kurzer Check, bevor wir weitermachen:

1. Wie fühlen Sie sich? (Wie ist Ihre Herzfrequenz? Wie steht es um Ihren Energiepegel? Wie fühlt sich Ihr Körper an? Welche Gefühle empfinden Sie? Sind Sie ängstlich, angespannt, neugierig oder etwas anderes?)
2. Was haben Sie aus Teil IV mitgenommen? (Informationen, Ideen, Erinnerungen, Gefühle?)
3. Wenn Sie sich aus diesen Kapiteln eine Sache aussuchen dürfen: Woran würden Sie sich auf jeden Fall erinnern wollen?
4. Welche fünf Dinge aus diesem Buch möchten Sie auf jeden Fall im Gedächtnis behalten?

Ende

Nun wollen wir am Ende noch einmal gemeinsam Ihren Ruheort aufsuchen und uns ein gemütliches Plätzchen suchen. Schauen Sie sich um und nehmen Sie wahr, was passiert.

- Wo stehen Sie jetzt? Was geht um Sie herum vor? Ist jemand bei Ihnen?
- Wie fühlt es sich an, an diesem Ort zu sein?
- Worauf sitzen Sie? Wie fühlt sich das in Ihrem Körper an? Tauchen Sie ein bisschen tiefer ein. Worauf ruhen Ihre Füße? Richten Sie Ihr Augenmerk einen Moment lang auf Ihre Fußsohlen.
- Wie ist die Temperatur an diesem Ort? Was spüren Sie auf Ihrer Haut?
- Was können Sie hören? Lassen Sie sich in diese Klänge sinken.
- Was können Sie riechen? Oder anderweitig wahrnehmen?
- Was können Sie berühren? Wie fühlt es sich an? Sehen Sie in der Nähe etwas, was Sie gern berühren würden?
- Haben Sie einen bestimmten Geschmack im Mund?

Achten Sie genau darauf, was Sie sehen. Intensivieren Sie die Farbtöne um sich herum, sodass das Bild wirklich lebendig wirkt.

Wie fühlt es sich im Körper an, hier zu sein? Wo spüren Sie dieses Gefühl im Körper? Richten Sie Ihre ganze Aufmerksamkeit auf dieses Gefühl und dehnen Sie es auf den gesamten Körper aus.

Wir haben eine weite Reise hinter uns, und wenn wir uns gleich verabschieden, nehmen Sie eine ganze Menge mit. Vielleicht kommen Sie zurück, wenn etwas Zeit vergangen ist, und schreiten den einen oder anderen Weg noch einmal ab. Oder die Neugier kitzelt Sie, und Sie wollen sehen, ob Sie noch andere Dinge entdecken. Für den Augenblick aber möchte ich mich bedanken, dass Sie sich mit mir auf dieses Abenteuer eingelassen haben.

Ich frage mich, wo Sie jetzt mit Ihrem neu erworbenen Wissen stehen. Ich weiß, dass Sie eine ganze Menge verdauen mussten. Möchten Sie Ihre Führungsgestalt einladen? Und was würden Sie von ihr gern hören, während Sie darauf warten, dass sich die neuen Impulse setzen?

Eine letzte Fabel möchte ich noch ansprechen, die sich vielleicht entsponnen hat, während Sie dieses Buch studierten. Sie haben viel gelesen, und wir haben jede Menge Informationen durchgearbeitet. Doch vielleicht gibt es immer noch die Geschichte über die Allzwecklösungen. Über klare Antworten. Oder über Pfade, die nicht über Landkarten mäandern, sondern schön gerade vor Ihnen liegen.

Als wir über Ihre Landkarte und Ihre Ursprungsfamilie gesprochen haben, habe ich das familiäre Gleichgewicht angesprochen. Und das gilt auch für Ihre jetzige Familie. Selbst wenn Sie unbedingt wollen, dass sich etwas ändert, wenn zum Beispiel Familienmitglieder nicht miteinander zurechtkommen und Sie sich sehnlichst wünschen, dass sich die Situation bessert, dann unterschätzen Sie nicht die Macht der Gewohnheit. Es braucht Zeit, bis sich der Wandel einstellt, sowohl in uns als auch in unseren Beziehungen. Wenn Sie auf die Wutanfälle Ihres Kindes bisher reagiert haben mit: »Jetzt reicht es! Geh auf dein Zimmer!«, plötzlich aber tief durchatmen und ihr Kind offen und voller Neugier anschauen, dann wird die Reaktion Ihr Kind erst einmal verwirren. Unser Kind hat jahrelang einen Tanz gelernt, jetzt zeigen wir ihm auf einmal neue Schritte. Daher wird es zunächst versuchen, uns in die alte Schrittfolge zurückzuziehen – einfach, weil diese vertraut ist. Vielleicht brüllt es uns wie üblich an, oder es geht in sein Zimmer und knallt die Tür zu. Dann kommen wir uns vielleicht doof vor, haben das Gefühl, dass die neue Herangehensweise nicht funktioniert, und wissen wieder nicht weiter. Wenn Ihre Partnerin und Sie sich über die Schrittfolgen nicht einig werden konnten und Sie versucht haben, die Kinder auf jeweils eine Seite zu ziehen, dann versteht Ihr Kind vielleicht nicht, warum Sie plötzlich im selben Takt tanzen. Es weiß nicht mehr, wohin es gehört, und hat vielleicht keine Lust, über die Brücke auf den anderen Partner zuzugehen. Wenn wir einen neuen Tanz wagen, dann fühlt sich das Ganze möglicherweise eine Weile so an, als wüsste keiner mehr über die Schrittfolgen Bescheid.

Aus diesem Grund ist es so hilfreich, wenn Sie statt Strategien eher Ihre Instrumente kennen. Wenn es unser Ziel ist, einfühlsam auf die Emotionen unserer Kinder einzugehen, mit ihnen zusammenzuarbeiten und auf ihre Erfahrungen neugierig zu sein, dann sind wir eher in der Lage, das Gebrüll auszuhalten, vorsichtig an die Tür zu klopfen und zu warten, bis unser Kind bereit ist, mit uns zu reden. Je öfter wir das tun, desto einfacher wird es, das Ziel im Blick zu behalten und sich von Stürmen nicht mehr allzu sehr beeindrucken zu lassen (so wie wir uns auch von den Figuren auf unserer Besetzungsliste Schritt für Schritt gelöst haben). Wir können dem Sog der Gewohnheit entgehen. Und wir können beginnen, neue Geschichten zu schreiben.

Jeder Wandel ist schwer. Und Eltern zu sein, ist auch schwer. Letztlich sind wir also wieder bei der Frage, was wir brauchen, um in unserem Zuhause etwas anders machen zu können. Aber in der Elternschaft geht es eben nicht nur um die Beziehung zwischen Eltern und Kind. Da sind auch noch die Menschen, die Sie und Ihr Kind unterstützen, vor allem in Zeiten, in denen Sie einen guten Puffer brauchen. Wir setzen uns oft unter Druck, dass wir unseren Kindern alles geben müssten. Aber unsere Kinder gehen auch Beziehungen zu anderen Menschen ein – manchmal innerhalb der Familie, manchmal außerhalb. Einige dieser Menschen werden Sie genauso stark beeinflussen wie wir. Wenn andere Erwachsene unseren Kindern eine sichere, hilfreiche und fürsorgliche Beziehung bieten, dann kann diese als Puffer dienen in Zeiten, in denen wir nicht die Eltern sind oder sein können, die wir eigentlich sein wollen.

Unsere Kinder haben das Potenzial, die farbigsten und weitreichendsten Landkarten zu zeichnen, die wir uns vorstellen können. Unsere Rolle dabei ist recht einfach: Wir erlauben ihnen, ihre eigene Landkarte zu gestalten. Wir zeigen Interesse an ihren Pfaden. Wir sehen zu, wie sie diese erkunden, helfen ihnen auf, wenn sie stolpern, und reden mit ihnen über ihre Entdeckungen. Wir erzählen ihnen von unserer eigenen Landkarte. Um, wenn möglich, den Funken der Kindheit in uns lebendig zu halten.

Wenn wir das tun, genießen wir vielleicht das Privileg, eine jener Führungsgestalten zu werden, die sie in sich tragen, wenn sie unser Zuhause verlassen.

Dann werden sie auch nie dieses Buch lesen müssen.

~~Und sie leben alle glücklich bis ans Ende ihrer Tage~~

Und irgendwie wurschteln sie sich alle gemeinsam durch bis ans Ende ihrer Tage.

Einflüsse

Ich konnte beim Schreiben dieses Buches auf die Arbeit vieler brillanter Menschen zurückgreifen, denen ich unendlich dankbar bin, weil sie mir (und uns allen) geholfen haben, die Komplexität des menschlichen Daseins, unseres Verhaltens und unserer Beziehungen besser zu verstehen.

Ich bin dankbar für die Führung durch jene Menschen, die mich beim Lernen unterstützt und mein Denken während meiner Ausbildung zur Psychologin beeinflusst haben. Mein Vater P.O. Svanberg hat mich gelehrt, Babys als Wunder zu betrachten. Meine Mutter Rani Svanberg sprach die Sprache sozialer Gerechtigkeit, und meine Schwester Jenny Svanberg führte mich ein ins Chaos (und die Chaostheorie).

Ich danke Avshalom Caspi, Patricia Crittenden, Alessandra Lemma, Temi Moffitt und Susan Pawlby. Tamara Gelman, Jane Gibbons und Harriet Higgins haben mir beigebracht, dass es auch durchaus eine Therapiesitzung sein kann, wenn man auf dem Boden herumkrabbelt. Isabelle Ekdawi zeigte mir die Bedeutung von Geschichten auf. Julianne Boutaleb und Michele Roitt, Mütter und Psychologinnen, haben mir geholfen, meine Stimme zu finden und sie zu nutzen.

In diesem Buch geht es um psychologische Modelle und Theorien. Die folgende Liste erhebt keinen Anspruch auf Vollständigkeit, aber ich verdanke folgenden Konzepten viel: Bindungstheorie (vor allem, was Bindungsnetzwerke und kulturübergreifende Bindungsmodelle angeht). Dazu gehören auch psychodynamische Ansätze, vor allem die Arbeit von Mary Ainsworth, Jay Belsky, Wilfred Bion, John Bowlby, Patricia Crittenden, Peter Fonagy, Selma Fraiberg, Melanie Klein, Joan Raphael-Leff, Alessandra Lemma, Elizabeth Meins, Susie Orbach, Abraham Sagi-Schwartz und Donald Winnicott. Auch systemische und narrative Ansätze sind wichtig, hier vor allem Rudi Dallos, John Byng-Hall und Michael White. Und die auf Mitgefühl basierenden Ansätze der Traumatherapie, vor allem die Arbeit von Emily Holmes und Deborah Lee.

Ich danke allen Lehrern/Lehrerinnen und Organisationen, die mich in die psychologische Arbeit mit Kleinkindern und Kindern sowie in Fragen der Familiendynamik eingeführt haben, vor allem der Association for Infant Mental Health, the Anna Freud Centre, der Parent-Infant Foundation. Dazu gehören auch Autoren/Autorinnen und Therapeuten/Therapeutinnen wie Susan Golombok, Alison Gopnik, Robin Grille, Amanda Jones, Becky Kennedy, Janet Lansbury, Philippa Perry und Daniel Siegel.

Das Buch stützt sich ebenso auf die Arbeit von bekannten Traumatherapeuten und -therapeutinnen wie Yael Danieli, Janina Fisher, Judith Herman, Bruce Perry, Babette Rothschild und Pete Walker.

Ebenso danke ich den unzähligen Autoren und Autorinnen, deren Arbeit mich mit Feminismus, Elternthemen, Geschlechterrollen und Fragestellungen zu Ethnie und Rassismus vertraut gemacht hat: Pragya Agarwal, Mary Beard, Brené Brown, Simone de Beauvoir, Kimberlé Crenshaw, Betty Friedan, Charlotte Perkins Gilman, Jessica Grose, Suman Fernando, Patricia Hamilton, Sarah Blaffer Hrdy, bell hooks, Audre Lorde, Paula Nicolson, Liz Plank und Virginia Woolf.

Ebenso dankbar bin ich den Autoren und Autorinnen aus der Welt der Psychologie und Therapie, zum Beispiel Sanah

Ahsan, Richard Bentall, Joeli Brearley, Suman Fernando, Anya Hayes, Mars Lord, Craig Newnes, Nova Reid, Lama Rod, David Smail und AJ Silver – sie alle haben meinen Blickwinkel erweitert und tun das immer noch.

Danksagung

Es gibt eine ganze Reihe Menschen, denen ich zu Dank verpflichtet bin.

Eitan. Danke, dass du die Brücke offen hältst und mit mir gemeinsam Trolle jagst.

A & Z, die allerbesten Geschichten fangen mit euch an und enden mit euch.

Mum & Dad, meine wunderbaren, »ausreichend guten« Bezugspersonen.

Jenny, die mit mir auf Abenteuerreise geht.

Cass Fairweather, meine Führungsgestalt.

Leona, mein Ruheort. So wunderbar.

Die Jankels, die mir auf meiner Landkarte ganz neue Weltgegenden erschlossen haben.

Lance, der immer wieder Fragen stellt.

All jenen, die meinen Ideen lauschten, meine ersten Entwürfe lasen und mir halfen, daraus ein Buch zu machen, die mir immer wieder sagten, ich solle doch bitte weiterschreiben, und mir den Raum boten, genau das zu tun: Julia Silk, Anya Hayes, Lucy Parkin, Avital Tomes, Rachel Fraser, Sophie Mort, Beccy Hands, Penny Wincer und Rebecca Schiller.

All die genialen Frauen in meinem Leben, die mit mir im Kollektiv und bei Make Birth Better arbeiten: Ihr seid eine echte Inspiration. Danke an Laura, weil sie immer wieder mein »Container« ist. An Nikki, weil sie auch für meine verrücktesten Ideen ein offenes Ohr hat.

Ein dickes Dankeschön an Sam Jackson, Julia Kellaway und das Team beim Ebury-Verlag, weil sie ihren emotionalen Ausdruck zurückhielten, sodass ich unter ihrer sanften Anleitung eigene Lösungen finden konnte.

Lieben Dank (von Spanners) an all meine nicht blutsverwandten Onkel und Tanten und Brüder und Schwestern, die sich auf meiner Landkarte weltweit verewigt haben.

Und ein tief empfundenes Dankeschön an alle Menschen, die mir in meiner Rolle als Mutter geholfen haben.

Vor allem aber ein herzliches Dankeschön an all meine großen und kleinen Klientinnen und Klienten der vergangenen Jahre, die ihr Leben mit mir geteilt haben, auf The Village oder anderweitig. Danke, dass Sie mir erlaubt haben, einen Teil Ihrer Reise mit Ihnen zu gehen. Und danke für den Einblick in Ihre unzähligen Landkarten.

Anmerkungen

[1] Caroll, Lewis: *Alice im Wunderland*, Berlin 2014, S. 93.

[2] Deaton, A., Stone, A. A.: »Evaluative and hedonic wellbeing among those with and without children at home«, in: *Proceedings of the National Academy of Sciences*, 111 (4), 2014, S. 1328–1333, https://doi.org/10.1073/pnas.1311600111.

[3] Smith, Helena: »It's National Preservation: Greece Offers Baby Bonus to Boost Birthrate«, in: *The Guardian*, 4. Februar 2020.

[4] Vgl. Action for Children: Child poverty, https://www.actionforchildren.org.uk/support-us/campaign-with-us/child-poverty/ und Child Poverty Action Group, https://cpag.org.uk

[5] Vgl. Unicef: 1 in 6 children lives in extreme poverty, World Bank-UNICEF analysis shows, vom 19. Oktober 2020, https://www.unicef.org/press-releases/1-6-children-lives-extreme-poverty-world-bank-unicef-analysis-shows

[6] Hirsch, D., Lee, T.: »The Cost of a Child in 2021«, von: Child Poverty Action Group (Dezember 2021).

[7] Vgl. OECD Daten, https://data.oecd.org/benwage/net-childcare-costs.htm

[8] Vgl. Modern Fatherhood: »Parental Working In Europe: Working Hours«, https://www.modernfatherhood.org/wp-content/uploads/2016/03/Parental-Working-in-Europe-Working-Hours-final_formatv3.pdf

[9] Vgl. Childcaredeserts.org. Und: American Progress, *Child*

Care Deserts series, https://www.americanprogress.org/series/child-care-deserts/

10 Vgl. »Pregnant Then Screwed«, Pressemitteilung: *»6 in 10 Women Who Have Had an Abortion Claim Childcare Costs Influenced Their Decision«* (2022), https://pregnantthenscrewed.com/6-in-10-women-who-have-had-an-abortion-claim-childcare-costs-influenced-their-decision/

11 Brown, A.: »Growing Share of Childless Adults in U. S. Don't Expect to Ever Have Children«, Pew Research Center, vom 19. November 2021, https://www.pewresearch.org/short-reads/2021/11/19/growing-share-of-childless-adults-in-u-s-dont-expect-to-ever-have-children/. Und: Ibbetson, C.: »Why Do People Choose Not to Have Children?«, auf: YouGov, Großbritannien, 9. Januar 2020, https://yougov.co.uk/society/articles/25364-why-are-britons-choosing-not-have-children

12 Vgl. Ayers, S., Wright, D., Ford, E.: »Hyperarousal Symptoms after Traumatic and Nontraumatic Births«, in: *Journal of Reproductive and Infant Psychology*, 33, 2015, S. 1–12.

13 Vgl. Misri, S. K.: *Paternal Postnatal Psychiatric Illnesses: A Clinical Case*

Book, Springer International Publishing 2018.

14 Vgl. National Childbirth Trust: »The most popular parenting styles und how to identify yours«, https://www.nct.org.uk/life-parent/parenting-styles-and-approaches/most-popular-parenting-styles-and-how-identify-yours

15 Tolkien, J. R. R.: *Die Gefährten*, Stuttgart 2012, S. 292.

16 Das Konzept der Landkarte, das im gesamten Buch wiederkehrt, bezieht sich auf John Bowlbys Bindungstheorie, die Beziehungen als inneres Arbeitsmodell sieht. Außerdem auf Byng-Halls Konzept der Familienskripten, auf Larry Ludlows »family map« und auf Bronfenbrenners ökosystemischen Ansatz und den »Parakosmos« kindlich-imaginärer Welten.

17 Die Pfeil-Abwärts-Technik ist Teil der kognitiven Verhaltenstherapie. Siehe: Beck, J. S.: *Cognitive Behavioural Therapy, Basics and Beyond*, New York 2020.

18 Die Führungsgestalt hat ihre Wurzeln in Deborah Lees Vorstellung einer vollkommen fürsorglichen Figur. Siehe: Lee, D. A.: »The Perfect Nurturer: A Model to Develop a Compassionate Mind Within the Context of Cognitive Therapy«, in: Gilbert, P. (Hrsg.): *Compassion: Conceptualizations, Research, and Use in Psychotherapy*, London 2005, S. 326–351.

19 Das Konzept eines Ruheortes wird in verschiedenen psychologischen Modellen genutzt, zum Beispiel bei der EMDR-Therapie (Eye Movement Desensitization and Reprocessing), bei der Traumaverarbeitung mithilfe kognitiver Verhaltenstherapie und beim HypnoBirthing. Außerdem wird es seit jeher bei der Meditation genutzt, und dies Jahrhunderte bevor all diese Therapiemethoden entstanden sind.

20 Diese Zentrierungstechniken habe ich von Babette Rothschild gelernt. Siehe: Rothschild, B.: *Der Körper erinnert sich*, Essen 2002.

21 Fraiberg, S., Adelson, E., Shapiro, V.: »Ghosts in the Nursery: A Psychoanalytic Approach to the Problems of Impaired Infant-Mother Relationships«, in: *Journal of the American Academy of Child Psychiatry*, 14 (3), 1975, S. 387–421.

22 Menakem, R.: *My Grandmother's Hands*, London 2017, S. 5.

23 Lieberman, A. F., Padrón, E., Van Horn, P., Harris, W. W.: »Angels in the Nursery: The Intergenerational Transmission of Benevolent Parental Influences«, in: *Infant Mental Health Journal: Official Publication of The World Association for Infant Mental Health*, 26 (6), 2005, S. 504–520.

24 Einen kurzen Abriss zur Funktion des Gedächtnisses und zum Zusammenhang zwischen Gedächtnis und Emotion finden Sie in: Barrett, L. F.: *Siebeneinhalb Lektionen über das Gehirn*, Hamburg 2023.

25 Wie sich das Gehirn verändert, wenn wir Eltern werden, beschreibt: Conaboy, C.: *Mutterhirn*, Hamburg 2023.

26 Vgl: Baumrind, D.: »Child Care Practices Anteceding Three Patterns of Preschool Behavior«, in: *Genetic Psychology Monographs*, 75 (1), 1967, S. 43–88. Und: Maccoby, E. E., Martin, J. A.: Socialization in the Context of the Family: Parent-Child Interaction«, in: Mussen, P., Hetherington, E. M. (Hrsg.): *Handbook of Child Psychology*, Bd. IV, *Socialization, Personality, and Social Development*, New York 1983.

27 Die Idee vom Kinderzimmer bezieht sich auf nahezu 70 Jahre Forschung zur Bindungstheorie. Dazu gehört auch die ständig wachsende Anzahl von Arbeiten zur geistigen Gesundheit von Kindern, die wiederum mein Interesse an therapeutischer Unterstützung von Müttern, Vätern und anderen Bezugspersonen rund um die Geburt begründet hat.

28 Substance Abuse and Mental Health Services Administration, SAMHSA, Webseite »Understanding Child Trauma« von 2022: https://www.samhsa.gov/child-trauma/understanding-child-trauma.

29 Stoltenborgh, M., Bakermans-Kranenburg, M. J., Alink, L. R. A., Van Ijzendoorn, M. H.: »The Prevalence of Child Maltreatment Across the Globe: Review of a Series of Meta-Analyses«, in: *Child Abuse Review*, 24 (1), 2015, S. 37–50.

30 Vgl. Familienportal: Krisentelefone und Anlaufstellen in Notlagen, https://familienportal.de/familienportal/lebenslagen/krise-und-konflikt/krisetelefone-anlaufstellen

31 Die Idee zum Baby-Ich habe ich von Joan Raphael-Leffs Konzept des »contagious arousal« (ansteckende Erregung) entliehen. Siehe: Raphael-Leff, J.: »Healthy Maternal Ambivalence«, in: *Psycho-Analytic Psychotherapy in South Africa*, 18 (2), 2010, S. 57–73.

32 Mein Verständnis der Erfahrungswelt eines Babys gründet auf Ideen von Donald Winnicott. Siehe: Ogden, T. H.: »Fear

of Breakdown and the Unlived Life«, in: *The International Journal of Psychoanalysis*, 95 (2), 2014, S. 205–223.

33 Raphael-Leff, J.: »Where the Wild Things Are«, in: *Parent-Infant Psychodynamics*, 1. Auflage, London 2003, S. 54–69.

34 Winnicott, D. W.: *The Child, The Family & The Outside World*, London 1967. (Dt. *Kind, Familie und Umwelt*, München 2020.)

35 Zum Beispiel: Dagan, O., Sagi-Schwartz, A.: »Early attachment networks to multiple caregivers: History, assessment models, and future research recommendations«, in: *New Directions for Child and Adolescent Development*, 2021, S. 9–19.

36 Bowlby, J.: *The Making and Breaking of Affectional Bonds*, London 1979. (Dt. *Das Glück und die Trauer*, Stuttgart 2019.)

37 Zu den vier Tänzen:
Ainsworth, M. D.: »Patterns of Attachment Behavior Shown by the Infant in Interaction with His Mother«, in: *Merrill-Palmer Quarterly of Behavior and Development*, 10 (1), 1964, S. 51–58.
Crittenden, P. M.: »A Dynamic-Maturational Model of Attachment«, in: *Australian and New Zealand Journal of Family Therapy*, 27 (2), 2006, S. 105–115.
Main, M., Solomon, J.: »Discovery of an insecuredisorganized/disoriented attachment pattern: Procedures, findings and implications for the classification of behavior«, in: Brazelton, T. B., Yogman, M. (Hrsg.): *Affective development in infancy*, Norwood 1986, S. 95–124.

38 Van Ijzendoorn, M. H. et al.: »Children in Institutional Care: Delayed Development and Resilience«, in: *Monographs of the Society for Research in Child Development*, 76 (4), 2011, S. 8–30.

39 Afifi, T. O., MacMillan, H. L.: »Resilience Following Child Maltreatment: A Review of Protective Factors«, in: *The Canadian Journal of Psychiatry*, 56 (5), 2011, S. 266–272.

40 Das Konzept des Familientanzes wird sowohl von der For-

schung zur Bindungstheorie als auch von der systemischen Familientheorie gestützt: Hill, J., Fonagy, P., Safier, E., Sargent, J.: »The Ecology of Attachment in the Family«, in: *Family Process*, 42, 2003, S. 205–221. Und: Richardson, H. B.: »Classic Reprints: The Family Equilibrium«, in: *Family Systems Medicine*, 1 (1), 1983, S. 62–74.

41 Vgl. Bertelsmann Stiftung: Frauen auf dem deutschen Arbeitsmarkt, vom 22. 06. 2022, https://www.bertelsmann-stiftung.de/de/unsere-projekte/beschaeftigung-im-wandel/projektnachrichten/kurzexpertise-frauen-auf-dem-deutschen-arbeitsmarkt

42 Parry, R.: *A Critical Examination of Bion's Concept of Containment and Winnicott's Concept of Holding, and Their Psychotherapeutic Implications*, Dissertation zur Erlangung des Doktorgrades an der University of the Witwatersrand, 2010.

43 Dennis, C.-L., Fung, K., Grigoriadis, S., Robinson, G. E., Romans, S., Ross, L.: »Traditional Postpartum Practices and Rituals: A Qualitative Systematic Review«, in: *Women's Health*, 3(4), 2007, S. 487–502, https://pubmed.ncbi.nlm.nih.gov/19804024/.

44 Oates, M. R., Cox, J. L., Neema, S., Asten, P., Glangeaud-Freudenthal, N., Figueiredo, B., Yoshida, K.: »Postnatal Depression across Countries and Cultures: A Qualitative Study«, in: *The British Journal of Psychiatry*, 184 (S46), 2004, S. s10–s16.

45 Vgl. Age UK: *5 Million Grandparents Take On Childcare Responsibilities*, 2017, https://www.ageuk.org.uk/latest-news/articles/2017/september/five-million-grandparents-take-on-childcare-responsibilities

46 Silverstein, M., Gans, D., Lowenstein, A., Giarrusso, R., Bengtson, V. L.: »Older Parent-Child Relationships in Six Developed Nations: Comparisons at the Intersection of Affection and Conflict«, in: *Journal of Marriage and the Family*, 72 (4), 2010, S. 1006–1021.

47 Blair, L.: *Großer Bruder, kleine Schwester: Wie unsere Position in der Familie unseren Charakter prägt*, München 2012.

48 Das Konzept des familiären Gleichgewichts fußt auf der Systemtheorie der Familie und den damit verbundenen Vorstellungen von Homöostase und Kohärenz. Mehr dazu finden Sie hier: Dell, P. F.: »Beyond Homeostasis: Toward a Concept of Coherence«, in: *Family Process*, 21 (1), 1982, S. 21–41.

49 Byng-Hall, J.: »The Family Script: A Useful Bridge between Theory and Practice«, in: *Journal of Family Therapy*, 7, 1985, S. 301–305.

50 Sowohl in der Fach- als auch in der Populärliteratur gibt es immer mehr Artikel zum Thema »Auswirkungen der Intensiv-Elternschaft« und zur Frage, wie sehr diese Normen als Ausschlussmechanismen funktionieren.

51 Fadzil, A.: »Factors Affecting the Quality of Sleep in Children«, in: *Children* (Basel), 8 (2), 2021, S. 122.

52 Darabi, B., Rahmati, S., Hafezi Ahmadi, M. R. et al.: »The Association between Caesarean Section and Childhood Asthma: An Updated Systematic Review and Meta-Analysis«, in: *Allergy Asthma Clin Immunol*, 15, 2019, S. 62.

53 Murray, L.: »The Impact of Postnatal Depression on Infant Development«, in: *Journal of Child Psychology and Psychiatry*, 33, 1992, S. 543–561. Und: Netsi, E., Pearson, R. M., Murray, L., Cooper, P., Craske, M. G., Stein, A.: »Association of Persistent and Severe Postnatal Depression with Child Outcomes«, in: JAMA Psychiatry, 75 (3), 2018, S. 247–253.

54 Coast, E., Leone, T., Hirose, A., Jones, E.: » Poverty and Postnatal Depression: A Systematic Mapping of the Evidence from Low and Lower Middle Income Countries«, in: Health & Place, 18 (5), 2012, S. 1188–1197.

55 Cartwright, C.: »You Want to Know How It Affected Me?«, in: *Journal of Divorce & Remarriage*, 44, 3–4, 2006, S. 125–143.

56 Winnicott, D. W., »Transitional Objects and Transitional Phenomena – A Study of the First Not-Me Possession«, in: *International Journal of Psycho-Analysis*, 34, 1953, S. 89–97.

57 De Saint-Exupéry, A.: *Der kleine Prinz*, Emmenbrücke 2015, S. 6.

58 Die Eltern-Tools, die ich Ihnen hier vorstelle, sind jene, die ich in der therapeutischen Arbeit am häufigsten an Eltern weitergebe. Sie beruhen auf meiner Lektüre von Schriften zur Entwicklung von Kindern und Familie sowie auf meiner klinischen Erfahrung.

59 Wardrop, M.: »Britain Is One of World's Most Unfriendly Countries Towards Children«, in: *Telegraph* vom 2. Februar 2010.

60 Vollversammlung der Vereinten Nationen, Human Rights Council, 41. Sitzung, 24. Juni bis 12. Juli 2019, Bericht über die Untersuchung des Sonderberichterstatters über Armut und Menschenrechte in Großbritannien und Nordirland.

61 Child Poverty Action Group, Fakten und Grafiken zum Thema »Kinderarmut«, https://cpag.org.uk/child-poverty/child-poverty-facts-and-figures

62 Perry, P.: *Das Buch, von dem du dir wünscht, deine Eltern hätten es gelesen (und deine Kinder werden froh sein, wenn du es gelesen hast)*, Berlin 2019, S. 51.

63 Winnicot, D. W., »The Theory of the Parent-Infant Relationship«, in: *Essential Papers on Object Relations*, 1986, S. 233–253.

64 Little, E. E., Legare, C. H., Carver, L. J.: »Culture, Carrying, and Communication: Beliefs and Behavior Associated with Babywearing«, in: *Infant Behavior and Development*, 57, 2019, S. 101–320.

65 Die Vorstellung vom »Affengeist« findet sich in verschiedenen Schriften zur Neurowissenschaft und zur emotionalen Regulierung, zum Beispiel hier: Peters, S.: *Das Chimp-Para-*

dox, München 2020. Und: Siegel, D. J., Bryson, T. P.: *Achtsame Kommunikation mit Kindern. Zwölf revolutionäre Strategien für die gesunde Entwicklung Ihres Kindes*, Freiamt 2013.

66 Rodden, J.: »What Is Executive Dysfunction? Sign and Symptoms of EFD«, aktualisiert am 11. Juli 2022, auf: *ADDitude Magazine*.

67 Fuller-Wright, L.: »Uncovering the Sound of ›Motherese‹, Baby Talk across Languages«, in: *Princeton University News* vom 19. Oktober 2017.

68 Bick, E.: »The Experience of the Skin in Early Object-Relations«, in: *International Journal of Psychoanalysis* 49, 1968, S. 484–486.

69 Piazza, E. A., Hasenfratz, L., Hasson, U., Lew-Williams, C.: »Infant and Adult Brains Are Coupled to the Dynamics of Natural Communication«, in: *Psychological Science*, 31 (1), 2020, S. 6–17.

70 Dieser Leitsatz ist Teil der Narrativen Therapie von Michael White, vgl. https://dulwichcentre.com.au/michael-white-archive

71 Mehr über die Parabel vom zweiten Pfeil finden Sie im Video von Jonathan Foust von 2018: https://www.youtube.com/watch?v=KAv619nQcbM

72 Das Zitat stammt aus Brené Browns Video über Empathie auf RSA Shorts: https://www.youtube.com/watch?v=1Evwgu369Jw

73 Konrad, C., Hillmann, M., Rispler, J., Niehaus, L., Neuhoff, L., Barr, R.: »Quality of Mother-Child Interaction Before, During, and after Smartphone Use«, in: *Frontiers in Psychology* 12, 2021, S. 616–656. Und: Radesky, J. S., Kistin, C. J., Zuckerman, B., Nitzberg, K., Gross, J., Kaplan-Sanoff, M., Augustyn, M., Silverstein, M.: »Patterns of Mobile Device Use by Caregivers and Children during Meals in Fast Food Restaurants«, in: *Pediatrics* 133 (4), 2014, S. e843–e849.
Tidemann, I. T., Melinder, A. M.: »Infant Behavioural Effects

of Smartphone Interrupted Parent-Infant Interaction«, in: *British Journal of Developmental Psychology*, 40 (3), 2022.

74 Siegel, D. J., Bryson, T. P.: *Achtsame Kommunikation mit Kindern. Zwölf revolutionäre Strategien für die gesunde Entwicklung Ihres Kindes*, Freiamt 2013. Und: White, M. K., Morgan, A.: *Narrative Therapy with Children and Their Families*, Adelaide 2006.

75 Hier greife ich auf Michael Potegals Forschungsarbeiten zurück, die im Folgenden sehr schön zusammengefasst werden: Klass, P.: »Managing the Storm of a Toddler's Tantrum«, in: *The New York Times* vom 30. Oktober 2017, https://www.nytimes.com/2017/10/30/well/family/managing-the-storm-of-a-toddlers-tantrum.html

76 Das Konzept der Familiengeschichten ist inspiriert von John Byng-Halls Arbeit über »Familienskripten«.

77 Brain, Beano: *The New Rebellion: Generation Alpha, Changing the World by Stealth*, 2021.

78 Zitat aus der Sendung: *Stand Out: An LGBTQ+ Celebration*, Netflix TV-Special, 2022.